Inhalt

Impressum

Forum Bioenergetische Analyse
ISSN 0946-8846
Ausgabe 2014

Die Herausgabe des *Forums Bioenergetische Analyse* erfolgt im Auftrag des Norddeutschen Instituts für Bioenergetische Analyse (www.niba-ev.de) und der Süddeutschen Gesellschaft für Bioenergetische Analyse (www.sgfba.com).

ViSdP: Die Herausgeberin; bei namentlich gekennzeichneten Beiträgen die Autorinnen und Autoren. Namentlich gekennzeichnete Beiträge stellen nicht in jedem Fall eine Meinungsäußerung der Herausgeberin, der Redaktion oder des Verlages dar.

Erscheinen: 1 Mal im Jahr

Herausgeberin:
Dr. Irmhild Liebau
Am Steinbruch 22
35469 Allendorf
Tel.: 0 64 07 - 9 06 81 71
E-Mail: irmhild.liebau@gmail.com

Redaktion:
Konrad Oelmann
In der Mark 14–16
53639 Königswinter-Ittenbach
Tel.: 0 22 23 - 2 41 51
E-Mail: Konrad.Oelmann@t-online.de

Karl-Erich Pönitz
Paracelsusstr. 6
42549 Velbert
Tel.: 0 20 51 - 20 79 62
E-Mail: karl-erich.poenitz@gmx.de

Ulrich Sollmann
Höfestr. 87
44801 Bochum
Tel.: 02 34 - 38 38 28
E-Mail: info@sollmann-online.de

Herausgeberin und Redaktion laden zur Einsendung von Manuskripten ein. Bitte wenden Sie sich per E-Mail an Dr. Irmhild Liebau: irmhild.liebau@gmail.com

Umschlagabbildung: Paul Klee: *Park bei Lu. [zern]*, 1938
Umschlaggestaltung & Satz: Hanspeter Ludwig, Wetzlar
Printed in Germany

Verlag:
Psychosozial-Verlag
E-Mail: bestellung@psychosozial-verlag.de
www.psychosozial-verlag.de

Bezug:
Mitglieder des NIBA, der GBA und der SGfBA erhalten die aktuelle Ausgabe des Forums durch ihre jeweiligen Institute kostenlos zugestellt.
Abonnement (1 Ausgabe im Jahr): 12,90 Euro (zzgl. Versand)
Einzelheft: 16,90 Euro (zzgl. Versand)
Bestellungen von Abonnements bitte an den Verlag, Einzelbestellungen beim Verlag oder über den Buchhandel.
Das Abonnement verlängert sich um jeweils ein Jahr, sofern nicht eine Abbestellung bis zum 15. November erfolgt.

Copyright:
© 2014 Psychosozial-Verlag
Alle Rechte vorbehalten. Kein Teil des Werkes darf in irgendeiner Form (durch Fotografie, Mikrofilm oder andere Verfahren) ohne schriftliche Genehmigung des Verlages reproduziert oder unter Verwendung elektronischer Systeme verarbeitet, vervielfältigt oder verbreitet werden.

Anzeigen:
Anfragen bitte an den Verlag:
anzeigen@psychosozial-verlag.de

Editorial

Das *Forum*, die Fachzeitschrift für Bioenergetische Analyse, ist wieder da: in neuer Gestalt im Psychosozial-Verlag Gießen und in altvertrauter und bewährter Form mit vielen interessanten Beiträgen aus theoretischer und praktischer Perspektive aus der bioenergetisch-körperpsychotherapeutischen Arbeit, zum kollegialen Austausch untereinander, zur Vertiefung des bisherigen bioenergetisch-analytischen Wissens, für die weitere fachspezifische Diskussion miteinander und auch für die größere Verbindung zu den Nachbardisziplinen (vgl. Forum 2011).

Als neue Herausgeberin freue ich mich, Ihnen die aktuelle Ausgabe des *Forums* nun in die Hand geben zu können, in Kooperation mit und für die zwei bioenergetischen Institute (NIBA und SGfBA), die formalen Trägerinnen des *Forums*. Meine Aufgabe ist es, die inhaltliche Konzeption dieses Heftes zu entwickeln, dafür geeignete Fachartikel zu sammeln, entsprechende AutorInnen zu finden, deren Beiträge für veröffentlichungswürdig zu erachten, darüber im Redaktionsteam zu kommunizieren und die gesamte editorische Betreuung für den Verlag zu übernehmen. Dabei ist es mir wichtig, zu betonen, dass die Verantwortung für die Inhalte der einzelnen Artikel selbstverständlich bei den AutorInnen liegt und ich mich nicht als deren Korrektorin verstehe.

Diese umfangreiche ehrenamtliche Arbeit habe ich übernommen, weil es mir ein Anliegen ist, die bioenergetische und körperpsychotherapeutische Arbeit im Fokus der Öffentlichkeit zu halten bzw. sie immer wieder erneut in den wissenschaftlichen und öffentlichen Diskurs einzubringen und so auch das Gespräch mit ihren Nachbardisziplinen zu suchen. Nur so kann unsere bioenergetische, professionelle Arbeit die ihr entsprechende Anerkennung finden und ihre Anschlussfähigkeit behalten, indem sie nicht nur im geschützten therapeutischen Raum bleibt, sondern mit dem, was sie tut und kann, nach vorn, in die Veröffentlichung tritt.

Dank an dieser Stelle den AutorInnen für ihre Beiträge und den drei Redaktionsmitgliedern für ihren Arbeitseinsatz!

Es wird angestrebt, dass das Forum in Zukunft in einem regelmäßigen Jahres-Turnus mit einem Umfang von 100 bis 120 Seiten im Psychosozial-Verlag erscheint, sofern genügend Beiträge eingereicht werden. Bitte wenden Sie sich mit Ihren zukünftigen Artikeln aus der theoretischen und praktischen Arbeit der Bioenergetischen Analyse und Körperpsychotherapie direkt an mich oder die Redaktionsmitglieder! Die Ihnen vorliegende Ausgabe ist einmalig umfangreicher aufgrund der längeren Pause in der Herausgabe des Forums.

Im Folgenden möchte ich die spannenden, vielfältigen Beiträge zu den unterschiedlichsten Themen aus der bioenergetischen Arbeit in Theorie und Praxis dieser Ausgabe kurz vorstellen und Ihnen so hoffentlich einen Geschmack darauf und Lust zum Lesen und zum Sich-damit-Auseinandersetzen vermitteln.

Die ersten drei Beiträge basieren auf Vorträgen der Studientage 2013 und 2012 des NIBA:

Vita Heinrich-Clauer, die ehemalige, langjährige Herausgeberin des *Forums Bioenergetische Analyse*, beschäftigt sich in ihrem Beitrag *Bioenergetische Selbstfürsorge für Therapeuten. Zwischen Öffnung und Abgrenzung* mit einem enorm wichtigen und nicht selten – in Theorie und Praxis – vernachlässigten Thema bioenergetischen Arbeitens. Dabei arbeitet sie heraus, dass es von größter Bedeutung für die eigene Gesundheit und den Kontakt zur Realität ist, mit dem eigenen Psychotherapeuten-Körper in lebendigem Kontakt zu sein, begründet die bioenergetische Perspektive der Selbstfürsorge für Psychotherapeuten aus neurobiologischen Forschungsergebnissen und der Bioenergetischen Analyse selbst und stellt die Berufsrisiken der Psychotherapie und die Hingabe an den eigenen Therapeuten-Körper, die »Instrumentenpflege«, heraus, veranschaulicht mit eindrücklichen Bildern.

Konrad Oelmann widmet sich dem höchst interessanten und auch brisanten Thema der *Liebe in der Bioenergetischen Analyse* und führt anhand seiner fünf Thesen sehr fundiert aus, dass jede therapeutische Beziehung eine Liebesbeziehung ist (!), die Heilung in der Therapie durch Liebe erfolgt, wofür der Therapeut das Containment seiner erotischen Gegenübertragung ebenso braucht wie die Überwindung seines Gegenübertragungswiderstandes, und dass im therapeutischen Prozess eine Befreiung verdrängter Liebe und eine Erhöhung der leib-seelischen Lebendigkeit stattfindet. Sein Artikel bietet dabei eine sehr gute Mischung aus theoretischer Fundierung und praktischer Anschauung durch konkrete Fallbeispiele.

Rolf Großerüschkamp wendet sich in seinem Beitrag *Selbsterfahrung in der Bioenergetischen Übungsgruppe*, die er die kleine Schwester der bioenergetischen Therapie nennt, einem bisher wenig beachteten Thema zu und geht, ausgeführt an drei Achsen, auf das spezielle Setting, auf das Besondere der bioenergetischen Gruppe in Abgrenzung zur Therapiegruppe und auf deren Selbsterfahrungs- und Selbstwirksamkeitsaspekte ein. Es folgen Überlegungen zum Einbezug von Bewegungsspielen, zum Aufbau einer Übungsreihe, zur Bedeutung der Schlussrunde, zur Rolle des Gruppenleiters und praktischen Organisation, unter Berücksichtigung der salutogenetischen und gesundheitsprophylaktischen Wirkungen bioenergetischer Übungsgruppen.

Zwei weitere Beiträge aus der bioenergetischen Arbeit folgen:

Ulrich Sollmann geht in seinem Beitrag *»Vorsicht Berührung«. Wie wirkt das, was da wirkt, in der Körperpsychotherapie?* noch einmal auf eines der brisanteren Themen bioenergetisch-körperpsychotherapeutischen Arbeitens ein, nämlich die körperliche Berührung, in ihrer Wirksamkeit im therapeutischen Prozess und in ihrer hohen »Gefährdung«, besonders vonseiten eines männlichen Therapeuten gegenüber weiblichen Klientinnen, abgewehrt, missverstanden, übergriffig erlebt zu werden. Dabei führt er sehr anschaulich körperliche Begegnungsszenen und unterschiedliche Berührungsformen und ihre Wirkungen in einer Weiterbildungsgruppe aus unter Einbeziehung eigener Gegenübertragungsgefühle.

Ich, *Irmhild Liebau*, fokussiere in meinem Beitrag *Liebe und Mitgefühl für Dich selbst!* auf zwei mir wesentliche Grundhaltungen körperpsychotherapeutischen, supervisorischen und auch seelsorglichen Arbeitens, nämlich die Selbstliebe und das Selbstmitgefühl, das ich in drei interessanten therapeutischen Ansätzen für mich und meine Arbeit wiederentdeckt habe und als *eine Erweiterung meiner bioenergetischen Perspektive und Interventionen* ansehe und herausarbeite, ein Plädoyer und Imperativ für Therapeutinnen und Therapeuten sowie Klientinnen und Klienten gleichermaßen: *Liebe Dich selbst! Praktiziere Mitgefühl mit Dir selbst!*

Die darauf folgenden vier Beiträge aus dem körperorientiert-seelsorglichen Bereich stammen von AutorInnen, die an einer zweieinhalbjährigen Weiterbildung in Körperorientierter Seelsorge am Seelsorgeinstitut der Kirchlichen Hochschule in Bielefeld-Bethel, einem Weiterbildungsinstitut für Seelsorge und Pastoralpsychologie, teilgenommen und diese mit einer Zertifizierungsarbeit abgeschlossen haben. Das Curriculum für diese Weiterbildung habe ich vor nunmehr über zehn Jahren entwickelt und die Weiterbildungskurse durchgeführt – bisher gemeinsam mit meinen beiden bioenergetischen Kollegen Karl-Erich Pönitz vom NIBA und Harald Stolzke, die wir die große bioenergetische Ausbildung bei der GBA zusammen absolviert haben, seit zwei Jahren wegen der Kostensparmaßnahmen überall, so auch in der kirchlichen Weiterbildungsarbeit, allein in der Leitung.

Im Zentrum dieser körperorientierten Seelsorge-Weiterbildung steht die Vermittlung von bioenergetisch-körperpsychotherapeutischer Methodik in Theorie und Praxis für ausgebildete PfarrerInnen mit seelsorglicher Zusatzqualifikation, um ihre pastoralpsychologisch-seelsorgliche Kompetenz um die Wahrnehmung des Körpers und die Arbeit auch mit dem Körper in der Seelsorge zu erweitern und unter

Einbeziehung der Bioenergetischen Analyse ein eigenes qualifiziertes Verständnis von körperseelsorglicher Arbeit zu entwickeln, im jeweiligen eigenen spezifischen Arbeitsfeld. Dabei entstehen ganz neue Ansätze, teilweise wirkliche Pionierarbeiten.

So entwirft *Gabriele Hische-Richter* ein Konzept von *Körperorientierter Seelsorge mit trauernden Menschen*, in dem sie zunächst ihr Arbeitsfeld kurz beschreibt. Dann geht sie in dem großen zweiten Abschnitt in kenntnisreicher Weise und unter Bezug auf neueste Trauertheorien auf die Trauer als Krise ein, arbeitet die vier Trauerstile Schibilskys heraus, bei denen deutliche Parallelen zu den Charakterstrukturen Lowens erkennbar werden, zeigt neue Trauerwege auf und wendet sich dann auch den somatischen Ausdruckformen von Trauer zu, um schließlich im dritten Abschnitt auf die Bioenergetische Analyse und ihr Charakterstruktur-Verständnis einzugehen und es zu nutzen für ihre Arbeit mit Trauernden und daraus vier Trauerstile zu entwickeln. Sie schließt ab mit einer kurzen biblischen Begründung ihrer körperorientierten Trauerarbeit und mit Ansätzen von körperorientierter Seelsorge in ihrer Trauerarbeit mit einzelnen und Gruppen.

Eva Siemoneit-Wanke geht mit ihrem Beitrag, die Bioenergetische Analyse in ihre seelsorgliche Arbeit zu integrieren, auf ein ganz besonderes Feld ein, nämlich die körperorientierte Arbeit mit jungen, studierenden Menschen: *Körperorientierung in der Studierendenseelsorge und die Suche nach der eigenen Identität in der Spät- und Postadoleszenz.* Hier zeigt sie sehr kenntnisreich die typischen Herausforderungen und Entwicklungsaufgaben der Spät- und Postadoleszenz auf unter besonderer Berücksichtigung der problematischen Haltungen und Einstellungen zum Körper in dieser Lebensphase und entwickelt anhand konkreter Beispiele aus ihrer praktischen Arbeit die Chancen einer körperorientierten Seelsorge bei diesen jungen, studierenden Menschen.

Sehr konkret und ganz praktisch orientiert zeigt die Klinikseelsorgerin *Marion Kohl*, wie sie *Körperseelsorge in der Klinik* versteht und praktiziert, indem sie ausgeht von ihrem selbst entwickelten Grundverständnis, dass Klinikseelsorge Körperseelsorge ist. In Teil 2 entfaltet sie anhand der vier bioenergetischen Grundprinzipien von Erdung, Atmung, Bewegung und Ausdruck die Voraussetzungen für körperseelsorgliche Interventionen in der Klinik. Und in dem großen, interessanten Teil 3 zeigt sie an vier sehr bewegenden, intensiven seelsorglichen Begleitungen von Patientinnen in der Klinik auf, wie sie den Körper in ihre Arbeit einbezieht, selbst bei Menschen, die auf der Intensivstation liegen, an Beatmungsgeräte und andere Apparate angeschlossen sind, und wie sich bioenergetisch-körperpsychotherapeutische Theorie und Methodik auch mit kranken, bettlägerigen Menschen umsetzen und kreativ auf den jeweiligen Kontext in der Klinik modifizieren lässt.

Wilfried Ranft verbindet in seinem Beitrag *Bioenergetik und Spirituelles Heilen* und beschreibt darin seine Erkenntnisse aus den Weiterbildungen in Spirituellem Heilen (nach Horst Krohne) und in Körperorientierter Seelsorge (nach Irmhild

Liebau), basierend auf dem Ansatz der Bioenergetischen Analyse. Dabei zeigt er seinen eigenen inneren und beruflichen Weiterentwicklungsweg als Seelsorger und in der Krankenhausseelsorge auf, der ihn immer mehr hin führt von einem zunächst noch wenig körperbezogenen Arbeiten hin zu einem geerdeten, körperorientierten, spirituellen Seelsorger, der Spiritualität und Körper, Bioenergetische Analyse und spirituelles Heilen verbindet – wie bereits auch Lowen *Die Spiritualität des Körpers* (1991) in seinem Buch zum Thema machte – und dem es wesentlich ist, die drei Dimensionen Körper – Seele – Geist in seine Arbeit einzubeziehen.

Sie finden hier also eine bunte Mischung an theoretisch fundierten und praktisch orientierten Artikeln rund um die Bioenergetische Analyse. Viel Freude beim Lesen!

Ihre Irmhild Liebau

Bioenergetische Selbstfürsorge für Therapeuten

Zwischen Öffnung und Abgrenzung

Vita Heinrich-Clauer

1. Einleitung

Mit unserem Psychotherapeuten-Körper in lebendigem Kontakt zu sein, ist von größter Bedeutung für unsere Gesundheit und für unseren Kontakt zur Realität. Der Versuch, mit Leib und Seele empathisch auf die Klienten zu reagieren, hat Konsequenzen für unsere emotionale Selbstregulation, wenn wir dabei zu sehr rezeptiv, äußerlich bewegungslos und ohne ausreichende innere Abgrenzungsfähigkeit verharren. Wenn wir unseren Patienten 50 Minuten körperorientierte Aufmerksamkeit zu schenken versuchen, so kann dies verglichen werden mit der Arbeit eines Orchestermusikers, der auf die Noten und den Dirigenten achten, dabei gleichzeitig sein Instrument beherrschen sowie für den Rhythmus seiner eigenen Bewegungen achtsam bleiben muss. Wie können wir im Kontakt zu Patienten lebendig bleiben und freudig arbeiten?

Unsere Schwingungsfähigkeit (Resonanz) sowie unsere Abgrenzungsfähigkeit hängen körperlich mit Atmung und Stimme sowie der Motilität der Muskulatur zusammen.

> »Menschen deren Körper so rigide und erstarrt ist, dass er kaum oder nur wenig pulsiert, mangelt es an Einfühlungsvermögen. Wenn unser Körper lebendig ist, sind wir auch sensibel für andere und deren Gefühle und empfinden natürlich auch mehr Liebe und Freude« (vgl. Lowen, 1993, S. 388).

Je nachdem, was unsere Patienten mit in die Stunden bringen, können wir unterschiedlich belastet und blockiert werden: Wir können Kampf- und Fluchtimpulse in der Beziehung zu Patienten erleben, aushalten oder ausagieren. Wenn wir mit unermesslichem Leid konfrontiert werden, können wir in Schockstarre verfallen. Wir können uns schämen, unseren Humor verlieren, unsere Herzgefühle einfrieren, verrückte Fantasien entwickeln, uns fürchten, ängstigen, ärgern, den Bezug zu unseren

Liebsten zu Hause und zu unseren Nachbarn verlieren. Selten wird die Wirksamkeit einer Therapiestunde daran gemessen, ob es hinterher auch uns – den Therapeuten – gut ging (und ob gelacht werden durfte).

> »Ein Gespräch, um ein anderes Beispiel zu nennen, gehört zu den üblichen Annehmlichkeiten des Lebens, aber nicht jedes Gespräch ist eine Lust. Für den Stotterer ist Reden unangenehm, nicht anders ergeht es seinem Zuhörer. Auch Menschen mit Schwierigkeiten im Gefühlsausdruck sind keine guten Gesprächspartner. Nichts geht einem mehr auf die Nerven als jemand, der eintönig ohne Gefühl spricht. Ein Gespräch genießen wir dann, wenn dabei Gefühle mitgeteilt werden. Gefühle auszudrücken ist für uns normalerweise mit Lust verbunden, und ebenso lustvoll reagieren wir, wenn jemand seine Gefühle äußert. Ähnlich dem Körper ist die Stimme ein Medium, dem Gefühle entströmen, und sowohl für den Redenden als auch für seinen Zuhörer ist dies eine Lust, wenn es unbeschwert und rhythmisch geschieht« (Lowen, 1979, S. 26).

Als Bioenergetische Analytiker gehen wir von der funktionalen Identität von Körper und Psyche aus, sodass die therapeutische Beziehung eine verkörperte Beziehung ist – a priori und unabhängig von den konkret eingesetzten körperlichen Interventionen. Insofern ist unser Therapeuten-Körper – neben der Technik – das Hauptinstrument für den therapeutischen Prozess und demzufolge auch im Hinblick auf die Selbstfürsorge die »Instrumentenpflege« das Wichtigste.

Die wichtigsten empirischen Forschungsergebnisse, die eine solche bioenergetische Perspektive der Selbstfürsorge für Psychotherapeuten begründen, seien vorweg genannt:

2. Neurobiologische körperpsychotherapeutische Perspektiven[1]

2.1 Das Gehirn ist Teil des Körpers, der Körper ist das Gehirn

- Empathie ist ein körperliches Geschehen. Die Spiegelneurone lassen sich nicht an- oder ausschalten, sie unterliegen keiner willkürlichen Kontrolle.
- Es gibt ein Gehirn im Darm, das an der Verarbeitung von Emotionen beteiligt ist und sogar schneller arbeitet als die Zentren im Stammhirn (vgl. Gershon, 1998; Siegel, 2011).

1 Vgl. ausführlicher zur Integration neurobiologischer Konzepte in die Bioenergetische Analyse: Klopstech, 2005; Koemeda-Lutz, 2012.

- Es gibt Neurozellen am Herzen, propriozeptive Zellen unter anderem an Füßen, Händen, im Gesicht. Diese vermitteln uns zusammen mit dem Gleichgewichtsorgan im Ohr Informationen über unseren Stand in der Welt sowie über Knochen, Muskeln, Sehnen und Bänder (vgl. Siegel, 2011).
- Viele spannende Ergebnisse der neuro-immunologischen und neuro-physiologischen Forschung belegen Schritt für Schritt, was wir auf einer klinischen Erfahrungsebene schon lange wussten – dass unser Körper genügend regulative Systeme hat, um sich von Stress zu erholen, wenn wir ihm die Gelegenheit dazu geben (vgl. Ehlert & Känel, 2010; Schubert, 2011).
- Freundlicher Blickkontakt, stimmliche Abstimmung und Berührung im Rahmen einer vertrauensvollen Beziehung bewirken eine Regulierung autonomer Erregung sowie eine Regulation der Schmerztoleranz. Dies geschieht durch Tonisierung des ventralen Vagus und Oxytocin-Ausschüttung (vgl. Porges, 2010; Moberg, 2003).
- Wir wissen seit mehr als zehn Jahren von der Neuroplastizität und Nervenzell-Neubildung im Hippocampus, der Wandlungs- und Lernfähigkeit unseres Gehirns. So sollten wir nicht im Eifer der MRT-Erstellung von »neurologischen Landkarten«, auf denen »Orte« und ihre Verbindungswege dargestellt werden, vergessen, dass es hierbei eher um die Beschreibung neurobiologischer und neurophysiologischer Prozesse geht. Und dass es meist um verringerte Anpassungsfähigkeit, um Fehlregulationen – und nicht um »lebenslängliche« Schäden geht (vgl. van der Kolk, 2010, S. 11).
- Und zum Glück gilt das Prinzip der Neuroplastizität ein Leben lang, und auch für uns Psychotherapeuten. Denn sonst müssten wir auch um unsere Leib-Seele-Einheit fürchten, wenn wir uns ein langes Berufsleben den schmerzlichen, an die Grenze der Überlebensfähigkeit gehenden Erfahrungen unserer Patienten zuwenden, dabei die Aufhellung und Belebung erst nach langer Geduldsprobe erfahren – oder manchmal gar nicht.

2.2 Selbstfürsorgliche Aspekte der Bioenergetischen Analyse

- Die Bioenergetische Analyse liefert uns – in der Tradition von *Wilhelm Reich* und *Alexander Lowen* stehend – nunmehr seit 60 Jahren analytisches Verständnis und methodische Anleitungen dafür, im Kontakt mit unserem Therapeuten-Körper – nicht nur mit dem der Patienten! – zu bleiben, ohne uns dabei den Patienten gegenüber zu verschließen. Das klinische Erfahrungswissen kann mittlerweile als durch etliche Ergebnisse der neurobiologischen Forschung bestätigt gesehen werden (s. 2.1).
- Bioenergetische Selbstfürsorge ist wesentlich mehr, als sich in Eigenanalyse oder fallorientierte Supervision zu begeben. Es bedeutet »Instrumentenpflege«, sich

zu beleben, in Schwingung zu halten und stets die Bodenhaftung zu suchen, um einer Depression oder Abspaltung infolge der Arbeitsbelastung vorzubeugen.

- Für unsere eigene Gesundheit ist es wichtig, in der Arbeit mit Patienten eine Gratwanderung zu vollziehen zwischen einerseits emotional-körperlicher Öffnung für das Beziehungsgeschehen (Durchlässigkeit) sowie andererseits der Abgrenzung gegenüber überflutenden und schädigenden Einflüssen im therapeutischen Prozess.
- Dabei liegt der bioenergetische Fokus auf unserer Fähigkeit zur Erdung (Grounding), unserer Atmung, unserem Energiefluss, sowie unseren Grenzen und der emotionalen Haltekraft (Containment) – vor, während und nach einer Therapiestunde.
- Das der Bioenergetischen Analyse ureigene Realitätsprinzip des *Grounding* richtet unsere Aufmerksamkeit auf die untere Körperhälfte, die konkrete Bodenhaftung, die Verwurzelung im Hier und Jetzt und führt somit aus einem illusionären Selbstkonzept (Verkennung und Überforderung) heraus. Erdungsübungen regen sensomotorisch, propriozeptiv die Körperwahrnehmung an (vgl. Lowen, 1978; Clauer, 2009; Siegel, 2011). Wir können uns als Therapeuten unseres eigenen Standes und Standpunktes versichern – konkret und im übertragenen Sinne.
- *Atmung* und *Energiefluss* fördernde Übungen verbessern die Selbstwahrnehmung und die Motilität der Muskulatur, das heißt unsere Gefühlswahrnehmung und Durchlässigkeit werden im Beziehungsgeschehen vertieft. Ebenso wie die emotionale Haltekraft und unsere Abgrenzungsfähigkeit mit der Fähigkeit zur Erdung und tiefen Atmung wachsen können.
- »Ausdrücklich« betonen wir in der Bioenergetischen Analyse die *Ausdrucksfähigkeit des Körpers und der Stimme*. Spontane Bewegungen – ob angstvoll zitternd oder freudig rhythmisch wiegend – sind unter anderem Ziel der Übungen, wenn wir chronische Verspannungen der Muskulatur zu lösen versuchen. Die expressive Arbeit mit der Stimme ist – im Unterschied zum koordinierten Singen oder leisen Achtsamkeits- und Yogaübungen – eine großartige Erlaubnis für das wahre Selbst. Das schrille Quietschen, tiefe Seufzen, vehemente Schreien, tierische Brüllen, abgrundtiefe Schluchzen, lauthalse Lachen … bekommt einen Raum und wir massieren mit unserer Stimme uns von innen selbst, tonisieren uns, erleichtern uns von Lasten und erreichen unsere soziale Umgebung mit unseren Emotionen.
- Indem wir der hinter einer Erschöpfungsdepression versteckten aggressiven Ladung Aufmerksamkeit schenken und eine *Energetisierung von Wut* im sicheren Rahmen ermöglichen, anstatt uns einfach nur über besänftigende, regressive und vermeidende Aktivitäten runter zu regulieren, handeln wir belebend, gehen aus der Resignation heraus und ordnen emotionale Bewegungsmuster neu. Diese

positive Orientierung bzw. Wertschätzung unserer aggressiven Impulse – selbst der von Ressentiments – gibt uns die Möglichkeit, konstruktiv im Kontakt mit uns selbst und anderen zu bleiben. Hier hat die Bioenergetische Analyse eine nicht genug zu schätzende Seite der Selbstfürsorge, die zudem im Einklang steht mit Ergebnissen der Emotionsforschung (s. 3.3).

- Körperkontakt ist heilsam und für Psychotherapeuten unbedingt notwendig! Gerade wenn wir mit Berührung im Kontakt zu Patienten arbeiten, ist es umso notwendiger, dass wir selbst in unserem Privatleben genügend häufig in den Arm genommen werden und uns liebevoll um ein erfülltes Sexualleben kümmern.

3. Berufsrisiken in der Psychotherapie

3.1 Freud und Leid der Empathie

Empathie wird definiert als »Fähigkeit, an den Gefühlen und Gedanken einer anderen Person teilzunehmen« (vgl. Kriz, 1985; Körner, 1998). Neurobiologisch können wir diese nun auch als »Kommunikation von rechter zu rechter Gehirnhälfte« bzw. als »Konversation zweier limbischer Systeme« verstehen (vgl. Lewis, 2004, 2005; Schore, 2003). Die Entdeckung der Spiegelneurone bestätigt uns neurobiologisch in unserer Erfahrung der körperlichen Resonanz (vgl. Bauer, 2005).

Die Beobachtung des Verhaltens einer anderen Person aktiviert automatisch das gleiche motorische Programm in uns, das dem beobachteten Verhalten zugrunde liegt (vgl. Rizzolatti et al., 1999). »Die Übertragung emotionaler Information wird [ ] in resonierenden Kontexten intensiviert« (Schore, 2005, S. 403).

Es ist ein nicht bewusster, präreflexiver Mechanismus, um implizite Absichten im Verhalten der anderen Person zu entdecken. Es ist kein mentaler Prozess der Identifikation (welcher eher bewusst sein mag). Die Ergebnisse der Neurobiologie lassen somit die Annahme zu, dass Empathie »ein Kontakt der rechten Hemisphäre des Patienten mit der rechten Hemisphäre des Therapeuten« ist (vgl. Schore, 2002, 2003, 2005; Lewis, 2005).

Hier seien einige neurobiologische Forschungsresultate (auf MRT basierend) genannt, die äußerst bedeutsam scheinen im Hinblick auf die nicht bewussten, nicht versprachlichten schmerzlichen Einflüsse, die auf einen Psychotherapeuten innerhalb der therapeutischen Beziehung wirken mögen:

- »Liebende teilen den Schmerz« (Zeitungsartikel NOZ vom 21.2.2004)
- Neurologen vom University College in London fanden in einer empirischen Untersuchung heraus, dass bei Paaren ein neurophysiologisch messbarer Hinweis auf die Einfühlung in den Schmerz des Partners zu beobachten ist. Wusste die

Partnerin, dass ihr Partner in diesem Moment einen Elektroschock bekam, so reagierten bei ihr diejenigen Hirnregionen, die emotionale Reaktionen auf Schmerz steuern (z.B. Trauer, Erregung, Schrecken), als würde sie selbst den Schockreiz erhalten haben. Nur die Hirnregion, die körperlichen Schmerz registriert, wurde nur in dem Fall gereizt, in dem sie selbst den elektrischen Reiz erhielt. Die emotionale Verarbeitung beim Partner wurde immer angeregt, selbst wenn das Gesicht in der Studie nicht sichtbar war, sondern nur die Information über Anzeigetafeln übermittelt wurde. Das Wissen und die Vorstellung um den Schmerz des Partners genügt, um selbst in den Hirnregionen aktiviert zu werden, die emotionale Reaktionen auf Schmerz steuern (vgl. Science, Bd. 303, S. 1157).

- Das Gefühl des Widerwillens oder Ekels, das durch Riechen oder Einatmen von etwas Unangenehmen ausgelöst wird, aktiviert die gleichen neuronalen Strukturen (Cingulum Anterior) wie wenn wir das Gesicht einer Person anschauen, die einen angewiderten Gesichtsausdruck hat (vgl. Siegel, 2011).
- Soziale und körperliche Systeme der Schmerzwahrnehmung und -verarbeitung sind verbunden. Kränkungen und verletzte Gefühle werden genauso erlebt wie eine körperliche Empfindung von Schmerz (Bauer, 2011). Ausgeschlossen sein, übersehen werden, abgewertet werden – schmerzt das Herz wie ein Messer (vgl. Siegel, 2011).

Dennoch ist die neurobiologische Forschung in ihren Untersuchungsdesigns derzeit noch weit entfernt von der Art Komplexität, die wir benötigen würden, um den Prozess der unbewussten Interaktion während einer Therapiesitzung zu erklären. Die Spiegelneurone erklären teilweise etwas von diesen Beobachtungen, nicht jedoch die ganze Komplexität des Beziehungsgeschehens (Bauer, 2005). Sensorische Wahrnehmungen, wie zum Beispiel Kälte/Wärme, Schwere/Leichtigkeit, Kontraktion/Ausdehnung usw. geben Anhaltspunkte für das Geschehen in der Interaktion oder im Klienten.

Von der körperlichen Basis unserer Emotionen und Affekte ausgehend, kann man in Anlehnung an *Searles* auch sagen, dass Empathie bedeutet, »die körperlichen Phänomene und Sensationen der Klienten in unserem eigenen Körper zu fühlen« (vgl. Clauer, 2003, S. 97).

Ich könnte darauf vertrauen, dass meine Empathie der Patientin vermittelt, nicht alleine zu sein, dass ihr Unbewusstes daraus etwas für ihre Heilung entwickeln wird, oder?

Als Therapeutin benötige ich Erdung (Realitätskontakt), Abgrenzungsfähigkeit und viel emotionale Haltekraft (Containment) für die den Patienten nicht bewussten, nicht tragbaren Gefühle, aber nicht im Sinne eines unbewegten »Containers«. Eher vergleichbar einem Resonanzkörper mit lebendiger, beweglicher und zu tonisierender Außenhülle/Membran. So betrachtet könnte mein Seufzen und Ausatmen – begleitet

Abbildung 1[2]

von einem verständnisvollen Blick – bereits die Antwort auf die Schmerzlichkeit einer Erfahrung des Patienten sein, ohne dass ich etwas sage – und die (Aus-)Atmung als Therapeutin wäre eine erste Bewegung, die mir selbst hilft, mich besser zu fühlen. Je größer die Amplitude der Atmung, umso eher ist das volle Spektrum des emotionalen Mitschwingens und lebendiger Ausdruck möglich – aber umso eher spüre ich auch meine Körpergrenzen und Grenzen der Belastung. Auch Bewegung könnte aus der gemeinsamen Depression herausführen.

Die therapeutische Haltung ist von der stetigen Aufmerksamkeit für wechselseitige *verkörperte Beziehungsaussagen (Resonanz)* bestimmt. Mimik, Gestik, Körperhaltung, Augenausdruck, Stimme, Atemrhythmen und Körpertonus von Therapeutin und Patient beeinflussen sich gegenseitig (vgl. Buti Zaccagnini, 2008).

> »Das bedeutet, (1) dass der Psychotherapeut seine eigenen somato-sensorischen Prozesse benutzt, um diejenigen seines Patienten wahrzunehmen; (2) dass der Psychotherapeut psy-

2 Für diese sowie die folgenden Abbildungen in diesem Beitrag: © Vita Heinrich-Clauer, Grafik: Tanja Aranovych, Graz, www.tanjaaranovych.com

chobiologisch mit seinem Patienten abgestimmt ist und so zum interaktiven Regulator der Regulationsstörungen des Patienten wird. Schore bestätigt, dass ein guter Psychotherapeut imstande sein muss, seine Präsenz mit der des Patienten abzustimmen und sich auf die Kommunikation zu zentrieren, die seinem eigenen Körper entspringt. Diese interaktiven Prozesse sind das eigentliche Fundament der Körperpsychotherapien und der Ausbildung der Bioenergetischen Therapeuten, die lernen, sich der Informationen, die sie vom Körper des Patienten und von ihrem eigenen Körper erhalten, bewusst zu sein« (Tonella, 2008b, S. 64).

Unsere eigenen biografisch bedingten Verwundbarkeiten gestalten die Resonanzfähigkeit selektiv und beeinflussen die Auswahl und den Modus unserer Interventionen. Demzufolge ist das Beziehungsangebot der Therapeutin immer auch ein subjektives – kein objektives, allein vom »Fall« oder der gewählten Methodik bestimmtes. Aus der Sicht der intersubjektiven Psychoanalyse weist *Jaenicke* auf diesen Aspekt hin, indem er vom »Grad unserer emotionalen Verfügbarkeit für das jeweilige Individuum« spricht und feststellt:

»Nicht jeder Analytiker wird in der Lage sein, mit den Affekten jedes einzelnen Patienten mitzuschwingen. Tatsächlich beurteilen wir die Analysierbarkeit nicht auf der Basis der Pathologie eines Patienten, sondern vielmehr als intersubjektives Phänomen des ›Zueinander-Passens‹ von Patient und Analytiker« (Jaenicke, 2006, S. 29).

Die Therapeutin hofft, für die nonverbalen Signale eine geschulte, differenzierende, weniger konflikthafte, von Abwehr bestimmte Wahrnehmung gelernt zu haben (Körperkompetenz). Sich selbst zu kennen, könnte bedeuten, das eigene Bindungsmuster (sicher, vermeidend, ambivalent) bzw. die eigenen dominanten charaktertypischen Ängste zu kennen.

Wie werden wir durch unsere depressiven, ärgerlichen, schmerzgeplagten, abwertenden Patienten beeinflusst? Und wie bewältigen wir diese »Infektionen«? Bei Arbeitern, die chemischen oder physikalischen Schadstoffen ausgesetzt sind, ist die Anordnung eines Schutzanzuges üblich. Aber wie können wir uns gegen schädliche Einflüsse vonseiten der Patienten schützen, wenn wir gleichzeitig versuchen, so offen wie möglich zu empfinden?

Schon C. G. Jung hat mit seinem Konzept der »Infizierung« eine prozessorientierte Perspektive auf die rechtshemisphärische Resonanz zwischen Patient und Therapeut gehabt (vgl. Jung, 2011, sinngemäß): »Der Therapeut infiziert sich mit dem Leiden des Patienten.« Jung hat mit dieser Annahme nicht explizit auf körperliche Spiegelung und Resonanz abgezielt, aber so etwas wie eine relationale Perspektive der Gegenübertragung zum Ausdruck gebracht.

Die erste Reaktion des Therapeuten mag ein Erschrecken sein über die Symptome des Patienten, ein »Ach Du meine Güte, so dick sollte er in keinem Fall sein!«

– »Diesen Körper möchte ich selbst um Gottes Willen nie im Leben haben!« – Entsprechend versteift sich auf dem Bild die Wirbelsäule des Therapeuten, sein Gesicht (Augen, Stirn, Mund) vermittelt, es nicht zu sich nehmen zu wollen. Gleichzeitig hat es ihn über den Kontakt der Hände, das Schauen, Spüren aber bereits erfasst. Der Therapeut gesteht es sich nicht bewusst ein, aber sein Körper erkennt das Gefangensein an. Aus dem Sich wehren gegen die »Infektion« entsteht dann das innere Bild von der Lösung: »Die Selbstheilungsversuche des Therapeuten fördern den Therapieprozess« (sinngemäß: C.G. Jung, 2011).

Abbildung 2

Er gibt es mit dieser Vision vom schlanken Patienten innerlich an ihn zurück. Und wird sicherlich nach Möglichkeiten suchen, es *nicht* zu verstehen, warum man so dick sein kann. Auf dem Weg zu der befreienden Vision vom dünneren, beweglicheren Patienten wird der Therapeut viele körperliche Initiativen entwickeln müssen, um aus der Infizierung herauszukommen. Die Infizierung als solche kann aber in die Interaktion mit dem Patienten auf der konkret körperlichen Ebene einbezogen werden.

Der körperliche Aspekt der Empathie, das »Mitschwingen« ist also ein wichtiges Instrument im therapeutischen Prozess: Gleichwohl sind wir aufgrund der Intensität des Mitschwingens, der körperlichen

Abbildung 3

Ergriffenheit, in Gefahr, wenn wir diese nicht aktiv und dynamisch als Agens im therapeutischen Prozess nutzen, eine Sekundär-Traumatisierung zu entwickeln.

Die Arbeit mit der verkörperten Gegenübertragung hilft, den Fokus auf unsere (intuitive) körperliche Resonanz (diagnostisch) und den Erhalt dieser lebendigen Resonanz (therapeutisch und im Hinblick auf Selbstfürsorge) während des therapeutischen Prozesses zu richten (vgl. Heinrich, 1997, 2001; Clauer, 2003; Heinrich-Clauer, 2004, 2005).

Dieses Konzept unterscheidet sich von Konzepten, die die Therapeutinnen vorwiegend als »Container« für die Gefühle der Klientinnen sehen, um deren nicht gehaltene, nicht aushaltbare, nicht bewusst wahrgenommenen Gefühle für diese zu »halten«. Wenn dieses Halten zu sehr den Charakter von »Aushalten« bekommt, zu wenig Atmung und Pulsation vorhanden sind, so wirkt sich dies tendenziell gesundheitsschädigend auf Seele und Körper der Therapeutin und natürlich auch schädlich auf den Therapieprozess aus (Heinrich-Clauer, 2005). Unsere Resonanz belebt den therapeutischen Prozess, wenn wir sie zur Verfügung stellen, und sie kann als Katalysator und Motor für neue Bewegungsmuster, Erlebens- und Ausdrucksweisen der Patienten genutzt werden, sodass der Prozess wieder spielerischer und fließender werden kann. Sobald die Patienten aktiviert und belebt sind, haben wir auch eine Chance, uns lebendiger zu fühlen. Die Atmung des Therapeuten ist der zentrale Schlüssel, um sie wahrzunehmen (vgl. Downing, 1996, S. 322f.). Es ist möglich, das im Kontakt Erspürte in beschreibende Worte zu fassen und vorsichtig mitzuteilen oder vielleicht auch nonverbal zu spiegeln.

Ein Patient ohne Bewusstsein seiner Angst und Liebesbedürftigkeit kann allein schon über die körperliche Ausdehnung und Dominanz die Therapeutin zum Luft-Anhalten veranlassen und in Schrecken versetzen. Hier wäre eine Wiederbelebung der Therapeutin über eine Mitteilung der Wahrnehmung, die Luft anzuhalten und zu erschrecken, möglich, verbunden mit der Frage an den Patienten, ob er eine solche innere Position aus seiner Geschichte kenne? Wenn es beim Patienten *keine Amnesie* eigener traumatischer Erfahrungen gibt, so werden diese von ihnen oft emo-

Abbildung 4

tionslos oder mit einem Lächeln berichtet, sodass ich als Therapeutin somatische Resonanzphänomene (wie Verlust des Bodenkontaktes, Frieren, Erschrecken, reduzierte Atmung, Übelkeit etc.) erlebe und auf diese Weise Hinweise auf das vergangene emotionale Geschehen erhalte.

Abbildung 5

3.2 Narzisstische Versuchung

Um gegen die narzisstischen Versuchungen und den Missbrauch einer emotional mächtigen Position gegenüber den Klientinnen gefeit zu sein, sind emotionale Stabilität und innere Unabhängigkeit eine wesentliche Voraussetzung. Aufgrund von eigenen belastenden Lebenssituationen, Kontaktbedürftigkeit und Sehnsucht nach Anerkennung können wir als Therapeuten in Gefahr geraten, die Personengrenzen und Autonomiebedürfnisse unserer Patienten zu verletzen (vgl. Schmidbauer, 1999).

Die meisten psychotherapeutischen Ausbildungen sind »fallorientiert« und vermitteln in erster Linie methodische Kompetenz. Die Gefahr besteht hier darin, dass eine narzisstische Position gefördert wird, indem man sich ausschließlich auf die methodischen Fragen und deren Supervision konzentriert, die körperliche Realität der Therapeuten in ihren Auswirkungen auf den Prozess vernachlässigt wird.

Alexander Lowen hat stets davon gesprochen, dass wir unsere Klienten nicht weiterbringen können, als wir selbst Einsicht in unsere eigene Geschichte gewonnen haben und in der Lösung von eigenen charakterspezifischen Blockierungen gekommen sind: »Es ist eine generelle Regel, dass der Therapeut den Patienten auf dem Weg zu Selbstentdeckung und Erfüllung nicht weiterbringen kann, als er selbst gekommen ist« (Lowen, 1993, S. 8).

Indem wir jedoch Lowens Auftrag übernehmen, Patienten »weiterbringen« zu wollen, liegt darin ja auch schon eine narzisstische Omnipotenz-Fantasie! Die narzisstische Problematik besitzt sicherlich neben der depressiven den größten Einladungscharakter innerhalb einer therapeutischen Beziehung, um im Therapeuten virulent zu werden – bedingt durch das asymmetrische Setting sowie mancher Erwartungshaltung vonseiten der Patienten. So kann der Therapeut möglicherweise mehr von sich erzählen, um Bewunderung zu erhalten, oder stark wirkende körperliche Techniken einsetzen (vgl. Downing, 1996, S. 340f.). Da gibt es viele Möglichkeiten, wobei manche nur sehr schwer zu erkennen sein mögen, und manche sehr offensichtlich sind. Zum Schluss befindet sich die therapeutische Beziehung dann in narzisstischer Kollusion.

Die unbewussten Motive für eine kompensierte narzisstische Position der Therapeuten mögen – wie bei allen anderen Strukturen auch – in der generellen Suche nach Anerkennung, Liebe, Selbstwirksamkeit usw. liegen. Spezielles Motiv ist hier aber auch die Suche nach Bewunderung, Überlegenheit, die Abtretung des eigenen inneren Kleinheitsselbst an den Patienten, die Scham über die Menschlichkeit und Unvollständigkeit, der mangelnde sichere Boden (untere Körperhälfte) und die Betonung des Bildes von sich selbst.

Die Arbeit an der Selbstregulation und Selbstkontrolle des Patienten – mit dem Ziel der Autonomie – bedeutet per se, dass nicht wir es »machen«, sondern auf die Selbstheilungskräfte vertrauen und uns als Begleiter oder Katalysator verstehen. Gerade die narzisstische Verführung, die in einem Konzept des »Machens« enthalten ist, sollte insbesondere bei einem eher direktiven Verfahren wie der Bioenergetischen Analyse als Gefahr erkannt und nicht handlungsleitend sein.

3.3 Psychosomatische Risiken: Unterdrückung von Ärger – Depression – Burnout

Als klassische Burnout-Symptome werden in der diesbezüglichen Literatur genannt (vgl. Fengler, 1994):

- Emotionale Erschöpfung – Depression (niedriges Energieniveau)
- Geringes persönliches Leistungsvermögen (Gefühl der Sinnlosigkeit, Ineffizienz)
- Entpersönlichung und Empathie-Verlust (zynische Haltung gegenüber Patienten)

Folgende Aspekte in der beruflichen und privaten Situation gelten als Burnout fördernd:

- Ungleichgewicht zwischen Anstrengung und Belohnung
- Hohe Anforderungen bei geringem Einfluss
- Gefährdete Work Life Balance
- Narzisstische Regulation in Gefahr: großes Bedürfnis nach Anerkennung kombiniert mit geringer Möglichkeit zu Belohnung

Neben der Bezahlung brauchen wir das Gefühl der Selbstwirksamkeit sowie der »Belohnung« durch unsere Arbeit. Bis sich erste Verbesserungen der oft hartnäckigen und heftigen Symptomatik bei Patienten einstellen – oder gar positive Lebensveränderungen – ist dies im Kontext einer psychotherapeutischen Tätigkeit häufig eine Übung in Geduld. Die in der tiefenpsychologischen, bioenergetischen Therapie erforderliche Arbeit mit dem Widerstand, der Negativität in der Beziehung zwischen Therapeut und Patient, lässt uns gerade in der mittleren Phase einer Langzeitpsychotherapie häufig eher verzweifeln als erfolgreich fühlen.

Somit erfüllt die psychotherapeutische Arbeit per se schon einige der oben genannten Kriterien für Burnout fördernde Kontextbedingungen. Hinzu kommt die »Schweigepflicht« – die Verpflichtung, die Patienten zu schützen und über die Inhalte der Therapie nach außen zu schweigen. Diese Verpflichtung kollidiert teils mit dem Bedürfnis, im sozialen Umfeld gesehen und anerkannt zu werden. Wir müssen über alle Therapieprozesse und -erfolge schweigen bzw. die Personendaten verfremden.

Das Berufsrisiko unserer Berufsgruppe wurde bislang kaum systematisch erforscht, wird jedoch in der letzten Zeit zunehmend ins Blickfeld genommen (vgl. diverse Artikel und Fortbildungsangebote in Berufszeitschriften der letzten Jahre) und wurde 2005 nach einer Studie zur Lebensqualität von Psychotherapeuten diskutiert. Im Folgenden ein paar Fakten und Schlussfolgerungen der Autoren:

In der Berufsgruppe der Ärzte sind es die Psychiater und Anästhesisten, die die höchste Suizidrate aufweisen. Vergleichsweise hohe Suizidraten sind auch bei den Psychologinnen zu beobachten. Die berufliche Beschäftigung mit Personen, die entwerten, verleugnen, süchtig sind, destruktive Beziehungen führen, das Leben negativ sehen, Symptome von Depression, Hass, Wut, Angst, Perversion zeigen, kann sehr belastend sein und unsere Lebensqualität mindern. Durch grenzgestörte Patienten erleben wir zum Teil eine ständige Infragestellung und Bedrohung unserer Grenzen und Integrität. Die ständige emotionale Überbeanspruchung – aus narzisstischen Motiven heraus – kann krank machen und zu Symptomen der Anspannung, Verspannung, Erschöpfung, Müdigkeit, Schlafstörungen, Burnout, Genussmittel- oder Drogenmissbrauch führen. Die Beziehung zu Partnern, Kindern, Freunden und Verwandten kann leiden, weil die Bereitschaft, sich im Privatleben für die Belange anderer Personen zu öffnen, reduziert wird. Generell können Lebensfreude, Zuversicht, der Spaß gedämpft sein. Neben den depressiven Symptomen können wir aber auch aggressive Gefühle gegenüber unseren Patienten entwickeln: Desinteresse, zynische oder ironische Distanz, Versachlichung des Kontaktes, Feindseligkeit, Ungeduld, Wut, Langeweile. Der Patient wird zum Objekt von Beratung oder Therapie, indem die Technik, die bei diesem »Fall« zum Einsatz kommt, ohne wirkliche Empathie und liebevolle Haltung, rein fachlich überlegt wird. Die unbewussten feindseligen Gegenübertragungsreaktionen können zu einem sadistischen, machtorientierten Umgang mit Patienten führen. Ausgelöst werden können diese sowohl durch die Distanz und Ablehnung der Patienten als auch durch deren anklammerndes, abhängiges und jammerndes Verhalten (vgl. Reimer, Jurkat et al., 2005; Deutsches Ärzteblatt 11/2003; Niedersächsisches Ärzteblatt 7/2003).

Die Empfehlungen für Psychotherapeutinnen, etwas für ihre eigene Gesundheit zu tun, um dem Burnout oder ganz einfach der Freud- und Lustlosigkeit zu entgehen, sind überwiegend auf Aktivitäten und Maßnahmen außerhalb der Therapiestunden gerichtet, zum Beispiel die Anregung zur Eigentherapie, Supervision, Intervision, zum Sport, zu Wellness, zum Yoga, zum Singen, Tanzen, Beten, Meditieren, Urlaub machen etc. (vgl. Fengler, 1994). Diese Trennung in Bewegung vor und nach den Therapiesitzungen, dagegen Stillsitzen während der Sitzungen, gibt es glücklicherweise in der Bioenergetischen Analyse nicht – so wie überhaupt kaum in der Körperpsychotherapie.

Seit Beginn der 50er Jahre ist aus der Psychosomatik-Forschung durch die Arbeiten von *Alexander* bekannt (vgl. Alexander, 1977), dass besonders unterdrückte Impulse der Selbstbehauptung oder unterdrückte feindselige Impulse direkte physiologische Auswirkungen haben und Ursache somatischer Symptombildung sind (vgl. Heinrich, 1986). Seitdem wurde eine Vielzahl derartiger psychosomatischer Zusammenhänge empirisch belegt. Erwähnenswert sind in diesem Zusammenhang die Arbeiten des Emotionsforschers *Traue*, die zeigen, dass die Unterdrückung emotionaler Reaktionen, die Unterlassung von expressivem Verhalten in der Kommunikation bei gleichzeitiger physiologischer Erregung, die das vegetative Nervensystem und das Immunsystem ungünstig beeinflusst, zu psychosomatischen Symptomen führt. Wohingegen der Ausdruck von Ärger, besonders wenn wir ihn gegenüber einer Person zeigen, die diesen Ärger verursacht hat, den Blutdruck senkt und das Immunsystem stärkt (vgl. Traue, 1998; Sonntag, 2003, S. 48ff.). In diesem Zusammenhang stimmen wir als bioenergetische Therapeuten uneingeschränkt zu, wenn es darum geht, den Einsatz unserer aktiven, expressiven und emotional lösenden Interventionen bei Patienten nun empirisch validiert zu sehen, haben wir doch seit Jahrzehnten das klinische Erfahrungswissen – in der Tradition Reichs und Lowens stehend – dass rein verbale Interventionen besonders bei psychosomatischen und depressiven Patienten nicht ausreichen, um die Symptomatik zu reduzieren und die emotionalen Muster zu ändern.

Bisher sind alle diese Erkenntnisse und empirischen Belege auf Patienten bezogen worden. Es ist noch nicht thematisiert worden, dass diese Forschungsergebnisse für uns Therapeuten ebenso gelten. Es ist uns in der Regel weniger bewusst, dass es für die psychotherapeutischen Berufe logischerweise nur bedeuten kann, dass es nicht so gesund ist, auf einem Stuhl zu sitzen und sich entweder mit ständiger Betroffenheit oder aber emotionaler Distanz und Abspaltung (keine der beiden Haltungen ist als Dauerhaltung als gesund anzusehen) relativ bewegungs- und ausdruckslos der Unlust, dem Ärger und dem Leid – der Depression oder latenter Abwertung der Patienten auszusetzen!

4. Hingabe an den Therapeuten-Körper: »Instrumentenpflege«

4.1 Widerstandskraft und Lebendigkeit als körperliches Konzept

Abbildung 6

»Sich schädlichen Einflüssen zu widersetzen, ist auch eine Frage der Lebenskraft: Den Erschöpften lockt das Schädliche!« (Robert Musil in *Der Mann ohne Eigenschaften*).

Diese Therapeutin hat offenkundig ihre Fähigkeit zur Abgrenzung im Kontakt zu Patienten, ihr Grounding und ihre Selbstkontrolle verloren. Vielleicht kann sie sich der Informationsflut nicht erwehren – und könnte weniger auf die gesprochenen Worte ihrer Patienten achten, um sich zu erholen? Auch räumlich-zeitliche Abgrenzung scheint notwendig. Solche Entgrenzung und mangelnde Widerstandskraft kann sich in Symptomen zeigen, wie zum Beispiel der Schwierigkeit, die Zeiten einzuhalten; in Müdigkeit und Energiemangel; in dem Gefühl, von den Themen der Patienten überflutet zu werden; indem wir

Abbildung 7

zu Hause über die Geschichten der Patienten nachdenken; oder unsere Patienten kontrollieren den Verlauf der Sitzung.

Entscheidend für unsere Perspektive auf die Selbstfürsorge der Therapeuten ist, dass wir Urlaub benötigen. Die rechtzeitige Ankündigung erleichtert es, uns selbst mit unserem Erholungsbedürfnis innerhalb einer Beziehung zu vertreten. Rechtzeitige Absprachen bedeuten, unsere Bindung zum Patienten wertzuschätzen. Nur wenn ich die Bindungsqualität einer therapeutischen Beziehung leugne, es eventuell gar nicht als Beziehung, sondern als von der Technik bestimmte Arbeitsbeziehung sehe, komme ich auf die Idee, Trennungen und Abstände zwischen den Sitzungen als nicht relevant zu erachten.

Ein positives Bild von Getrenntsein in der Beziehung (Individuation und Separation) sowie von Autonomie (Unabhängigkeit *in* der Beziehung) hilft, unsere Schuldgefühle zu begrenzen. Bioenergetische Übungen für zu Hause (in der Zwischenzeit) können den Patienten als *Übergangsobjekte* gelten und die Beziehung aufrechterhalten.

> »Die körperlichen Grundübungen zum Grounding ermöglichen dem Patienten, sich auch unabhängig von der Anwesenheit eines Therapeuten zu entwickeln. Sie knüpfen damit auch entwicklungspsychologisch an die unerschöpfliche Geduld und Freude der Kinder an, psychomotorisch Fortschritte zu machen. Wir finden hier die psychomotorischen Äquivalente der ›Wege aus Angst und Symbiose‹ (Kast 1982)« (vgl. Oelmann, 1996, S. 131f.).

Und weiter:

> »Wenn in einer Therapie der symbiotische Sog in der therapeutischen Beziehung besonders groß ist, fördert Anregung von Übungen zu Hause durchaus die autonome Ablösung des Klienten vom Therapeuten. Im Klienten kann sich ein Gefühl entwickeln, wie er unabhängig vom Kontakt zum Therapeuten, auch ohne dessen direkte Anwesenheit, Wachstumsschritte vollziehen kann« (vgl. ebd., S. 135).

Nun bleibt unbedingt noch zu erwähnen, dass es vielleicht für uns Therapeuten ratsam wäre, nicht nur Übungen anzuleiten oder Empfehlungen dazu zu geben, sondern diese Art Übergangsobjekt mit in unsere Freizeit zu nehmen!

In diesem Zusammenhang möchte ich auf Forschungsergebnisse aus der Säuglingsforschung hinweisen, die zeigen, dass Eltern nur 20 bis 30% der Zeit wirklich empathisch oder gut abgestimmt auf den Säugling reagieren. Aber sicher gebundene Kinder haben Eltern, die innerhalb von höchstens zwei Sekunden (vorausgesetzt, sie selbst sind sicher und gut zugewandt) den Kindern Freiheit und Raum geben, die Interaktion sowie sich selbst und die Eltern zu regulieren und die Spannung zu lösen (Tronick, 1989). Diese impliziten, nonverbalen, zwei-Sekunden-dyadischen Regulationssysteme funktionieren während des gesamten Lebenszyklus.

Für die Therapiesituation bedeutet das, dass wir uns eine entspannte Haltung erlauben können, wenn wir darauf vertrauen können, dass wir nicht in 100% der Zeit die gelungenen Interventionen entwickeln müssen, um das Selbstregulationssystem unserer Patienten positiv zu beeinflussen; es reichen auch weniger häufige Phasen zugewandten und abgestimmten Kontakts, um diese in die Lage zu versetzen, sowohl ihre als auch unsere innere Aufregung durch Interaktion wieder in ein Gleichgewicht zu bringen.

Die *Kraft zur Abgrenzung* ist eine Fähigkeit, die sich nicht in erster Linie gegen andere richtet, sondern für einen selbst da ist: das freudige »Nein« zur Grenzüberschreitung ist eine Aufgabe!

Der erschöpften Therapeutin winkt die Depression, da die Atmung reduziert ist bzw. häufig die Reduzierung der Atmung eine Folge des Versuches ist, nicht so viel zu fühlen und sich vor den Gefühlen der Patienten zu schützen. Auch die Abgrenzungsfähigkeit hängt neben der Wahrnehmung eigener muskulärer Kraft wesentlich von der Fähigkeit zur tiefen Atmung ab. Diese bewirkt, dass der Körper Spannkraft und Tonisierung entwickelt, die Brustwirbelsäule sich in der Einatmung aufrichtet. Dadurch senden wir nonverbal entsprechende Signale, dass wir im Vollbesitz unserer Kraft sind und uns selbst inneren Raum geben. Desto deutlicher zeigen wir unserem Gegenüber nonverbal unseren Personenraum und die Grenze unseres Kontaktes. Die Anderen haben weniger Chance, in uns einzudringen, wenn wir uns selbst gut (mit Atem) füllen. Unsere Stimme zeigt dann während des mit Atem gefüllten Sprechens, dass wir von uns selbst überzeugt sind. Diese Selbstüberzeugtheit wirkt als Kontaktgrenze. Dazu braucht es noch gar keine Auseinandersetzung oder gar Kampf. Manchmal hilft schon ein deutliches Seufzen oder die direkte Aussage, dass es zu viel für uns ist. Die Kontakt-Grenze können wir entwickeln über bioenergetische *Übungen zur Atmung und Stimme* für die tägliche »Hygiene«.

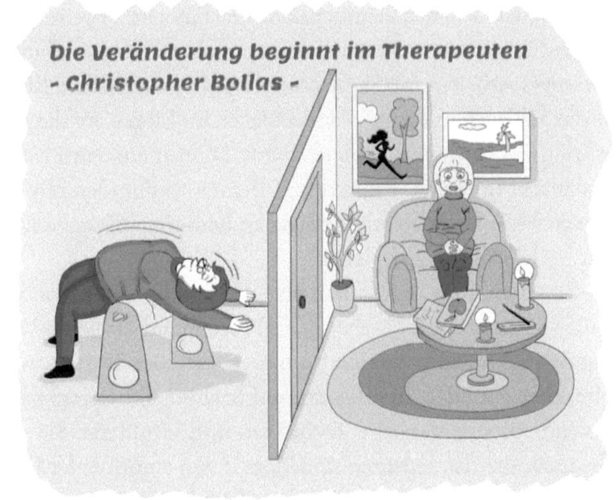

Abbildung 8

»Die Veränderung beginnt im Therapeuten« (sinngemäß nach Christopher Bollas, 1989).

Sicherlich ist diese Aussage ähnlich gemeint wie diejenige von C.G. Jung – bezogen auf die emotionale und mentale Infizierung und die entsprechenden inneren Selbstheilungsversuche des Therapeuten. Wir haben jedoch in der Bioenergetischen Analyse ein körperliches Verständnis der »Infizierung« und der »Selbstheilungsversuche«: »Die Persönlichkeit eines Individuums kann sich nicht ändern, solange keine entsprechende Veränderung seiner körperlichen Dynamik stattfindet« (vgl. Lowen, 1993, S. 8).

Das gilt natürlich ebenso für uns Therapeuten. Und unsere besondere Verantwortung besteht vorrangig darin, nur solche Interventionen zur Anwendung bei den Patienten zu bringen, die wir auch selbst erfahren und gelernt haben (vgl. Pechtl, 1980, S. 196). Ich würde ergänzend sagen, nur solche, die wir auch weiterhin selbst bereit sind zu praktizieren.

»So ist es in meinen Augen unverzichtbar, die unterschiedlichen Bereiche des eigenen Körperraumes in Form von emotionaler Schwingungsfähigkeit in Wahrnehmung und Bewegung, emotionalem Ausdrucksvermögen bzw. Blockierung zu kennen« (vgl. Oelmann, 2009, S. 66).

Es ist eine Voraussetzung, dass die Therapeutin mit ihrer Haltung emotional und körperlich glaubhaft machen kann, dass sie die Affekte ihrer Patienten nicht nur aushalten, sondern auch halten kann. Oder aber geerdet, das heißt realistisch genug ist, um im Einzelfall Grenzen zu setzen, wenn es ihr Fassungsvermögen übersteigt. Nur dann hat die therapeutische Beziehung eine erdende Funktion! Sonst hätten wir keinen Anlass, überzeugend körperpsychotherapeutisch Einfluss auf Menschen zu nehmen, die früh oder später in ihrer Entwicklung »gestört« wurden: Patienten, welche die Vernachlässigung ihrer altersspezifischen Bedürfnisse, dauerhafte Fehlabstimmungen im emotionalen Kontakt oder gar ihre psychosomatische Einheit bedrohende traumatische Erfahrungen mit den von ihnen geliebten Personen – in der Regel den Eltern – erlebt haben.

Um die aus dem therapeutischen Kontakt möglicherweise entstehende stellvertretende Wut und Empörung nicht in uns aufzubewahren, können Übungen zum Grounding und expressives Arbeiten mit aggressiven Impulsen uns helfen. Bioenergetische Techniken, wie das Schlagen mit dem Tennisschläger, im Liegen auf die Matratze einzutreten, den Beißring zu nutzen und zu knurren usw. können uns dabei helfen. Über die Lösung der Muskulatur in Bauch, Rücken und Beinen, verbunden mit stimmlichem Ausdruck, nehmen wir Kontakt zu unserer eigenen Emotionalität auf und nehmen unseren Protest ernst, verlebendigen uns wieder.

»Besser ein Rest an Rigidität als Überflutung!« Diese mündliche Feststellung von Stanley Keleman (2008) sehe ich als Hinweis auf die gesund erhaltende Funktion von »rigiden« Vorgehensweisen im therapeutischen Prozess, wie zum Beispiel wiederholte, eher direktive, ritualisierte, auf Sachobjekte bezogene, technische Hilfsmittel nutzende bioenergetische Techniken und Übungen. Sie stellen zumindest einen Schutz für uns Therapeuten im Kontext von emotionaler Überflutungsgefahr dar.

Im bioenergetischen Sinne ist mit Rigidität gemeint eine stolze, zurückhaltende, Sexualität und Herz trennende Haltung. Rigide Therapeuten (gemäß Charakterstrukturanalyse nach Lowen) halten sich körperlich und emotional zurück, indem sie die Rückenmuskeln straffen, die Brustwirbelsäule (über-) aufrichten, den Brustkorb festigen, den Nacken stolz verhärten und ihre Becken zurückhalten. Sie lassen die Herzensgefühle für die Patienten nicht zu. Es überwiegt die nüchtern-sachliche, unerotische Haltung anstelle von Herzlichkeit in Belangen von Liebe und Sexualität. Arbeit ist hingegen kein Problem für den rigiden Charakter! Natürlich hat die rigide Charakterstruktur mit der ödipalen Thematik im Hintergrund, auch mehr »Struktur« (Affektkontrolle) als sogenannte präödipale Charaktere. Insofern kann als positive Seite der rigiden Therapeutin gesehen werden, dass durch den Fokus auf Kooperation und ritualisierte (»rigide«) Übungen das »empathische Dilemma« (die gemeinsame Betroffenheit und Kollusion darin) in der therapeutischen Begegnung begrenzt werden kann (vgl. 3.1).

Abbildung 9

Darin, dass Arbeit in der Regel kein Problem ist, dafür umso mehr die Herzensbewegung, liegt die Gefahr, wenn wir uns auf rigide Weise im Kontakt zu Patienten verhalten (vgl. Lowen, 1989). Um die rigide Therapeutin aus einer ausschließlichen Technik-Orientierung zu retten, wäre spielerische Aktivität und Öffnung ihres Herzens wichtig!

4.2 Atmung und Bewegung: Aktivität und Produktion von Endorphinen

Was hilft, der Therapeutin zu atmen und im eigenen Rhythmus sicher zu bleiben? Sicherlich nicht das Sitzen, Luft anhalten oder Mitfließen! Sitzen verändert die Stoffwechselaktivität negativ. Wenn wir uns (moderat) bewegen, befindet sich der Austausch von Sauerstoff im Gleichgewicht. Die Interkostalmuskeln und das Zwerchfell entspannen sich. Und wir atmen besser.

In der Bioenergetischen Analyse beziehen wir uns im Miteinander- und Gegenübersein in wechselnden körperlichen Positionen auf unsere Patienten, das heißt, wir stellen uns interaktiv, kooperativ – und nicht nur aus einer sitzenden Position heraus spiegelnd – zur Verfügung (vgl. Heinrich-Clauer, 2009, S. 36ff.). Auf Dauer kann es nicht so gesund sein, auf einem Stuhl zu sitzen, relativ atem- und bewegungslos den Schmerz der Patienten zu spiegeln und sich deren pathologischen Beziehungsmustern nur auszusetzen. Uns in der Arbeit als Resonanzkörper zu sehen, mit Schwingungsfähigkeit, Durchlässigkeit und Fähigkeit zu lebendigem Ausdruck und Bewegung, sehe ich dagegen als gesünder an (vgl. Heinrich, 1997).

Es ist eine Voraussetzung, dass die Therapeutin mit ihrer Haltung emotional und körperlich glaubhaft machen kann, dass sie die Affekte ihrer Patienten nicht nur aushalten, sondern auch halten kann. Oder aber geerdet, das heißt realistisch genug ist, um im Einzelfall Grenzen zu setzen, wenn es ihr Fassungsvermögen übersteigt. Nur dann hat die therapeutische Beziehung eine erdende Funktion! Es ist für die Gesundheit der Therapeuten förderlich, wenn sie sich selbst – innerhalb der therapeutischen Situation und außerhalb – bewegen mögen.

In der epidemiologischen sportpsychologischen Forschung wird derzeit ein Konstrukt intensiv diskutiert, das sich »Sedantariness« nennt und in einem ersten deutschsprachigen Werk, in dem der aktuelle Stand der internationalen Forschung dargestellt wird, erläutert wird. Die Ergebnisse der Studien zur »Sedantariness« ergeben, dass Personen, die keine Sportaktivität betreiben, aber am Tag nur wenig sitzen, ein geringeres Risiko des vorzeitigen Versterbens tragen als jene Personen, welche zwar moderat körperlich aktiv sind, aber die überwiegende Zeit des Tages stillsitzen.

> »Die sitzende Lebensweise erweist sich als signifikanter Risikofaktor vor allem für die Inzidenz von Stoffwechselerkrankungen wie dem Diabetes mellitus Typ 2 und koronaren Erkrankungen. [Und weiter:] ›Sedantariness‹ ist nach den vorliegenden Arbeiten ein gesundheitsriskantes Verhalten, das relativ unabhängig von der körperlichen Inaktivität wirkt« (Fuchs & Schlicht, 2012, S. 7).

Wir genießen in der Bioenergetischen Analyse als Therapeuten den Vorteil des flexiblen Settings. Wie auch in anderen humanistischen und körperpsychotherapeutischen Verfahren können wir uns vielfältig bewegen, während wir mit den Patienten arbeiten.

Zudem gibt es auch den empirischen Hinweis aus Studien mit chronisch Kranken (Arthritis, Krebs, Diabetes, Herz-Kreislauf) zum Zusammenhang zwischen sportlicher Aktivität und Wohlbefinden, dass rein motorische Trainingsprogramme signifikant effektiver waren als ausschließliche oder ergänzende motivationale/edukative Programme (vgl. Fuchs & Schlicht, 2012, S. 42).

Dieses Ergebnis zeigt uns unter anderem, dass die Begrenzung der Redezeit in der Therapie, um dann auf die Ebene von Körperwahrnehmung, -ausdruck und Körperkontrolle zu gehen, keine mechanistische, direktive und Kontakt vermeidende Technik sein muss, wie es von manchen analytischen Kritikern gerne hervorgehoben wird, sondern zumindest bei Patienten mit psychosomatischen Störungen das Wohlbefinden und den sensomotorischen Bezug verbessern kann. Das heißt auch für uns Therapeuten kann es von Vorteil sein, die im Körper gespeicherten belastenden Erfahrungen aus der Arbeit mit Patienten schlicht motorisch »wegzuarbeiten« (und nicht verbal-affirmativ oder imaginativ).

Körperliche Aktivität setzt über die wechselnde Kontraktion und Entspannung der Muskulatur in der Bewegung einen Typus von Neurotransmittern im Körper frei, die »Endorphine« genannt werden. Endorphine bewirken angenehme Empfindungen, eine Art natürliches »High-Gefühl«, und können als mildes Analgetikum – schmerzreduzierend im Körper – wirken. Manche körperliche Anstrengungen und Schmerzerfahrungen (z. B. »Runners High« oder Sportarten, wie Klettern, Paragliding, die mit flow-Erlebnissen verbunden sind), können durch die Ausschüttung von Endorphinen ein Glücksempfinden hervorrufen. Diese Wirkung ist inzwischen medizinisch anerkannt, wenn auch individuell höchst unterschiedlich erlebt.

4.3 Stimmlicher Ausdruck

Ein Klischee, das sich hartnäckig hält und aus den Erfahrungen der Kollegen aus den Anfängen der Bioenergetischen Analyse in Deutschland (70/80er Jahre) herrührt, ist das der lautstarken, kathartischen Arbeit mit den Blockierungen des Körpers nach dem Motto »je lauter die Person schreit, je mehr sie schlägt oder auf die Matratze eintritt, desto wirksamer die therapeutische Arbeit«. In den vergangenen 20 Jahren haben sich viele differenziertere und auch leisere Arbeitsweisen entwickelt. Die Bioenergetische Analyse ist kein generell »lautes« Körperpsychotherapieverfahren. Jedoch haben wir stets unsere Aufmerksamkeit für den Stimmklang (die emotionale Färbung), die Melodie (Prosodie), die Lautstärke und die Fähigkeit einer Person, sich in der Umgebung auch glaubhaft bemerkbar zu machen. Die lösende Kraft eines stimmlichen Ausdrucks der Angst, Trauer oder Wut sehen wir als in sich therapeutisch wirksam an – genau wie die Vibration der Muskulatur (das sogenannte Freizittern).

In dieser Hinsicht unterscheidet sich die Bioenergetische Analyse sehr von anderen rein körpertherapeutischen Verfahren wie Yoga (Ausnahme Lach-Yoga), Tai Chi, Chi Gong, Shiatsu, Osteopathie, Meditation, Focusing etc. oder auch rein verbalen Verfahren, die mit den Prinzipien der Achtsamkeit und Imagination arbeiten. Es gibt meiner Kenntnis nach keine so explizit mit der Stimme arbeitende Psychotherapiemethode; selbst im Psychodrama und in der Gestalttherapie wird der Stimme nicht der gleiche Stellenwert zugestanden.

Die Frage, ob kathartisches Arbeiten oder Halt gebendes und begrenzendes Arbeiten notwendig ist, wird aufgrund der energetischen und emotionalen Ausgangssituation einer Person entschieden. Zudem wird die Halt gebende therapeutische Beziehung und nicht nur die Technik betont (vgl. Klopstech, 2008).

Eine Bestätigung für die Aktivierung des Körpers und den stimmlichen Ausdruck im Hinblick auf unsere Gesundheit geben die Ergebnisse einer Studie des Frankfurter Institutes für Musikpädagogik, über die 2004 in einem Zeitungsbericht mit dem Titel »Singen fördert das Immunsystem! Musik hören jedoch nicht!« berichtet wurde.

Forscher der Universität Frankfurt haben dafür die Blutwerte (Immunglobulin A und Cortisol) von Sängern eines Laienchors vor und nach den Proben zu Mozarts Requiem gemessen. Die Blutwerte waren nach dem Singen erhöht. Sie gelten als Indikator für Abwehrkräfte. Auch die subjektive Stimmung veränderte sich zum Positiven. Eine Woche später ergab dieselbe Untersuchung, dass das Hören des Requiems die Blutwerte nicht positiv beeinflusste (vgl. NOZ 17.1.04, Bericht über Prof. Hans Günther Bastian vom Frankfurter Institut für Musikpädagogik).

Cortisol – ein Hormon, das unter anderem katabole Stoffwechselwirkungen aufweist und eine dämpfende Wirkung auf das Immunsystem hat –, wird in der Medizin häufig genutzt, um im Körper überschießende Reaktionen zu unterdrücken und Entzündungen zu hemmen. Insofern gilt der erhöhte Cortisol-Wert nach dem Singen als signifikantes Zeichen für die körpereigene Reaktionsbereitschaft zugunsten verbesserter Abwehr. Immunglobulin A (IgA) ist ein Antikörper, der hauptsächlich in den externen Körperflüssigkeiten vorkommt und dort eine bedeutende Abwehrbarriere gegen Krankheitserreger bildet.

4.4 Körperliche Unterstützung und Hautkontakt

Hautkontakt senkt den Blutdruck, fördert den Wechsel vom Adrenalin-System (Kampf-Flucht-Schockstarre »fight-flight-freeze«) zur Ausschüttung des Hormons Oxytocin – dem Hormon der Ruhe und Liebe (vgl. Uvnaes-Moberg, 2003). Wird Berührung in einer sicheren Weise innerhalb einer Beziehung erlebt, fördert dies im Sinne der Neurozeption vermutlich über den Oxytocinmechanismus den »intelligenten« ventralen Vagus (VVC) und zusammen mit Mimik und Affektaustausch prosoziales Verhalten (vgl. Porges, 2010; Clauer, 2013, S. 152f.).

Der Unterschied zwischen der Bioenergetischen Analyse (wie auch anderen Körperpsychotherapien, die mit Beziehung arbeiten) und reinen Körpertherapien, wie zum Beispiel Massage, Physiotherapie, Osteopathie, Yoga etc. liegt meiner Meinung nach darin, dass es abgegrenzte, Beziehung stiftende, rhythmisch abgestimmte Gesten sind oder ein mit Beziehungsbildern verbundener Körperkontakt ist, der über den Vagus andere Reaktionen stimuliert als nur eine mechanische Berührung einer fremden Person. Diese Spezifität der vertrauensvollen Berührung innerhalb einer vertrauensvollen menschlichen Beziehung wurde bislang in der neurobiologischen, ethologisch orientierten Forschung nicht ausreichend untersucht.

Literatur

Alexander, F. (1977). *Psychosomatische Medizin*. Berlin: de Gruyter.

Bauer, J. (2005). *Warum ich fühle, was Du fühlst. Intuitive Kommunikation und das Geheimnis der Spiegelneurone*. Hamburg: Hoffmann & Campe.

Bauer, J. (2007). *Das Prinzip Menschlichkeit. Warum wir von Natur aus kooperieren*. Hamburg: Hoffmann & Campe.

Bauer, J. (2011). *Schmerzgrenze. Vom Ursprung alltäglicher und globaler Gewalt*. München: Karl Blessing.

Bollas, Ch. (1989). *Forces of Destiny*. London: Free Association Books.

Bollas, Ch. (2012). *Der Schatten des Objektes. Das ungedachte Bekannte. Zur Psychoanalyse der frühen Entwicklung*. Stuttgart: Klett-Cotta.

Buti-Zaccagnini, G. (2008). Affektive Beziehungen und Körperprozesse. In V. Heinrich-Clauer (Hrsg.), *Handbuch Bioenergetische Analyse* (S. 151–160). Gießen: Psychosozial-Verlag.

Clauer, J. (2003). Von der projektiven Identifikation zur verkörperten Gegenübertragung. Eine Psychotherapie mit Leib und Seele. *Psychotherapie Forum, 11*, 92–100.

Clauer, J. (2009). Zum Grounding-Konzept der Bioenergetischen Analyse. Neurobiologische und entwicklungspsychologische Grundlagen. *Psychoanalyse & Körper, Nr. 15, 8*(2), 79–102.

Clauer, J. & Heinrich, V. (1999). Körperpsychotherapeutische Ansätze in der Behandlung traumatisierter Patienten: Körper, Trauma und Seelenlandschaften. Zwischen Berührung und Abstinenz. *Psychotherapie Forum, 7*, 75–93.

Downing, G. (1996). *Körper und Wort in der Psychotherapie*. München: Kösel.

Ehlert, U. & von Känel, R. (Hrsg.). (2010). *Psychoendokrinologie und Psychoimmunologie*. Berlin: Springer.

Ehrensperger, Th. (Hrsg.). (1996). *Zwischen Himmel und Erde. Beiträge zum Grounding-Konzept*. Basel: Schwabe.

Fengler, J. (1994). *Helfen macht müde. Zur Analyse und Bewältigung von Burnout und beruflicher Deformation*. München: Pfeiffer.

Fuchs, R. & Schlicht, W. (Hrsg.). (2012). *Seelische Gesundheit und sportliche Aktivität*. Göttingen: Hogrefe.

Gershon, M. D. (1998). *The second brain*. New York: Harper Collins.

Heinrich, V. (1986). Die Bewältigung belastender Lebensereignisse und Körperbeschwerden bei Frauen, Universität Osnabrück.

Heinrich, V. (1997). Körperliche Phänomene der Gegenübertragung. Therapeuten als Resonanzkörper. Welche Saiten kommen in Schwingung? *Forum der Bioenergetischen Analyse, 1*, 32–41.

Heinrich, V. (2000). Von der Sehnsucht, im eigenen Körper wieder zu Hause zu sein. Möglichkeiten der Körperpsychotherapie in der Arbeit mit traumatisierten Menschen. Dokumentation der Jahrestagung der Kath. Ehe-, Familien- und Lebensberaterinnen und -berater. Suhl.

Heinrich, V. (2001). Übertragungs- und Gegenübertragungsbeziehung in der Körperpsychotherapie. *Psychotherapie Forum, 9*, 62–70.

Heinrich-Clauer, V. (2004). Freude in der Beratung. Vom Klienten- zum Therapeutenzentrierten Ansatz. *Blickpunkt EFL-Beratung*, 43–58.

Heinrich-Clauer, V. (2005). Selbstfürsorge für Psychotherapeuten. Eine körperpsychotherapeutische Perspektive zu einem vernachlässigten Thema. *Forum Psychotherapeutische Praxis, 5*(4), 172–181.

Heinrich-Clauer, V. (Hrsg.) (2008). *Handbuch Bioenergetische Analyse*. Gießen: Psychosozial-Verlag.

Heinrich-Clauer, V. (2009). Die Rolle der Therapeutin in der Bioenergetischen Analyse: Resonanz, Kooperation und Begreifen. In: Geißler P. & Heinrich-Clauer V. (Hrsg.). *Psychoanalyse & Körper, Nr. 15, 8*(2), 31–55.

Jaenicke, Ch. (2006). *Das Risiko der Verbundenheit – Intersubjektivitätstheorie in der Praxis*. Stuttgart: Klett-Cotta.

Jung, C. G. (2011). *Praxis der Psychotherapie. Gesammelte Werke 16*. Ostfildern: Patmos.

Keleman, St. (1990). *Körperlicher Dialog in der therapeutischen Beziehung*. München: Kösel.

Klopstech, A. (2008). Im Kontext autonomer und interaktiver Selbstregulation: Katharsis im neuen Kleid. In V. Heinrich-Clauer (Hrsg.), *Handbuch Bioenergetische Analyse* (S. 463–488). Gießen: Psychosozial-Verlag.

Klopstech, A. (2005). Stellen die Neurowissenschaften die Psychotherapie vom Kopf auf die Füße? Neurowissenschaftliche Überlegungen zu klassischen Konzepten der (Körper-)Psychotherapie. *Psychoanalyse & Körper, Nr. 7, 4*(2), 69–108.

Koemeda, M. (2012). Integrating Brain, Mind and Body: Clinical and Therapeutic Implications of Neuroscience. An Introduction. *Bioenergetic Analysis 2012* (22), 57–77.

Körner, J. (1998). Einfühlung: Über Empathie. *Forum der Psychoanalyse, 14*, 1–17.

Kriz, J. (1985). *Grundkonzepte der Psychotherapie*. München: Urban & Schwarzenberg.

Lewis, R. (2004). Projective Identification Revisited – Listening with the Limbic System. *Bioenergetic Analysis, 14*(1), 57–73

Lewis, R. (2005). The Anatomy of Empathy. *Bioenergetic Analysis, 15*, 9–31.

Lowen, A. (1978). *Depression: Unsere Zeitkrankheit, Ursachen und Wege der Heilung*. München: Kösel.

Lowen, A. (1979). *Lust. Der Weg zum kreativen Leben*. München: Kösel.

Lowen, A. (1993). *Freude. Die Hingabe an den Körper und das Leben*. München: Kösel.

Lowen, A. (1996). Erdung. In Th. Ehrensperger (Hrsg.), *Zwischen Himmel und Erde. Beiträge zum Grounding-Konzept* (S. 11–17). Basel: Schwabe.

Oelmann, K. (1996). Grounding – Identitätsfindung als Bioenergetischer Analytiker. In Th. Ehrensperger (Hrsg.), *Zwischen Himmel und Erde: Beiträge zum Grounding-Konzept* (S. 129–142). Basel: Schwabe.

Oelmann, G. & Oelmann, K. (2009). Analytische Live-Supervision von Körperpsychotherapie. *Psychoanalyse & Körper, Nr. 15, 8*(2), 57–78.

Pechtl, W. (1980). Die Therapeutische Beziehung und die Funktion des Therapeuten in der Bioenergetischen Analyse. In H. Petzold (Hrsg.), *Die Rolle des Therapeuten und die therapeutische Beziehung* (S. 189–210). Paderborn: Junfermann.

Porges, St. (2010). *Die Polyvagal Theorie. Neurophysiologische Grundlagen der Therapie. Emotionen, Bindung, Kommunikation und ihre Entstehung*. Paderborn: Jungfermann.

Reimer, C. & Jurkat, H. B. (2001). Lebensqualität von Psychiatern und Psychotherapeuten. *Schweizerische Ärztezeitung 92*(32/33), 1733–1738/ *Deutsches Ärzteblatt PP* (11/2003), 511f.

Reimer, C., Jurkat, H. B., Vetter, A. & Raskin, K. (2005). Lebensqualität von ärztlichen und psychologischen Psychotherapeuten – eine Vergleichsuntersuchung. *Psychotherapeut, 2*, 107–114.

Rizzolatti, G., Fadiga, L., Fogassi, L. & Gallese, V. (1999). Resonance behaviors and mirror neurons. *Archives Italiennes de Biologie 137*, 85–100.

Schmidbauer, W. (1999). *Wenn Helfer Fehler machen. Liebe, Missbrauch und Narzissmus*. Reinbek: Rowohlt.

Schore, A. (2002). Advances in Neuropsychoanalysis, Attachment Theory and Trauma Research: Implications for Self-Psychology. *Psychoanalytic inquiry, 22*, 433–484.

Schore, A. (2003). *Affect regulation and the repair of the self*. New York: Norton & Co.

Schore, A. (2005). Erkenntnisfortschritte in Neuropsychoanalyse, Bindungstheorie und Traumaforschung: Implikationen für die Selbstpsychologie. *Selbstpsychologie 6*, 395–446.

Schubert, Ch. (Hrsg.). (2011). *Psychoneuroimmunologie und Psychotherapie*. Stuttgart: Schattauer.

Siegel, D. (2011). Vortrag auf der 23. Internationalen Konferenz für Bioenergetische Analyse, San Diego/CA

Sonntag, M. (2003). Self-Expression versus Survival. Die grundlegenden Bioenergetischen Konzepte im Lichte der neueren psychobiologischen Erkenntnisse und der Affektforschung. *Forum der Bioenergetischen Analyse* (2/2003), 45–70.

Stern, D. (1992). *Die Lebenserfahrung des Säuglings*. Stuttgart: Klett-Cotta.

Storch, M., Cantieni, B., Hüther, G., Tschacher, W. (Hrsg.). (2006). *Embodiment. Die Wechselwirkung von Körper und Psyche verstehen und nutzen*. Bern: Huber.

Traue, H. (1998). *Emotion und Gesundheit: die psychobiologische Regulation durch Hemmungen*. Heidelberg, Berlin: Spektrum Akademischer Verlag.

Tronick, E. (1989). Emotions and emotional communication in infants. *American Psychologist, 44*, 112–119.

Uvnäs-Moberg, K. (2003). *The Oxitocin Factor. Tapping the Hormone of Calm, Love and Healing*. Cambridge, MA: Da Capo Press.

Van der Kolk, B. (2010). Vorwort. In: St. Porges, *Die Polyvagal Theorie. Neurophysiologische Grundlagen der Therapie. Emotionen, Bindung, Kommunikation und ihre Entstehung* (S. 11–18). Paderborn: Jungfermann.

Yalom, I. (1999). *Die Liebe und ihr Henker*. München: Goldmann.

Yalom, I. (2002). *Der Panamahut oder Was einen guten Therapeuten ausmacht*. München: Goldmann.

Die Autorin

Vita Heinrich-Clauer, Dr., Dipl.-Psych., früher Forschung und Lehre an der Universität Osnabrück in Psychologischer Diagnostik, Psychosomatik, Körperdiagnostik sowie Entwicklungspsychologie. Seit 1989 Psychotherapeutin in eigener Praxis, Supervisorin, Dozentin, Autorin. Internationale Trainerin für Bioenergetische Analyse (IIBA Faculty).

Kontakt

Dr. Vita Heinrich-Clauer
Krahnstr. 17
49074 Osnabrück
E-Mail: vita.heinrich-clauer@osnanet.de
Internet: www.vita-heinrich-clauer.de

Die Liebe in der Bioenergetischen Analyse[1]

Konrad Oelmann

Vorbemerkung

Die Ansicht, dass jede psychotherapeutische Beziehung Züge einer Liebesbeziehung trägt, die es sorgfältig zu handhaben gilt, stellte den Ausgangspunkt für diesen Vortrag dar.

Übertragungs- und Gegenübertragungsliebe sind im therapeutischen Raum permanent vorhanden, werden aber nur selten explizit in Therapie und Supervision thematisiert. Eine spannende Ausnahme machte hier ein Vortrag mit dem Titel: »Kann ein Schiff seekrank werden? – Die Angst des Psychoanalytikers, verdrängte Liebe zu befreien« (Krutzenbichler, DGPT-Tagung 2010).

Seither bewegt mich die Frage: Was lösen die Liebesgefühle – meine und die meiner PatientInnen im Praxisraum aus?

Die in dieser Auseinandersetzung zu besprechenden Thesen lauten:

1. Jede therapeutische Beziehung ist eine Liebesbeziehung.
2. Die Heilung erfolgt durch Liebe.
3. Vonseiten des Therapeuten ist das Containment von erotischer Gegenübertragung erforderlich ebenso wie die Überwindung des Gegenübertragungswiderstandes.
4. Es findet im therapeutischen Prozess eine Befreiung verdrängter Liebe und damit eine Erhöhung der leib-seelischen Lebendigkeit statt.
5. Reden über Nicht-Gefühltes ist kontraproduktiv ebenso wie Fühlen, ohne zu verstehen, nicht zielführend ist.

Die Praxis des Bioenergetischen Analytikers legt in den Augen benachbarter Schulen die Vermutung nahe, dass die Gefahr des übergriffigen Missbrauchs durch die direkte

---

1 Überarbeitete Fassung des Vortrags beim NIBA Studientag, 1. und 2. März 2013, Ovelgönne.

Arbeit mit dem Körper erhöht würde. Diese Annahme ist meiner Meinung nach nicht stimmig, führt innerhalb der Bioenergetischen Analyse aber dazu, dass wir – unter einer gefürchteten Anklage – zu wenig über die Liebesgefühle im therapeutischen Geschehen sprechen – unter uns und auch in öffentlichen Räumen.

Einleitung

Der Physiker Hans-Peter Dürr zitierte bei einem Vortrag über Quantenphysik den Satz: »Ein Baum, der fällt, macht mehr Lärm, als tausend Bäume, die wachsen« und meinte damit, dass wir gewohnt sind, auf die Katastrophen zu schauen und dabei häufig das Wachstum außer Acht lassen, das Gesunde und das Lebendige in der Natur zu ignorieren gewohnt sind.

Mit meinem Thema heute verhält es sich ähnlich, habe ich doch bei der Vorbereitung auf diesen Vortrag die zahlreichen Veröffentlichungen über den katastrophalen Missbrauch in Psychotherapie (z.B. *Tatort Couch*: Heyne, 1991) und Psychoanalyse wie ein laufendes Krachen der Bäume empfunden und war dabei, fast geneigt, die zarten Gefühle des Wachstums in den Psychotherapien, des Wachstums auf dem Humus der Liebe, wie ich es hier einmal nennen möchte, zu vernachlässigen. Dabei ist der Begriff der Liebe natürlich extrem unscharf und genau das soll er hier auch sein: Nächstenliebe, Eltern-Kind-Liebe, Geschwisterliebe, erotische Liebe usw. Wenn ich mich hier also zu der ganz wesentlichen These bekenne: *»Jede therapeutische Beziehung ist eine Liebesbeziehung und unterliegt damit Dynamiken, wie sie in Liebesbeziehungen vorliegen«*, dann lässt diese Benutzung des Begriffes Liebe eine riesige Breite an möglichen Vorstellungen zu, die für unsere berufliche Tätigkeit auch von erheblicher Gefahr für Missverständnisse ist. Wie brisant diese Thematik sein kann, wird zum Beispiel klar, wenn Sie sich vorstellen, dass die Patientin, die sich zu einem Therapeuten in Therapie begibt, nun zu ihrem Partner sagen würde: »Ich begebe mich in psychotherapeutische Behandlung – ich beginne eine neue Liebesbeziehung.«

Für den Therapeuten nun ist diese Liebesbeziehung eine professionelle Beziehung, die unter wohl definierten ethischen Richtlinien in Abstinenz stattzufinden hat.

Abstinenz bedeutet für den Bioenergetischen Analytiker nicht, dass keine körperliche Berührung stattfinden darf, sondern dass er die Szenen, die sich im therapeutischen Raum abspielen, nicht für die eigene Befriedigung, sondern zum Wohle der Patientin einsetzt.

Menschen, die Psychotherapeuten werden, wissen, dass sie von Menschen geliebt werden wollen. Ist dieses Wissen unbewusst geblieben und gründet es sich auf Bedürfnisse, Macht über andere Menschen ausüben zu wollen, so kann das zum Krachen der umstürzenden Bäume führen. Der Humus des therapeutischen Wachstums im therapeutischen Raum, auf den es mir hier und heute ankommt, ist jedoch einer der auf dem Glauben und Wissen gründet, dass lieben und geliebt werden, genau den Nährboden darstellt, auf den die Erfolge in der Psychotherapie, das persönliche Wachstum des Patienten (aber auch der Therapeut wächst mit) zurückzuführen ist.

Entscheidend ist in meinen Augen, dass der Therapeut einen Container für die Liebesgefühle besitzen muss, der, was seine eigenen übergriffigen Tendenzen auf die Patientin angeht, absolut sicher ist im Hinblick darauf, die Patientin nicht für seine eigenen Bedürfnisse zu benutzen. Welche Schwierigkeiten auftreten können, soll nun erörtert werden.

Zunächst ein Beispiel aus der Supervision.

Die Angst des Therapeuten vor erotischer Übertragung

Der etwa 50jährige Diplompsychologe hat nach einigen beruflichen Umwegen eine Stelle in der Ambulanz einer psychiatrischen Klinik erhalten. Heute habe er Supervisionsbedarf. Was war passiert?

Eine attraktive 40jährige Patientin war in einer wiederholten suizidalen Krise in die Klinik gekommen. Immer waren solche Krisen aufgetreten, wenn es zu Trennungen von Partnern gekommen sei. Es handele sich wohl um eine dependente Persönlichkeitsstörung (orale Charakterstruktur). Die Patientin habe vor ihm Platz genommen, den Reißverschluss ihrer Jacke aufgemacht und sich in einer ruckartigen Bewegung in die Brust geworfen. Er sei zusammengezuckt und von dem Gedanken überfallen worden: »Was mache ich bloß, wenn die erzählt, ich habe sie angegraben?« Glücklicherweise, sagt er erleichtert, habe er diese Geschichte seiner Oberärztin erzählen können und diese habe ihn gefragt, ob sie die Patientin übernehmen solle. Dankbar habe er zugestimmt.

Wie der Kollege, können wir alle an die Grenzen unserer erotischen Gegenübertragungs-Containmentkapazität kommen! Wohl um mein Verständnis für seine Schwierigkeiten zu bekunden, erzählte ich ihm ein eigenes Beispiel:

Ich erinnere mich an eine Lehrtherapie mit folgender Begebenheit: Auf dem Gesellschaftsabend einer Bioenergetikkonferenz kam es auf der Tanzfläche zu einer Begegnung mit meiner Lehranalysandin, die tanzend auf mich zu kam und sagte: »Ich hatte heute eine Einzelstunde mit Alexander Lowen« und ich sagte: »Oh, und wie war es?« »Er hat mit meinem Becken gearbeitet«, sagte sie kokett weitertanzend. Etwas verlegen und mit meinem Stolz ringend, antwortete ich: »Wenn ich einmal über 80 Jahre bin, arbeite ich auch mehr mit deinem Becken!« (A. Lowen war damals 84 Jahre alt und gab immer wieder bei Konferenzen Einzeltherapiestunden am Rande des Hauptprogramms).

Fazit: Ein deutliches Gefühl für die eigenen Grenzen bekommen und handlungsfähig zu bleiben bzw. zu werden, gehört dringend zu den Ausbildungserfordernissen eines Therapeuten. »Ab wann kann ich nicht mehr widerstehen, mein Begehren befriedigen zu wollen?«, ist die Frage, die sich jeder Therapeut stellen sollte.

Die Herausforderung für jeden Therapeuten, jede Therapieform besteht meines Erachtens darin, die Grenzen, an denen heilsame Veränderungen stattfinden, mit seiner eigenen Persönlichkeitsstruktur und Lebenssituation abzustimmen. Ohne eine intensive Selbsterfahrung und Supervision ist das nicht möglich! Mit zunehmender Erfahrung erhöht sich die Kapazität des Therapeuten, mit schwierigen Übertragungssituationen umzugehen.

Der Gott Eros haucht der Erde Leben ein!

Bevor ich auf das Spezifische der Bioenergetischen Analyse eingehen möchte, referiere ich jetzt einige Veröffentlichungen aus dem psychoanalytischen Raum zum Thema Liebe.

David Manns *Psychotherapie: Eine erotische Beziehung* (1999) ist neben dem Buch von Krutzenbichler und Essers mit dem Titel *Übertragungsliebe – Psychoanalytische Erkundungen zu einem brisanten Phänomen* (2006) eine der ausführlichsten Veröffentlichungen zum Thema der Liebe in der Psychoanalyse. Die erotische Übertragung versteht Mann sowohl im Hinblick auf die präödipale Erotik, als auch auf die Entwicklung der leidenschaftlichen Erwachsenenerotik und greift auf den Gott Eros in der griechischen orphischen Mythologie zurück, in der Eros als einer der ersten Götter beschrieben wird, der aus einem Ei geschlüpft, das Universum in Bewegung setzt und Leben auf der Erde schafft, in dem er mit seinen Leben spendenden Pfeilen Pflanzen, Tieren und Menschen ihren Lebensgeist einhauchte. In diesem Sinne hat erotische Liebe mit der grundsätzlichen Entwicklung von lebendiger Kreativität zu tun und transzendiert die enge erotische Bedeutung auf Sexuelles und Triebhaftes.

Die Arbeit mit dem Begehren

Hilfreich für mich waren die Ausführungen von Leikert über die psychoanalytische Arbeit mit dem Begehren (Leikert, 2007, S. 199–214). Sebastian Leikert setzt sich mit dem Psychoanalytiker Lacan auseinander, für den das Begehren im Zentrum des therapeutischen Arbeitens steht. Begehren bedeutet über die sinnlich erotische Dimension hinaus, die unabschließbare Suche nach Sinn. Kennzeichen für das Begehren seien drei Prinzipien:

> »es ist
> 1. die Suche nach Sinn, die aus der Konfrontation mit einer Mangelerfahrung resultiert,
> 2. die Begegnung in der Aktualität und beinhaltet
> 3. in besonderer Weise, die sinnlich-körperliche Dimension des Erlebens« (ebd., S. 207).

Für den therapeutischen Prozess kommt Leikert in seinen Schlussbemerkungen zu folgenden Merkmalen:

> »Es gilt, den Analysanden bei dem Weg zu unterstützen, sein Begehren von dem der Eltern zu lösen, es lebhaft zu spüren und in der Beziehung zum Analytiker zu entwickeln. Es geht in meiner Vorstellung darum, das Begehren innerhalb der analytischen Beziehung zu containen […]. Der Mut des Analysanden, sich von der Übertragung zu lösen und eine Begegnung innerhalb der analytischen Beziehung zu wagen, ist vom Analytiker durch eine reziproke Bereitschaft zu beantworten. Diese Reaktion kann nur außerhalb technischer Konventionen erfolgen und muss offen sein für die Wucht und Sinnlichkeit, mit der das Begehren sich äußert. Gleichzeitig ist die Antwort des Analytikers nur dann dem Wesen des Begehrens angemessen, wenn sie auf den Versuch der Befriedigung verzichtet. Darunter ist neben dem selbstverständlichen Verzicht auf die Befriedigung der Sinnlichkeit vor allem der Verzicht auf die Befriedigung der Suche nach Sinn zu verstehen. Der Analytiker kennt die Gefahr, dem Begehren ein neues Objekt oder ein neues Ideal bieten zu wollen. Dies muss zu einer erneuten infantilisierenden Anpassung oder zu einer weiteren Enttäuschung führen. Was er jedoch durch seine Bereitschaft, sich auf einen offenen Diskurs einzulassen, vermitteln kann, ist die Lust an der Suche nach neuen Lebensmöglichkeiten« (Leikert, 2007, S. 213).

Ich wünsche mir, das dieses Ideal des Verzichtes auf Ideale und Objekte auch bei den Körperpsychotherapeuten ankommt, beobachte ich doch häufig in der Supervision, dass die körperenergetische Ebene mit der inhaltlichen Ebene verwechselt wird und Ratschläge für die Lebensführung gegeben werden.

»Spiel mit mir – zähme mich!«

In dem Band: *Sexualitäten* (Springer, Münch & Munz, 2008) schreibt Klaus Braun den Beitrag: »Liebesübertragungen. Komplexkonstellationen, neurosen- und ichstrukturelle Bedingungen, Verläufe« und berichtet, dass Übertragung und Gegenübertragung intersubjektiv ineinander verschränkt seien. Er hält die Etablierung eines triadischen inneren Raumes, die es einerseits ermöglicht, den Patienten zu lieben und andererseits dessen bewusste und unbewusste Erfahrung zu verstehen, für entscheidend für den psychoanalytischen psychotherapeutischen Prozess. Die heilsame Objektbeziehung bestehe für den Patienten darin, dass sowohl eine beruhigend-unterstützende Beziehung, als auch eine symbolisch reflexiv wirksame Beziehung entsteht. Braun zitiert Freuds Aussage über die Psychoanalyse: »Es ist eigentlich eine Heilung durch Liebe!« (C. Braun, 2008)

Auch Mechthild Klingenburg-Vogel (2008) thematisiert in demselben Band, in ihrem Artikel »Was ist Liebe?« – Wie kann ein Patient durch Analyse »liebesfähig« werden? eine Grundvoraussetzung für den psychotherapeutischen Prozess: »Um sich mit einem Patienten auf einen analytischen Prozess einlassen zu können, muss man ihn genug mögen können« (ebd., S. 185).

Ziel der Behandlung ist für sie, dass der Patient in einem ausweglosen, inneren Konflikt wieder Spielraum gewinnen kann. Und dann folgt eine Beschreibung eines therapeutischen Veränderungsprozesses, den Klingenburg-Vogel dem *Kleinen Prinzen* entnimmt:

> »Komm und spiel mit mir«, schlägt der Kleine Prinz dem Fuchs vor (Saint-Exupéry, 1943/1950, S. 65). »Ich kann nicht mit dir spielen«, sagt der Fuchs, »ich bin noch nicht gezähmt!« Und er erklärt dem Kleinen Prinzen: »Zähmen bedeutet: sich vertraut machen, denn du bist für mich noch nichts als ein kleiner Knabe, der hunderttausend kleinen Knaben völlig gleicht. Ich brauche dich nicht und du brauchst mich ebenso wenig. Ich bin für dich nur ein Fuchs, der hunderttausend Füchsen gleicht: Aber wenn du mich zähmst, werden wir einander brauchen. Du wirst für mich einzig sein in der Welt. Ich werde für dich einzig sein in der Welt. Wenn du mich zähmst, wird mein Leben wie durchsonnt sein. Ich werde den Klang deines Schrittes kennen, der sich von allen anderen unterscheidet. Die anderen Schritte jagen mich unter die Erde. Der deine wird mich wie Musik aus dem Bau locken. Und dann schau! Du siehst da drüben die Weizenfelder? Ich esse kein Brot. Für mich ist der Weizen zwecklos. Die Weizenfelder erinnern mich an nichts. Und das ist traurig. Aber du hast weizenblondes Haar. Oh, es wird wunderbar sein, wenn du mich einmal gezähmt hast! Das Gold des Weizenfeldes wird mich an dich erinnern. Und ich werde das Rauschen des Windes im Getreide lieb gewinnen.«

Zur Entwicklung der Übertragungsliebe

Im Anschluss an diesen exemplarisch wunderbar beschriebenen Prozess einer seelischen Veränderung im Liebeskontakt beschreibt die Autorin Freuds Bedingungen für die Entwicklung der Übertragungsliebe in vier Punkten:

1. »Sorge dafür, dass die Umgebung möglichst beständig bleibt. Lass die Person, deren Liebe du hervorrufen willst, frei über alles sprechen, was ihr in den Sinn kommt.«
2. »Mische dich so wenig wie möglich in die sich entfaltenden Gefühle und Erinnerungen ein und störe vor allem nicht den Strom der Kindheitserinnerungen.«
3. »Achte besonders darauf, dass vergessene und verdrangte Liebesbeziehungen wieder wachgerufen und in der Übertragung neu durchlebt werden.«
4. »Zeige der Person, dass sie nach jeder Enttäuschung Abwehrmechanismen

> entwickelt hat, die sich gegen künftige Liebesbeziehungen richten« (Klingenburg-Vogel, 2008).

Außerdem weist Klingenburg-Vogel auf das Verwechseln des Spielerischen der Sprache der Zärtlichkeit mit der Sprache der Leidenschaft des Erwachsenen hin und führt die Sprachverwirrung an, die Ferenczi beschrieben hat. Sie beschreibt, wie fatal es ist, wenn zwischen einem Therapeuten und einer Patientin aus narzisstischen oder erotischen Bedürfnissen des Therapeuten eine traumatisierende Verwirrung entsteht, wenn es zu realer Beziehung kommt. Josef Breuer floh letztlich vor der Liebe seiner Patientin Anna O., die er nicht als Übertragungsliebe erkennen konnte. Freud mahnt, dass der Therapeut, wie der körperlich untersuchende Arzt, keinen Vorteil aus dem Sich-Ausliefern der Patienten ziehen darf. »Die Bereitwilligkeit der Patienten ändert daran nichts, wälzt nur die ganze Verantwortlichkeit auf die Person des Therapeuten« (Klingenburg-Vogel, 2008, S. 186).

Das theoretische Fundament meiner bioenergetisch-analytischen Arbeit heute

Nach diesem Exkurs in die psychoanalytische Seite des Themas jetzt zum theoretischen Fundament meiner bioenergetisch-analytischen Arbeit. Stimme, Haltung, Blickkontakt und Mimik machen einen wesentlichen Teil von uns aus, egal ob wir uns in der Patienten- oder in der Therapeutenrolle befinden.

Das Aufeinandertreffen von zwei Personen bewirkt auf der vorsprachlichen Ebene Beziehungsmuster, die auf unseren früheren Beziehungserlebnissen beruhen (Schore, 2003). Wir übertragen also alte Beziehungsmuster auf die Beziehung im Hier und Jetzt und genau dadurch werden wir einerseits im Kontakt erkennbar für unser Gegenüber, andererseits haben wir Vorannahmen über den anderen, die sehr stark von unseren früheren Beziehungserfahrungen geprägt sind. Als Bioenergetische Analytiker arbeiten wir lange daran, unsere eigene Charakterstruktur bzw. Persönlichkeitsstruktur zu erkunden, kennenzulernen und uns aus den wesentlichen Fesseln des eigenen Festgelegtseins in die alten Beziehungen zu befreien, bzw. reflektiert mit unserem Festgelegtsein umzugehen und nicht unsere Patienten festzulegen. So ist uns daran gelegen, die Liebesfähigkeit unserer Patienten zu befreien und wir glauben fest daran, dass die leiblichen Ausdruckphänomene unserer Patienten eine ganz wesentliche Basis für ihre Beziehungserfahrungen darstellen. Die funktionelle Identität und Gegensätzlichkeit leib-seelischer Prozesse lehnen sich an die Erkenntnistheorie Wilhelm Reichs an. Aus der Psychoanalyse haben wir übernommen, dass uns unsere eigenen Muster, unsere lebensstiltypischen Äußerungen im Kontakt nur teilweise bewusst sind. Immer ist die Person körperlich verankert und immer hat diese körperliche

Verankerung eine Beziehungsgeschichte. So stellt das Dreieck von Körperlichkeit, Übertragung (als Beziehung im Damals) und Kontakt in der aktuellen Beziehung den wesentlichen Bezugsrahmen in der bioenergetischen Analyse her. Sowie das Ich am Du entstanden ist, so entsteht die Veränderung in der Therapie aus der Beziehung zum Therapeuten. Die Voraussetzung hierzu ist, dass der Therapeut eine Möglichkeit zur Selbstwahrnehmung hat, dass er über die Fähigkeit verfügt, sich in den anderen hinein zu versetzen und sich selbst vom anderen zu unterscheiden und nur dann kann die Analyse der Beziehungssituation dem Patienten nützliche Informationen über sich selbst geben (siehe hierzu: Oelmann, 2009: »Vom Inszenieren zum Mentalisieren – Körperliche Handlungsdialoge in der psychotherapeutischen Arbeit mit Affekten«).

Die Veränderung beginnt im Therapeuten (Herberth & Maurer, 1997) lautet eine selbstpsychologische Hypothese. Sie benennt für mich einen wichtigen Ablauf für durch Therapie erzielte Veränderungen: der sich in den Patienten einfühlende Therapeut spürt mittels seiner verkörperten Gegenübertragung (s. auch Heinrich-Clauer, 1997), was dem Patienten in seiner Bewegungsfreiheit fehlt und entwickelt dann in sich körpertherapeutische Handlungsproben und Bewegungsvorschläge, die dem Patienten im therapeutischen Raum vorgeschlagen werden und dann neue körperlich-seelische Dimensionen in sich selbst und in der Beziehung zum anderen erschließen. Das *Handbuch Bioenergetische Analyse* (Heinrich-Clauer, 2008) und die *Psychoanalyse der Lebensbewegung* (Geißler & Heisterkamp, 2007) sind die beiden Bücher, in denen man detailliert und ausgiebig die Theorie und Praxis der Körperpsychotherapie, wie ich sie vertrete, beschrieben findet.

Oft erlebe ich als Therapeut natürlich auch, dass Patienten einfach die Möglichkeit, sich auszusprechen, ohne dass besondere Interventionen von therapeutischer Seite getroffen werden, nutzen können, um ihren Zustand zu verbessern. Das miteinander Dasein im therapeutischen Raum ist dann ausreichend für die Selbstentwicklung des Patienten und ein therapeutisches Tun ist nicht erforderlich.

Die Liebe in der Bioenergetischen Analyse

Wie erwähnt bin ich durch Krutzenbichler darauf aufmerksam geworden, dass der Beruf des Psychotherapeuten beinhaltet, und zwar schon vor der ersten Begegnung mit dem ersten Patienten, dass wir vom Patienten geliebt werden wollen. Natürlich habe ich mich gefragt, ob das stimmt und darüber hinaus, warum ich bioenergetischer Analytiker werden wollte und geworden bin?

Wie schaffe ich das jetzt, ohne exzessive Selbstentblößung, meine Themen zu schildern. Ich kann hier auf das Medium der Literatur zurückgreifen! Yalom (1998) hat mir in seinem Buch *Die rote Couch* eine ausgezeichnete Vorlage gegeben, um die erotischen Bedürfnisse des Therapeuten im Bezug auf seine Patientin verständlich und sinnesnah gleichzeitig zu beschreiben. Hier sind die Bewegungen am Rande der Abgründe von erotischer Übergriffigkeit und Machtmissbrauch eindrucksvoll geschildert!

Meine eigene Motivation, Körperpsychotherapie zu machen, reicht wohl tief in meine Kindheit zurück! Immer noch erfahre ich neue Erklärungen, wie zum Beispiel vor Kurzem noch bei einem Besuch im Erzgebirge, in dem ich von früher Kindheit an bei Verwandten meine Ferien verbrachte. Eine Cousine meiner Mutter erzählte mir folgende Geschichte: Ihre Mutter habe sie gefragt: »Wo ist denn der Junge?« Sie antwortete: »Der ist im Stall und striegelt die Kuh«, daraufhin ihre Mutter: »Das gibt's nicht, striegelt der denn die Kuh immer noch, die Kuh will doch auch endlich mal ihre Ruhe haben!« Offensichtlich habe ich in Zuständen innerer Einsamkeit und wenn ich Heimweh hatte, immer wieder Sicherheit, Halt und Wärme bei Tieren gefunden!

Die Frühbezogenheit auf ein körperlich anwesendes Du ist mir also von höchstem Wert und die Tatsache, dass man aus seiner eigenen Neurose, wenn es gelingt, die größte therapeutische Fähigkeit entwickelt, trifft wohl auf mich als bioenergetischen Analytiker zu, genauso wie als Psychotherapeuten, nämlich, dass ich es von mir aus liebe und anstrebe, lebendigen Kontakt, körperlichen Kontakt und sinnliche Erfahrung zu erleben und zu gestalten! Der Weg zum Köperpsychotherapeuten war vorgebahnt!

Nun ist sowohl in der modernen relationalen Psychoanalyse (Jaenicke, 2006), als auch durch die Integration der Säuglingsforschung (Stern, 2007), der Bindungstheorie (Brisch, 2009), neurobiologischen Forschungen von Schore (2003), Ciompi (1999) und anderen, die kontextbezogene Subjektivität und die narrative Perspektive auf die Psychoanalyse klar geworden, dass subjektive Selbstoffenbarungen, wie gerade von mir geschehen, eigentlich immer – wenn auch im Verborgenen gehalten – für die therapeutischen Prozesse entscheidende Grundbedingungen darstellen.

Beim Nachdenken über die Form, diesen Vortrag/Artikel und meine eigene Herangehensweise in eine größere öffentliche Diskussion einzubringen, wird mir deutlich, dass es eine unbestimmte Angst vor Beschämung gibt, Beschämung in der Diskussion entblößt zu werden, in einer Art, dass alle anderen verstehen, was ich da für ein Problem habe, nur eben ich selber nicht. Diese Entblößung entspricht Träumen von Nacktheit unter lauter Angezogenen, die Träume, sich ohne Unterhemd und ohne Unterhose in der Öffentlichkeit bewegen zu müssen. Solche Schamgefühle scheinen mir prototypisch für die Diskussion eigener Liebesgefühle im Kontakt zu Patienten zu sein.

Protokoll eines Erstgesprächs

Die Patientin wird von einer Bioenergetikerin zur Gruppenpsychotherapie überwiesen. Es stellt sich heraus, dass sie erst ein Vorgespräch bei der Kollegin hatte und diese habe zu ihr gesagt: »Sie brauchen einen Mann.« Mit keckem Blick sitzt sie vor mir, attraktiv, 41 Jahre, lange, blonde Haare. Über dem roten eng anliegenden Wollpulli trägt sie einen medaillonförmigen Schmuckstein um den Hals, hat schwarze Strumpfhosen an und darüber einen kurzen Minirock, der die Beine bis zur Mitte der Oberschenkel bedeckt, Wildlederstiefel mit Fellrand. Sie ist eine attraktive Erscheinung und in ihrem Gesicht fällt ein kindliches Lächeln auf, wobei sie in der Mundpartie ab und zu bitter enttäuscht, fast weinend aussieht. Wir sitzen zunächst schweigend gegenüber und dann sage ich: »Wir können ja mal gucken, wo Sie hin wollen, wenn Sie eine erfolgreiche Therapie hinter sich gebracht haben, wo Sie dann sein möchten.« Sie sagt etwas von: »Ich will wissen, was ich will und diesem Willen auch folgen können.« Sie befinde sich in einer Trennungssituation von einem Mann, mit dem sie drei Jahre zusammen war und findet, dass zu viel Alkohol im Spiel sei. Einerseits sei er scheu und distanziert, andererseits hat es in den letzten drei Jahren keinen Tag gegeben, an dem sie nicht miteinander geschlafen hätten. Nach mehrmaligem Hin und Her habe sie sich nun endgültig von ihm getrennt, außerdem ihre Arbeitsstelle als Leiterin eines Erziehungsheimes gekündigt, weil sie sich nun der Kunst widmen wolle und außerdem Unterricht in diesem Bereich gebe. Nun geht sie nicht auf meine Frage ein, sondern erzählt ausführlich von der Beziehung und außerdem von einer Situation in einer Gaststätte vor zwei Tagen, wo sie von einem Mann angesprochen wurde, dem sie nicht habe widerstehen können und den sie mit nach Hause nahm und mit ihm Sex hatte. Dabei habe sie sich doch vorgenommen, sich nicht mehr in solche schnellen Affären einzulassen und sie verstehe nicht, warum ihr das immer wieder passiere. Die Patientin leidet also unter einer Impulsstörung, sie wirkt wie eine geladene Struktur und in Reichs Definition würde sie sicherlich einen triebhaften Charakter darstellen. Auffällig ist, wie intensiv sie auf ihr sexuelles Erleben und ihre Schwierigkeiten eingeht und das schon im Erstgespräch mir gegenüber offen legt. So habe sie Schwierigkeiten, sich fallen zu lassen, wobei es bei ihrem Partner einige Male geklappt habe, aber zuletzt nicht mehr. In der sechsjährigen Beziehung vor dem Partner habe sie vermisst, dass er sexuell mehr auf sie zugeht, hatte also mehr sexuelle Bedürfnisse als ihr Partner. Außerdem hätte sie irritiert, dass es fast nur zum oralen Sex gekommen sei, Schwierigkeiten, sich fallen zu lassen, kenne sie schon ganz grundsätzlich von sich. Die Rolle des Alkohols bei der Sexualität ist ihr unangenehm. Sie wünsche sich Sexualität exklusiv auf sich bezogen, während ihr damaliger Freund permanent andere Beziehungen noch nebenher hatte, schränkte sie das in ihrer Erlebnisfähigkeit ein.

Wir vereinbaren eine zweite Stunde, um ihre Lebensgeschichte zu beleuchten; auch über Vorbehandlungen habe ich noch nichts erfahren. (Hier endet meine Aufzeichnung vom Erstgespräch, wie ich sie sofort nach der Sitzung diktiert habe!)

Bei dieser Patientin wurde mir besonders deutlich, wie sehr die persönliche Lebenssituation des Therapeuten in die Behandlungen hineinwirken kann, ist mir doch bei der Attraktivität dieser Patientin deutlich geworden, dass die Verführbarkeit für den Singletherapeuten unwiderstehlich werden könnte. Die Dynamik der Patientin würde sie zu einem leichten Opfer für Übergriffe vonseiten des Therapeuten machen.

Mögliche hilfreiche Gefühlsatmosphäre zu Beginn einer psychotherapeutischen Sitzung

Nun will ich beschreiben, welche Haltung in meinen Augen – wenn sie dann auftritt – günstig für die Entwicklung der Atmosphäre in der Psychotherapie ist. Ich beschreibe, verschiedene Patientinnen vor Augen, welche Dinge ich zu mir selber sagen könnte, welche Dinge ich zu meiner Patientin sagen könnte, bei gleichzeitigem Wissen, dass es gut ist, diese Dinge für mich zu behalten, jedenfalls zunächst für mich zu behalten.

Wir sitzen uns gegenüber: »Schön, dass du da bist, schön, dass du mich besuchen kommst, ich bin gespannt darauf, was du mitbringst an Themen. Du siehst glücklich, traurig, wütend usw. aus. Ich freue mich, mit dir zusammen sein zu dürfen und bin dankbar, dass du mich als Kontaktperson wählst. Mir ist es wichtig und wertvoll, dass du dich mit mir wohlfühlst und von der Beziehung mit mir auf gute Weise genährt wirst.«

Jetzt kann die Stunde beginnen und ich bin gespannt, was die Patientin mitgebracht hat, frage sie oder warte schweigend ab, sie beginnt zu sprechen und mein tiefes Credo ist, dass in einer solchen atmosphärischen Anfangsphase der therapeutischen Stunde ein unglaublich großer Wert liegt, da die Grundbedürfnisse nach Bindung und Beziehung, nach narzisstischer Bestätigung, nach sensuell sexueller Bedeutung eine stabile Basis für die folgenden Auseinandersetzungen darstellt.

Wohlgemerkt, diese positive Atmosphäre dient nicht einer Vermeidung von Konflikten oder einem Verleugnen negativer Übertragungsanteile. Es ist einfach nur prognostisch günstig, wenn sie sich einstellt. In der Psychoanalyse der Patientin (s. o. Erstgespräch) kam es zu einer eingehenden Bearbeitung der ödipalen Problematik sowie zur Begleitung in einer sich anbahnenden neuen Partnerschaft.

Beziehungsverhinderung wird in der Gegenübertragung wahrgenommen

Am Anfang des therapeutischen Prozesses müssen wir unsere Patienten wenigstens ein bisschen mögen können und ganz schnell sind wir dann bei der Frage, warum wir ihn oder sie nicht mehr mögen? Gehen wir davon aus, dass wir unsere eigenen Probleme ausreichend gut durchgearbeitet haben, so erkennen wir Eigenarten bei der Patientin, die uns von einer Vertiefung der Liebesbeziehung abhalten. Diese spüren wir in unserer Gegenübertragung! Hierzu einige Beispiele:

- Eine missbrauchte Patientin unterstellt mir laufend, dass ich sie auch nur missbrauchen werde.
- Eine erotisch nicht gespiegelte Tochter, die aktive Maßnahmen ergreift, sich seelisch oder körperlich hässlich zu präsentieren, verhindert aktiv, zum Beispiel durch verächtliches Verhalten oder indem sie ihr Gegenüber beleidigt oder sich nicht an die verabredeten Rahmenbedingungen hält, dass sich die Bindung verstärken kann. Ganz deutlich spürbar wird in der Gegenübertragung, dass sie aktiv gewillt ist, sich zu mir auf Distanz zu halten.
- Ekelgefühle verhindern eine Annäherung (übler Schweißgeruch, Zigaretten- oder Angstgeruch füllt den Raum oder übermäßig aufgetragenes Parfüm versucht den Raum vollkommen einzunehmen.
- Sexualisiertes Verhalten blockiert mich in der Anleitung von Körperarbeit. Sexualisierung wird verstanden als Kontrolltendenz gegenüber dem gefährlichen Erleben früher Ohnmachtszustände.
- Besonders einfühlsame Patienten schaffen es, Stunde für Stunde einen perfekten Therapeuten einzufordern oder in den jeweiligen Wunden seiner Persönlichkeitsstruktur herumzustochern und dadurch von sich selber abzulenken.
- Widerstand gegen alle therapeutischen Bemühungen, ohne die Möglichkeit, mir auch nur ein kleines Erfolgserlebnis zu gönnen.
- Den Therapeuten reizen bis zum Ärgerausdruck, sodass dieser also schließlich in einer Art ausfällig wird, für die er sich später entschuldigen muss.
- Die Möglichkeiten, Beziehungen zu verhindern, sind von bioenergetischer Seite praxisnah auch von Doro Habbinga (2011) beschrieben worden, zum Beispiel zwei kleine Varianten: »Man kann den Hund nicht zum Jagen tragen« und »Scheindoofes verhindert therapeutischen Fortschritt!«

Über Nähe- und Distanzbedürfnisse reden!

Es hat sich für mich als nützlich erwiesen, in solchen Situationen zunächst theoretisch darüber sprechen zu können, dass in jedem von uns Nähebedürfnisse und Distanzbedürfnisse sich permanent in einem rhythmischen Geschehen abwechseln. Im Anschluss daran kann dann thematisiert werden, wie die Nähe- und Distanzbedürfnisse sich in den Beziehungen der Patienten und schließlich auch in der Beziehung zu mir gestalten. Die bewährten bioenergetischen Inszenierungen, zum Beispiel die Grenzlandübung, das »Ja« und das »Nein« sagen in verschiedensten körperlichen Ausdrucksformen usw., können diese Arbeit sinnvoll vertiefen.

Wenn die Beziehung zu unseren Patienten sich verbessert, mögen wir unseren Patienten mehr! Gemeinsame Freude verbessert bekanntlich die Beziehungen! Wenn sich die Beziehung dagegen verschlechtert, gibt es in der Therapeut-Patient-Dyade blinde Flecken, die der Supervision bedürfen.

Das Ende und der Abschied aus der therapeutischen Beziehung sind vonseiten des Therapeuten an die Notwendigkeit geknüpft, dass er über tragfähige Beziehungen zu sich selbst und zu seinen Kontaktpersonen im Privatraum verfügt (sonst fällt evtl. das Loslassen schwer oder die Gefahr von Übergriffigkeit entsteht!). Im Idealfall verabschieden wir einen Lebensabschnittspartner, sowie wir die Kinder ins Leben entlassen und – wenn es gut gelaufen ist – stolz auf Teile ihrer Entwicklungen sind, an denen wir fördernd teilhaben konnten!

Erotische Liebesübertragung – Widerstand oder Entwicklungsschritt?

Es ist häufig nicht erkennbar, ob die Verdichtung der erotischen Atmosphäre im therapeutischen Raum im Dienste des Widerstandes oder im Dienste der Entwicklung der Persönlichkeit des Patienten steht. Die Vermutung, dass die erotische Liebesübertragung ein Widerstand gegen die Bearbeitung tiefer liegender Probleme darstellt, war Freuds Hauptannahme zu diesem Problem, was sehr differenziert im Buch von Krutzenbichler und Essers (2010) betrachtet wird. Es stimmt: »Jede Liebesübertragung kann sich in den Dienst des Widerstandes stellen.« Zum Beispiel kann eine Patientin hervorragend durch eine erotische Liebesübertragung den Therapeuten kontrollieren. Die sonst angewendeten körpertherapeutischen Interventionen etwa werden dann aus Angst vor der Intensivierung der erotischen Nähe nicht angewendet!

Die Entwicklung einer erotischen Liebesübertragung kann aber auch im Dienste der Persönlichkeitsentfaltung stehen. So habe ich es häufig erlebt, dass Patienten, die zunächst eine herzliche Beziehung im Kontakt zu mir aufgebaut haben, im Anschluss daran auch eine erotische Qualität im Kontakt erleben konnten und dadurch zu einer glücklichen Wiedererlangung ihrer Fähigkeit zum erotischen Begehren gelangt sind. Ich denke hier zum Beispiel an eine Patientin, die durch den sexuellen Missbrauch durch ihren Vater eine äußerst verächtliche Haltung jedweder Erotik gegenüber entwickelt hatte. Es war beglückend, mit zu erleben, wie sie im letzten Drittel ihrer Analyse anfing, positiv besetzte Träume mit und ohne den Therapeuten zu träumen bzw. mit ihm ihre Freude über dieses Erleben, welches am Anfang mit großer Scham verbunden war, zu teilen. Entgegen ihrer Erwartungen lebte die Sexualität zu ihrem Ehemann (beide sind zwischen 65 und 70 Jahre alt) befriedigend auf!

Erotische Liebesübertragungen sind ebenso von großem Nutzen bei den Töchtern, die von ihren Vätern nicht erotisch gespiegelt wurden. Eine Atmosphäre von Sinnlichkeit – bei gleichzeitig klaren Grenzen – kann bei Störungen der erotischen

Empfindungsfähigkeit bei Frauen und Männern entscheidend zu ihrem Beziehungsglück beitragen!

Literatur

Braun, C. (2008). Liebesübertragung, Komplexkonstellationen, neurosen- und ich-strukturelle Bedingung, Verläufe. In A. Springer, K. Münch & D. Munz (Hrsg.), *Sexualitäten* (S. 153–167). Gießen: Psychosozial-Verlag.

Brisch, K. H. (2009). *Bindungsstörungen. Von der Bindungstheorie zur Therapie*. Stuttgart: Klett-Cotta.

Ciompi, L. (1999). *Die emotionalen Grundlagen des Denkens. Entwurf einer fraktalen Affektlogik*. Göttingen: Vandenhoeck & Ruprecht.

Clement, U. (2010). *Wenn Liebe fremdgeht. Vom richtigen Umgang mit Affären*. Berlin: Ullstein.

Geißler, P. & Heisterkamp, G. (2007). *Psychoanalyse der Lebensbewegungen*. Wien: Springer.

Habbinga, D. (2011). »Bitte helfen Sie mir!« Eigenverantwortung und Arbeitshaltung in der Psychotherapie. *Forum Bioenergetische Analyse* (1/2011), 125–142.

Heinrich-Clauer, V. (1997). Körperliche Phänomene der Gegenübertragung – Therapeuten als Resonanzkörper. *Forum der Bioenergetischen Analyse* (1997), 32–41.

Heinrich-Clauer, V. (Hrsg.). (2008). *Handbuch Bioenergetische Analyse*. Gießen: Psychosozial-Verlag.

Herbert, F. & Maurer, J. (Hrsg.). (1997). *Die Veränderung beginnt im Therapeuten*. Frankfurt/M.: Brandes & Apsel.

Heyne, C. (1995). *Tatort Couch*. Frankfurt/M.: Fischer.

Jaenicke, C. (2006). *Das Risiko der Verbundenheit – Intersubjektivitätstheorie in der Praxis*. Stuttgart: Klett-Cotta.

Leikert, S. (2007). Sexualität, Begehren, Intersubjektivität. Von der Musik des Sprechens in der klinischen Begegnung. In A. Springer, K. Münch & D. Munz (Hrsg.), *Sexualitäten* (S. 199–214). Gießen: Psychosozial-Verlag.

Klingenburg-Vogel, M. (2008). Was ist Liebe? Wie kann ein Patient durch Analyse liebesfähig werden? In A. Springer, K. Münch & D. Munz (Hrsg.), *Sexualitäten* (S. 181–198). Gießen: Psychosozial-Verlag.

Koellreuter, A. (Hrsg.). (2009). *Wie benimmt sich der Prof. Freud eigentlich? Ein neu entdecktes Tagebuch von 1921 historisch und analytisch kommentiert*. Gießen: Psychosozial-Verlag.

Krutzenbichler, H. & Essers, H. (2006). *Übertragungsliebe. Psychoanalytische Erkundungen zu einem brisanten Phänomen*. Gießen: Psychosozial-Verlag.

Mann, D. (1997). *Psychotherapie: Eine erotische Beziehung*. Stuttgart: Klett-Cotta.

Oelmann, K. (2009). Vom Inszenieren zum Mentalisieren- Körperliche Handlungsdialoge in der psychotherapeutischen Arbeit mit Affekten. In S. Trautmann-Voigt & B. Voigt (Hrsg.), *Affektregulation und Sinnfindung in der Psychotherapie* (S. 171–185). Gießen: Psychosozial-Verlag.

Reddemann, L. & Wetzel, S. (2011). *Der Weg entsteht unter deinen Füßen*. Freiburg/Br.: Kreuz.

Schmidbauer, W. (1977). *Die hilflosen Helfer*. Hamburg: Rowohlt.

Schore, A. (2003). *Affektregulation und die Reorganisation des Selbst*. Stuttgart: Klett-Cotta.

Stern, D. (1998). *Die Lebenserfahrung des Säuglings*. Stuttgart: Klett-Cotta.

Winnicott, D. W. (1971). *Vom Spiel zur Kreativität*. Stuttgart: Klett-Cotta.

Yalom, I. D. (1992). *Und Nietzsche weinte*. München: Piper.

Yalom, I. D. (1998). *Die rote Couch*. München: Wilhelm Goldmann Verlag.

Der Autor

Konrad Oelmann, Facharzt für Psychosomatische Medizin und Psychotherapie – Psychoanalyse, Bioenergetischer Analytiker, Faculty IIBA, tätig in Weiterbildung von Psychotherapeuten seit 20 Jahren als Dozent, Lehrtherapeut und Supervisor (Einzelpsychotherapie und Gruppenpsychotherapie, Supervision, weiterbildungsberechtigt von der Ärztekammer Nordrhein für zwei Jahre), von 1995 bis 2000 Herausgeber des *Forums der Bioenergetischen Analyse.*

Kontakt

Konrad Oelmann
In der Mark 14–16
53639 Königswinter-Ittenbach
Telefon: 0 22 23 - 2 41 51
E-Mail: Konrad.Oelmann@t-online.de

Selbsterfahrung in der Bioenergetischen Übungsgruppe[1]

Rolf Großerüschkamp

Die Bioenergetische Übungsgruppe – die kleine Schwester der Bioenergetischen Einzeltherapie – führt(e) außerhalb der Ausbildungsgruppen für bioenergetische Therapeuten lange Zeit ein Schattendasein.

Das kurze Kapitel im Übungshandbuch von A. und L. Lowen (Lowen & Lowen, 2003), der Aufsatz von E. Green (Green, 1990) in der Festschrift für A. Lowen anlässlich seines 80. Geburtstags, eine Mitteilung von A. Lowen im IIBA-Newsletter von 1993 (Lowen, 1993) und der Praxisbericht von O. Kellner (Kellner, 2009) gehen auf die Bioenergetische Übungsgruppe ein, weiter existieren meines Wissens nach keine anderen Publikationen zu ihr, während es zu den bioenergetischen Übungen selbst mehrere mehr oder weniger ausführliche Handbücher gibt (neben Lowen & Lowen, 2003, auch Schwieger, 1977; Sollmann, 1988; Hofmann & Gudat, 1993; Dietrich & Pechtl, 1998), die alle – so scheint mir – einen Leser unterstellen, der interessiert allein zu Hause die Übungen nachvollziehen und ausprobieren möchte bzw. soll.

Umso erfreulicher ist nun, dass ein Umschwung in der Bewertung und Wertschätzung der Bioenergetischen Übungsgruppe in Gang gekommen zu sein scheint und damit die Bereitschaft gewachsen ist, ihr mehr professionelle Aufmerksamkeit zu schenken:

- Die TRE-Übungsreihe von D. Berceli (Berceli, 2007) stellt im Grunde ja eine spezielle Übungsreihe dar, die auch mit sehr großen Gruppen angewandt werden kann.
- Die Jubiläumsfeier der SGfBA 2008 begann und endete mit einer Übung in der gesamten Teilnehmergruppe: Es war eine beeindruckende Erfahrung, zusammen zur Musik von M. Ravel (Bolero) eine Fußübung zu machen, gemeinsam in Bewegung zu sein; der Funken sprang über, seitdem wird auch zu Beginn des jährlichen NIBA-Studientags morgens eine Übungsgruppe angeboten.

---

1 Überarbeitete Fassung des Vortrags, der auf dem Studientag des Norddeutschen Instituts für Bioenergetische Analyse (NIBA) am 2. März 2012 in Ovelgönne gehalten wurde.

- Im NIBA laufen Überlegungen, ein Zertifikat für Übungsgruppenleiter zu schaffen.
- Jetzt dieser Vortrag auf dem Studientag, mit dem die Gelegenheit gegeben ist, meine Vorstellungen zur und Erfahrungen mit der Übungsgruppe darstellen zu können.

Der Anfrage aus dem NIBA-Weiterbildungsausschuss zu diesem Vortrag bin ich gerne nachgekommen, da ich seit 30 Jahren überzeugter Befürworter und teilnehmender Leiter von Übungsgruppen bin.

Ein Rückblick: Anfang der 80er Jahre bin ich – berufsbedingt zufällig – auf Bioenergetik-Workshops gestoßen, die alle in ihrem Setting bzw. Ablauf relativ ähnlich strukturiert waren: zuerst eine Übungsreihe von ca. 40 bis 50 Minuten zur emotional-körperlichen Einstimmung, dann Partnerübungen bzw. Einzelarbeit mit dem Therapeuten vor der Gruppe.

Die Übungsreihen haben mich von Anfang an fasziniert: die Erfahrungen, die ich dort machte, waren für mich verblüffend, beruhend darauf, dass ich teils unerwartet tief berührt war, teils die Freude an der Bewegung und am Spielraum erlebte, aber auch, wie emotional eng es für mich in manchen Situationen werden konnte, wenn innerer Leistungsanspruch und Körperwahrnehmung bzw. -rückmeldung zu differieren begannen.

Ich hab es genossen, mich als Teil einer Gruppe und in deren Schutz zu bewegen, laut zu werden, expressive Gesten auszuprobieren, die Wirkungen von Grounding-Übungen zu spüren. In einer Phase der beruflichen und persönlichen Umorientierung gaben die Erfahrungen in diesen Workshops und danach in der beginnenden Ausbildung zum Bioenergetischen Analytiker die Initialzündung für weitere Erkundungen und Ausflüge in mehr oder weniger therapeutische Bereiche, die mit Bewegung und körperlicher Selbsterfahrung verbunden waren (wie z.B. Tai-Chi, Kung-Fu, Atemtherapie).

Die Integration dieser unterschiedlichen Erfahrungen war allerdings nicht immer einfach, da neben Gemeinsamkeiten auch zum Teil doch sehr unterschiedliche Vorstellungen in den einzelnen Methoden in Bezug darauf bestanden, was nun gut und richtig sei (z.B. im Hinblick auf die Atmung, Spannung oder Entspannung etc.) oder aber Umgang mit aufkommenden Empfindungen und Gefühlen.

Damals wie heute ist ein unschätzbarer Gewinn für mich, dass ich die Wirksamkeit der unterschiedlichen Konzepte am eigenen Leib erfahren konnte, was mir auch die Freiheit gab, zu experimentieren; daneben – eben so wichtig – konnte ich einen weitgefächerten Fundus von an mir selbst erprobten Übungen erwerben. Bis heute bin ich auf der Suche nach »neuen« Übungen, die ich für die Übungsgruppe adaptieren kann.

Während der Ausbildung zum Bioenergetischen Analytiker waren Übungsreihen (mit inhaltlichem Bezug zu dem Thema der Ausbildungseinheit) morgendlicher Bestandteil der Wochentrainings in meiner Ausbildungsgruppe, wobei auch dort schon deutlich wurde, dass und wie die einzelnen Trainer der in dieser Form praktizierten Übungsgruppe individuell unterschiedliche Bedeutung zumaßen bzw. Wertschätzung entgegenbrachten. Nach den Übungen gab es einen Austausch über die individuellen Erfahrungen der einzelnen Gruppenmitglieder. Eine Reflexion zum Aufbau der Übungsreihe und des Geschehens in der Übungsgruppe durch den anleitenden Trainer gab es in der Regel nicht.

Das war also die Basis, auf der ich Ende der 80er Jahre begann, bioenergetische Übungsgruppen anzubieten. Anfangs wurden vornehmlich Modelle, die ich in der Ausbildung kennen gelernt hatte, von mir angeboten. Mit zunehmender Dauer, mit der Reflexion meiner Erfahrungen und den sich daraus ergebenden Veränderungen wuchs dann ein eigenes Verständnis von der Durchführung, dem Prozess der Gruppe und des einzelnen Teilnehmers, der in meinen Übungsgruppen stattfindet.

Dieses Verständnis möchte ich im Folgenden mit einem dreiachsigen Modell skizzieren:

1. Die erste Achse nimmt die Gruppensituation mit den Polen »unthematische – thematische Beziehungssituation« auf.
2. Die zweite Achse behandelt den Aspekt der energetischen Arbeit mit den Polen »bioenergetische Übung – therapeutische Technik«.
3. Die dritte Achse erfasst den Selbsterfahrungsaspekt mit dem Fokus Stimmigkeit und Selbstwirksamkeit mit den Polen »direktive Vorgabe geschlossener Bewegungsabläufe« und »Übung als offenes Angebot zur Selbsterfahrung/ Erfahrung von Selbstwirksamkeit in körperlicher Bewegung«.

Danach folgen ergänzende Überlegungen zum Einbezug von Bewegungsspielen, zum Aufbau einer Übungsreihe, zur Bedeutung der Schlussrunde und zur Rolle des Gruppenleiters. Abschließend wird die praktische Organisation meiner Übungsgruppe (Struktur und Ablauf der Gruppe, Gruppenregeln) dargestellt.

1. Das spezielle Setting »Gruppe«

Bei der klassischen bioenergetischen Übungsgruppe, in der ja vornehmlich Einzelübungen von den Teilnehmern ausgeführt werden, erscheint es zunächst paradox, das Gruppensetting zu reflektieren.

Andererseits sind Übungsgruppen Gruppen, das heißt, das grundlegende Kriterium, das Gruppen von zufälligen Ansammlungen von Menschen unterscheidet, trifft auch auf sie zu: das Kriterium der Bezugnahme aufeinander, das ›in Beziehung Treten bzw. Stehen‹ als besondere Qualität.

Anders aber als im gruppentherapeutischen Setting wird in der Übungsgruppe nicht direkt mit dem sich im Laufe des Gruppenprozesses einstellenden ›sozialen Mikrokosmos‹, also mit den Übertragungen und Re-Inszenierungen der Gruppenteilnehmer untereinander und mit dem Gruppenleiter gearbeitet.

Die Bezugnahme der Teilnehmer in der Übungsgruppe ist anderer – indirekterer – Art: durch die Auseinandersetzung jedes TN mit sich auf der körperlichen Ebene im Rahmen der Übungsgruppe entsteht eine unthematische (thematisch nicht strukturierte) Beziehungssituation mit folgenden Charakteristika:

➢ »Ich habe Platz hier, (auch) wenn ich erst nur auf mich schaue.«
➢ »Ich darf so sein, wie ich bin« bzw. »ich kann mich so bewegen und zeigen, wie ich mich fühle«.
➢ »Ich kann nach den Anderen schauen und sie wahrnehmen, ich muss es aber nicht« bzw. »ich muss nicht auf den (oder die) anderen reagieren«.

In gewisser Weise ergeben sich hier Ähnlichkeiten mit dem »Zwiegespräch«, einer Selbsthilfemethode für Paare nach M. L. Moeller, in dem die Partner sich wechselweise einander mitteilen. Die Arbeit an der Bezogenheit erfolgt über die Fokussierung auf die emotionale Innenbewegung und ihren verbalen Ausdruck (»Zwiegespräch«) und nicht über den direkten Dialog bzw. das miteinander Agieren.

In der Übungsgruppe bedeutet dies: Das Bewegen und die (verbale wie nonverbale) Expression über Atmung/Stimme und Gesten in den Einzelübungen, die körperliche Selbstoffenbarung wirkt auf zwei Ebenen:

➢ Ich erfahre mich in meinem Selbstausdruck.
➢ Ich erfahre mich in meiner Reaktion auf den Selbstausdruck der anderen.

Es enthält somit genuin einen Beziehungsaspekt.

Darüber hinaus: das »gemeinsam in Bewegung« schafft Verbindung, fördert das Gefühl von Verbundenheit:

> »Die Mehrzahl der Bioenergetischen Übungen sind Einzelübungen; aber dadurch, dass sie zusammen mit Anderen ausgeübt werden, ergeben sich neue Wirk-Zusammenhänge: Über die Übungen wird nicht nur der Kontakt zum eigenen Körper vertieft, ebenso wird durch die gemeinsame Bewegung Verbindung zu den anderen Teilnehmern der Übungsgruppe hergestellt, die Spiel- und Bewegungsraum für das Ausprobieren bislang ungenutzter oder gar gemiedener Bewegungs- und Ausdrucksformen schaffen. So kann z. B. jemand, der Schwierigkeiten mit dem Einsatz der Stimme hat, die ›Geräuschkulisse‹ der Gruppe als ›Deckung‹ nutzen, um die eigene Stimme auszuprobieren. Andererseits wirkt die Intensivierung körperlichen Fühlens und Erlebens auch in der anderen Richtung, indem die stärker erlebte eigene Lebendigkeit das ›zu-sich-stehen‹ und die Abgrenzung nach außen erleichtern bzw. jenseits einer willkürlichen Anstrengung

erleben lassen« (Großerüschkamp, 2009, S. 2; für eine in den therapeutischen Bereich hin vertiefende Darstellung s. Heinrich-Clauer, 2013, S. 114f.).

Green fokussiert in ihrem Beitrag zur Übungsgruppe in Bezug auf den Gruppenprozess darauf, eben nicht eine Atmosphäre von Gruppentherapie (verstanden als eine Atmosphäre von Solidarität und gegenseitiger Unterstützung) in einer Übungsgruppe aufkommen zu lassen: sie führt zwar aus, dass in Fällen, in denen ein Teilnehmer in Schwierigkeiten kommt oder Hilfe braucht, der Leiter der Gruppe die Bezugsperson ist (»one-to-one-communication«), während die anderen Teilnehmer vom Leiter die Unterstützung erhalten, sich auf ihren Körper zu konzentrieren (s. Green, 1990, S. 87f.). Nicht aufgegriffen wird in dieser Sichtweise die andere Ebene der Selbsterfahrung, die innere Reaktion, das »Berührtsein« durch das äußere Geschehen, dem mit einem Containment-Angebot allein nicht ausreichend Berücksichtigung gegeben wird.

Das Aufgreifen von Situationen, in denen die Bewegung oder der Ausdruck eines Teilnehmers die anderen Teilnehmer (wie auch immer geartet) wahrnehmbar anspricht, bietet dem Leiter die Chance, Aufmerksamkeit auf das »Berührtsein« zu richten. Neben der Frage »wie erlebst Du Dich jetzt, wie geht es Dir?«, die dem eigenen Erleben der Teilnehmer in Bezug auf die Gruppensituation Raum anbietet, kann in einem weiteren Schritt mit der Frage »Wie möchtest Du mit diesem Erleben umgehen, was brauchst Du jetzt bzw. was wird Dir jetzt gut tun?« die Fähigkeit zur Selbstregulation angesprochen werden. Dadurch können auch alle Teilnehmer mehr Sicherheit gewinnen, sich im Rahmen der Gruppe auf die Übungen einzulassen: die immer wieder geäußerten Befürchtungen von Teilnehmern »Ich möchte nicht zuviel Raum einnehmen« bzw. »ich möchte die anderen nicht stören« (in denen u. a. auch die aggressive Hemmung zum Ausdruck kommt) treffen in einem solchen Rahmen auf Erfahrungen von selbstverantwortlicher Gemeinschaftlichkeit.

Für mich ergibt sich hier die erste von drei Achsen, die ich zur Übungsgruppengestaltung sinnvoller Weise unterscheiden möchte, die Achse mit den Polen: unthematische – thematische Beziehungssituation.

2. Die bioenergetische Übungsgruppe als besondere Gruppe

Die Bioenergetische Übungsgruppe ist keine Therapiegruppe und kann auch nicht eine Einzeltherapie ersetzen, auch wenn die Durchführung von Übungen (in Bezug auf Ausübung wie Resultat) therapeutischen Wert besitzt (s. Lowen & Lowen, 2003, S. 54; Green, 1990, S. 88).

Die Übungsgruppe hat ihren Schwerpunkt im Bereich Gesundheitsprophylaxe und eignet sich zur Ergänzung einer Einzeltherapie; ein weiterer Einsatzbereich ist durch D. Berceli in der Behandlung schocktraumatischer Folgen entwickelt worden (s. Green, 1990, S. 79; Heinrich-Clauer, 2013, S. 112; Berceli, 2007).

»Übungen in der Gruppe zu machen, ist vergnüglicher und daher leichter als allein zu Hause« (Lowen & Lowen, 2003, S. 140) – hiermit wird eine mir bedeutsame Beschreibung der Atmosphäre der Übungsgruppe ausgedrückt. Ebenso stimmungsbildend ist der Umstand, dass der Leiter die Übungen selbst mit ausübt: »Running the class puts one on the same common level with the patients – the body level […]« (Lowen, 1993, S. 3).

In einer solchen Atmosphäre können die Teilnehmer mithilfe der bioenergetischen Übungen eine stärkere Verbindung mit ihrem Körper erleben, körperliche Phänomene und Empfindungen intensiver wahrnehmen, sich muskulärer Verspannungen und energetischer Blockaden bewusst werden und versuchen, diese durch Atmung und Bewegung langsam zu lösen. Im Gegenzug kann sich die Fähigkeit zum Erleben von Freude und Lust vergrößern (Green, 1990, S. 92).

> »The whole person is the one who feels – both sensations and emotions. And both emotions and sensations are located and sometimes locked in the body. It is the specific purpose of bioenergetic exercises to help unlock energy trapped or bound within the body and increase motility on the muscular and emotional levels. The B-E classes share this aim with bioenergetic analysis; some of the means used are the same (that is, the bioenergetic exercises!), but their use in classes differs from their use in therapy« (ebd., S. 80).

Die Bestimmung der Übungsgruppe in Abgrenzung zur Therapiegruppe

Ausgehend von obiger These setzt E. Green sich in ihrem Essay zur Übungsgruppe ausführlich mit der Abgrenzung zu einer Therapiegruppe auseinander. Sie unterstellt der bioenergetischen Übung per se ein therapeutisches Potenzial, sodass sich (auch aus ethischen Gründen!) der Leiter bewusst sein sollte, die Grenzen zu wahren und nicht schleichend (punktuell oder dauerhaft) die Übungsgruppe in eine Therapiegruppe umzuwandeln.

Entscheidend für die Einhaltung der Grenzen der Übungsgruppe sieht sie eine entsprechende Auswahl der Übungen und ihrer Abfolge (Übungssequenzen), die Steuerung der Intensität (›Ladung‹ in Abhängigkeit von der Dauer der Übung) in Bezug auf die jeweiligen Teilnehmer der Übungsgruppe. Green grenzt hier die bioenergetische Übung (im engeren Sinne) von der bioenergetischen Technik (eingesetzt im therapeutischen Geschehen) ab.

Die wesentliche Leitlinie für die so verstandene bioenergetische Übung ist nach Green Herstellung des Kontakts mit der eigenen Realität über den körperlichen Kontakt (»priority of the body«).

Emotionale Durchbrüche sind zwar intentional nicht angestrebt (wenngleich sie auch passieren können bzw. dürfen), Ausdrucksbewegung und Gefühlsausdruck sind aber entsprechend so anzuleiten, dass die Teilnehmer die Intensität des Affektausdrucks in ihren persönlichen Grenzen handhaben können (und nicht in individuell grenzüberschreitende Zustände geraten, die eine weitergehende individuelle therapeutische Einzelarbeit in der Tiefe erforderlich machen).

Es geht hier um die kreative Auslotung der Bandbreite der Übungen, die als Spielraum den jeweiligen Teilnehmern in Form verschiedener Intensitäten des Erlebens und des Ausdrucks angeboten werden kann und die ich auf einer zweiten Achse mit den Polen bioenergetische Übung – bioenergetische therapeutische Technik angesiedelt sehe.

3. Selbsterfahrung und Selbstwirksamkeit

Zu Beginn meiner Tätigkeit als Bioenergetischer Therapeut habe ich Übungsgruppen angeboten, deren Schwerpunkt auf der Förderung der Lebendigkeit durch die verschiedenen bioenergetischen Übungen lag.

Es war die Erfahrung nach den Übungsgruppen (an denen ich ja auch als teilnehmender Anleiter/Beobachter involviert war), am Abend auf dem Fußweg zum Auto und auf der Rückfahrt nach Hause:

- eine Empfindung von Stimmigkeit und Zufriedenheit;
- wenn ich Erschöpfung spürte, hatte dies auch etwas Lustvolles;
- eine starke körperliche Präsens;
- ich fühlte mich emotional unbeschwert(er);
- es fühlte sich gut an, bei mir zu sein.

In dieser Befindlichkeit nahm ich nach und nach neue Qualitäten wahr:

- verkörperter Selbstbezug und verkörpertes Begreifen (s. Heinrich-Clauer, 2013, S. 112ff.) und
- vertiefte (weil mit dem Körperlichen verbundene) Selbsterfahrung (vgl. Oelmann, 2013, S. 129)

als *Resultat des eigenen Tuns* (Selbstwirksamkeitserfahrung).

Selbsterfahrung kann allgemein als der bewusste Prozess der Wahrnehmung der eigenen Empfindungen und Gefühle, der eigenen Bedürfnisse, der eigenen Fähigkeiten und auch der Erfahrung eigener Entwicklungsmöglichkeiten gefasst werden.

Selbstwahrnehmung, besonders mit dem Fokus auf Körperwahrnehmung, ist in der bioenergetischen Diskussion immer mit angesprochen, jedoch wenig als eigene Qualität mit besonderen Auswirkungen auf den persönlichen Entwicklungsprozess reflektiert worden.

Über Selbstwahrnehmung und Selbstbeobachtung

Bei der Suche nach einem weitergehenden Verstehen in Bezug auf das oben geschilderte eigene Erleben in der Übungsgruppe bin ich auf eine eher im pädagogischen Bereich anzutreffende Unterscheidung gestoßen: die Differenzierung zwischen Selbstwahrnehmung und Selbstbeobachtung (Spiegel, 1999). Selbstwahrnehmung und Selbstbeobachtung berühren und überlappen sich, sind aber im Kern fundamental unterschieden:

Selbstbeobachtung (vor allem bei Begleitung einer Handlung) ist intentional (absichtsvoll/zielgerichtet), überwachend und angespannt. Die Bewusstmachung spricht das Großhirn an und verhindert damit die Aktivierung der Hirnbereiche, die für prozedurale Abläufe – wenn sie leicht und mühelos stattfinden sollen – zuständig sind (s. Spiegel, 1999, S. 93ff.).

Selbstwahrnehmung, verstanden als Wahrnehmung einer innerpsychischen Situation, ist das abwartende Offensein für sich einstellende Erlebnisqualitäten; sie ist ungerichtet und gelöst (s. ebd., S. 243).

In der Selbstbeobachtung ist das ›Neben-sich-Stehen‹ angelegt, das in der Einnahme einer Beobachterposition zu sich selbst und dem eigenen Tun erfolgt. Die Ausrichtung ist nach außen gerichtet, vergleicht die eigene Handlung mit einem vorgegeben (Soll-)Wert oder vorgegebener Norm.

Die Selbstwahrnehmung beinhaltet die nach innen gerichtete, wertschätzende Offenheit für die inneren Reaktionen auf die Reize und Anforderungen von außen.

Diese Hinwendung zu sich, auf diese Art bei-sich-sein und ein daraus aufbauendes Verhalten erlebte ich nach der Übungsgruppe als Empfindung einer eigenen ›Stimmigkeit‹, die als besondere Qualität neben den klassischen bioenergetischen Qualitäten des freieren Energieflusses im Körper (und damit verbunden der Empfindung größerer Lebendigkeit) erlebbar war.

Übungsgruppen sind salutogenetisch wirksam!

Das Gefühl von Stimmigkeit ist mit dem Kohärenzgefühl verwandt, das Antonovsky (1997) ins Zentrum des Konzepts der Salutogenese gestellt hat (s. Petzold, 2010, S. 46). Das Salutogenesekonzept sieht Gesundheit als Resultat des Strebens nach Stimmigkeit (ebd., S. 26).

Die Wahrnehmung und Gestaltung von Stimmigkeit und Kohärenz wird hier sowohl als grundlegendes Bedürfnis wie auch als starke Motivation verstanden (ebd., S. 56).

Das Kohärenzgefühl entsteht durch Beziehungen und Kommunikation; es setzt sich aus den Komponenten

- Verstehbarkeit,
- Handhabbarkeit/Bewältigbarkeit und
- Sinnhaftigkeit zusammen.

Petzold bietet in seinem Praxishandbuch (Petzold, 2010, S. 62ff.) als Körperübung für das Stimmigkeitserleben die klassische bioenergetische Übung ›Elefant‹ an und macht sich damit das Potenzial der bioenergetischen Übung im salutogenetischen Sinne zunutze.

Mit der Bezugnahme auf das Salutogenesekonzept erfährt die klassische bioenergetische Übungsgruppe eine entscheidende Erweiterung, indem durch die Betonung der Selbsterfahrung, verstanden als wertschätzende Wahrnehmung der inneren Einstellungen und Reaktionen – erlebt als Einheit eines körperlich und emotional-seelischen Prozesses – eine stärkere selbstregulatorische autonomie- und wachstumsfördernde Orientierung erfolgt.

Die letztlich leistungsorientierte Haltung (mit der dahinter liegenden Angst), die in der Frage: »Mache ich die Übung richtig?« zum Ausdruck kommt und die auch tendenziell in der klassischen bioenergetischen Übungsgruppe genährt werden kann (s. Oelmann, 2013, S. 132), könnte unter der Berücksichtigung der so verstandenen Selbsterfahrung einer Haltung Platz machen, die den Spielraum dieser Gruppe zum Erleben eigener Ressourcen und selbstregulatorischer Steuerung nutzen kann.

Somit ergibt sich eine dritte Achse mit den Polen »direktive Vorgabe geschlossener Bewegungsabläufe« und »Übung als offenes Angebot zur Selbsterfahrung/Erfahrung von Selbstwirksamkeit in körperlicher Bewegung«.

(Bewegungs-)Spiele

Durch einen glücklichen Zufall habe ich von Beginn an bioenergetische Übungen im Zusammenhang mit Bewegungsspielen kennengelernt. In meiner Ausbildung wurden Spiele insbesondere durch den Trainer Ali W. Peters in die Ausbildungseinheit integriert.

Das Konzept, sich durch Bewegungsspiele (Zeitdauer in der Regel 30 bis 40 Min.) aufzuwärmen (emotional, körperlich und miteinander ›warm zu werden‹) habe ich in die Übungsgruppe mit übernommen. Die »new games« (Fluegelmann & Tembeck, 1991) bieten hierzu viele Anregungen für Kooperations- und Konkurrenzspiele. Unter der Maxime »spiel intensiv, […] tu niemandem weh« (ebd., S. 7) kann spielerisch das Miteinander und Gegeneinander in Paaren und kleinen Mannschaften erlebt werden. Gezielt erlauben es (meine) Regeln, bei manchen Spielen ›unfair‹ zu spielen (z.B. Sperren, Festhalten).

Es ist erstaunlich, wie nach anfänglicher Scheu zum Teil auch aggressiv gehemmte

Menschen sich im Spiel körperlich aggressiver bewegen und dies lustvoll erleben können. ›Gewinnen‹ oder ›Verlieren‹ spielt keine Rolle; das sich körperlich im Miteinander und Gegeneinander Erleben wird von den Teilnehmern als besondere Qualität geschätzt.

So eingestimmt – aufgewärmt, belebt, mit Abstand zur Alltagshektik, besser bei sich und in der Gruppe ›angekommen‹ – können die dann folgenden Übungen angegangen werden.

Überlegungen zum Aufbau einer Übungsreihe

Die inhaltliche Behandlung dieses Punktes kann hier nur einen Überblick geben, da das Material zur Gestaltung des Übungsgruppenablaufs den Rahmen des Vortrags sprengen würde. Daher verweise ich hier zuerst auf die Übersicht von K. Oelmann (s. Oelmann, 2013, S. 127f.), der die unterschiedlichen Kategorien der Übungen differenziert. Die expliziten ›Übungsbücher‹ (Lowen & Lowen, 2003; Hoffmann & Gudat, 1993; Dietrich & Pechtl, 1998) beschreiben einzelne Übungen, Hoffmann und Gudat sowie Dietrich und Pechtl bieten darüber hinaus auch Übungsreihen mit Bezug auf die bioenergetischen Charaktertypen an.

Als allgemeine Leitlinien für die bioenergetischen Übungen in der Übungsgruppe sind mir im Laufe der Jahre wichtig geworden:

- ➢ das Schwerkraftzentrum nach unten zu bringen (Grounding)
- ➢ Hilfestellung, dem Körper nachzugeben (anstatt starke Muskeln aufzubauen)
- ➢ ›Anfrage‹ durch Stresspositionen, um Verspannungen und Steifheiten über Vibrationen loszulassen
- ➢ Orientierung auf die Grundlagen des Lebens: Atmen, Bewegung, Fühlen und Ausdruck (s. Lowen & Lowen, 2003, S. 141f.)
- ➢ Hilfestellung für die Teilnehmer, sich auf den eigenen Körper zu konzentrieren und die Aufmerksamkeit auf die Empfindungen und Gefühle zu richten: ›Sein/Dasein‹ als angestrebtes Ziel (»doing that leads to being«; Green, 1990, S. 86 und S. 91)

Entscheidend ist hierbei die innere Haltung, mit der die Übungen angegangen und ausgeführt werden: Fühlen, nicht Leistung wird angestrebt (s. Lowen & Lowen, 2003, S. 140).

Unverzichtbarer Bestandteil jeder Übungsreihe sollten aus meiner Sicht Grounding-Übungen sein, da sie von ihrem Gehalt her Autonomie (vgl. Heinrich-Clauer, 2013, S. 115f.) und strukturelles Wachstum ansprechen (vgl. Winkler, 2011, S. 102).

Grundsätzlich aber gilt: nicht die Übung allein ist heilsam oder wirksam, sondern ebenso wichtig ist die Haltung, mit der die Übung angegangen wird!

Bei fortlaufenden Übungsgruppen ist der Mix aus Wiederholung bekannter mit neuen Übungen eine wichtige Kunstfertigkeit. Wiederholungen sind notwendig, um den Teilnehmern genügend Raum für das ›sich einlassen‹ zur Verfügung zu stellen und um Veränderungserfahrungen zu ermöglichen. Andererseits bringen zu viele Wiederholungen das Risiko der Monotonie und Langeweile mit sich, auch sprechen die Übungen nicht alle Teilnehmer in gleicher Weise an, sind individuell leichter oder schwerer zugänglich. So ist vom Geschick des Gruppenleiters abhängig, hier die optimale Mischung in Bezug auf die jeweilige Gruppe zu finden.

Die Bedeutung der Schlussrunde

Die Mitteilung von in der Übungsreihe gemachten Erfahrungen ist möglich, wenn vom Teilnehmer gewollt (vgl. Oelmann, 2013, S. 129); wenn die Teilnehmer sich hier aufeinander beziehen, liegt mein Augenmerk darauf, dass die Ebene persönlicher Begegnung gewahrt bleibt (d.h. Bewertungen außen vor bleiben).

Von Beginn an war die Gesprächsrunde am Ende der Übungsgruppensitzung Bestandteil meines Angebots. Die Teilnehmer erhalten hier die Möglichkeit zur Klärung von Fragen, die nicht im Verlauf der Übungsgruppe geklärt werden konnten oder die erst in einer letzten Phase des ›Nachspürens‹ zu Beginn der Schlussrunde aufgekommen sind.

Mit Erweiterung der Übungsgruppe durch die oben dargelegte Orientierung auf Selbsterfahrung mit dem Fokus auf Stimmigkeit und Selbstwirksamkeit bekommt die Schlussrunde eine weitere Bedeutung als Ort, an dem die Teilnehmer ihre Haltung zu einzelnen Übungen als auch ihre Steuerungsmöglichkeiten reflektieren können.

Die Rolle des Gruppenleiters und die Anforderungen an ihn

Die Bioenergetische Analyse als Therapiemethode bietet keine explizite Ausbildung zum Gruppenleiter bzw. Gruppentherapeuten an, wenngleich auch ein wesentlicher Teil der Ausbildung im Gruppenprozess stattfindet und hier somit entsprechende Erfahrungen erworben werden.

Von daher ist die Auseinandersetzung mit der Rolle als Gruppenleiter außerhalb der bioenergetischen Ausbildung notwendig, um verantwortungsbewusst Gruppen leiten zu können.

R. Heinzel (2001) skizziert in seinem Aufsatz wesentliche Hemmungen, mit denen ein potenzieller Gruppenleiter konfrontiert werden kann:

- Unsicherheit im Umgang mit Widerstand und Aggression
- Angst, nicht zu wissen, was in der Gruppe vor sich geht (fehlende Spannungstoleranz, Minderwertigkeitsgefühle, Angst vor Rivalität)

- Gruppenfähigkeit des Leiters (verstanden als Fähigkeit im Umgang mit Komplexität, existierendes Vertrauen auf Selbstregulations- und Selbstorganisationsprozesse in der Gruppe, Vorhandensein von Spielräumen für wechselnde Beziehungskonstellationen)

Hieraus ergibt sich für den Leiter die Beantwortung folgender Fragen:

- Wo fühle ich mich wohl bzw. wo erlebe ich mich eher unsicher?
- Wo positioniere ich mich daher in der Auswahl, Gestaltung und Anleitung der Übungen auf den oben dargestellten drei Achsen?
- Wie berücksichtige ich andere Bedingungen (Gruppengröße, Einstellung und Erwartungen der Teilnehmer, räumliche Gegebenheiten), die als wichtige Rahmenbedingungen wirksam sind?

Bei entsprechender Problemlage sollte daher entsprechend Selbsterfahrung nachgeholt bzw. Supervision zu Hilfe genommen werden.

Spezielle Anforderungen an den Leiter bioenergetischer Übungsgruppen (vgl. auch Lowen & Lowen, 2003; Green, 1990):

- er sollte hinreichendes Wissen über und Erfahrungen in Bioenergetischer Analyse sowie hinreichende eigene Erfahrung/Selbsterfahrung mit Umgang mit bioenergetischen Übungen besitzen
- da er mit seiner Einstellung auf die der Teilnehmer einwirkt und als Modell zur Verfügung steht, sollte er Freude an Bewegung besitzen und vermitteln können
- die spezielle Anleitung sollte selbstwahrnehmungsfördernd und einladend sein; sie sollte einen entsprechenden atmosphärischen Raum über Bewegungen und Bilder (zur Erleichterung der Bewegungsanbahnung) entstehen lassen
- hierbei ist Stimmqualität und Stimmlage des Leiters von Bedeutung; sie sollte nicht eindringlich, sondern harmonisch sein, im Sinne von angepasst an das, was sich gerade in der Gruppe ereignet
- er sollte die Übungen (Auswahl, Intensität und Dauer) den Fähigkeiten und Bedürfnissen der Gruppe anpassen können
- ›go with the flow‹ (trotz vorbereiteter Übungsreihe genügend Flexibilität, um auf (nonverbale) Reaktionen der Teilnehmer in Abweichung von der Vorbereitung im weiteren Ablauf eingehen zu können)
- er sollte als Hilfe für einzelne Teilnehmer zur Verfügung stehen (Halt, Begrenzung geben) und gleichzeitig die anderen Teilnehmer in ihrem Prozess anleiten können.

Zum Schluss und zur Abrundung des Bildes möchte ich noch die praktische Struktur meiner Übungsgruppe skizzieren.

Organisation und Regeln

a) Vorgespräch (vor Beginn der Teilnahme an der Gruppe):

- ➢ Information über die Übungsgruppe
- ➢ Abklären des Bedarfs des potenziellen Teilnehmers im Abgleich mit dem, was mit der Übungsgruppe stattfindet
- ➢ meine besondere Aufmerksamkeit: passt der Teilnehmer in die Gruppe (Struktur, Gruppenfähigkeit, Wahrung der Anonymität)
- ➢ evtl. 1–2 Übungen zur Probe zusammen machen
- ➢ Entscheidung am Ende des Vorgesprächs (oder aber Entscheidung »überschlafen«)

b) Aufbau meiner Übungsgruppen

- ➢ fortlaufende Gruppe, gegliedert in drei Blöcke pro Jahr (Januar bis Ostern, nach Ostern bis Anfang Juli, Anfang/Mitte September bis Mitte Dezember)
- ➢ jeder Teilnehmer verpflichtet sich verbindlich für die Teilnahme an einem Block, danach kann er entscheiden, ob er weitermachen oder aufhören möchte
- ➢ Ablauf einer Übungsgruppensitzung (Dauer 2 ¼ Stunden)
- ➢ Blitzlicht zu Beginn (»Was bringst Du mit«, »Was bewegt Dich«?)
- ➢ Spiel(e)
- ➢ Übungsreihe/Übungssequenz
- ➢ Schlussrunde

c) Regeln für die Gruppe

Die Regeln für die Gruppe werden im Rahmen des Vorgesprächs besprochen.

1. Verantwortlichkeit: Betonung des Prinzips, dass die Fühlqualität Grundlage des Verhaltens in Bezug auf die Übungen sein sollte. Orientierung des Teilnehmers auf Selbststeuerung und Selbstregulation, um falscher Motivation im Sinne eines Leistungsdrucks entgegen zu wirken, damit der Teilnehmer möglichst weder durch sich selbst noch durch die Gruppe unter Erwartungsdruck gesetzt werden sollte.
2. Vertraulichkeit: damit ein sicherer Raum mit entsprechender Atmosphäre vorhanden ist, muss jeder Teilnehmer zusichern, dass er nichts von dem, was er in der Gruppe von anderen Teilnehmern erfährt oder wahrnimmt, außerhalb der Gruppe weiter erzählt.
3. Verbindlichkeit: die Teilnahme an der Gruppe ist für jeweils einen Block verbindlich; wenn ein Teilnehmer an einem Termin verhindert ist, ist er verpflichtet, vorher abzusagen. Auch Verspätungen sind mitzuteilen.
4. Grenzen: hier wird das Vorhandensein von körperlichen Einschränkungen abgeklärt (eventuelle Bewegungseinschränkungen aufgrund von Krankheit

oder Verletzungen, Dauermedikation, Gegenindikation für bestimmte Bewegungen etc.). Wenn solche Einschränkungen vorliegen, wird besprochen, wie im Rahmen der Gruppe damit umgegangen werden kann. Zur Absprache der Regeln für den Fall, wenn es dem Teilnehmer ›zu viel‹ werden sollte, gehört: sich an den Leiter wenden; ggfs. Begrenzungen schaffen, und nach Absprache kann der Raum (zeitweilig) verlassen werden. Wichtig ist auch die Information für diesen Fall, dass der Leiter bei der Gruppe bleibt.

5. Bekleidung: Kleidung sollte bequem sein, ausgreifend weite Bewegungen und vertiefte Atmung sollten nicht durch die Kleidung behindert werden. Wir arbeiten weitestgehend barfuss, nur im Winter werden warme Socken benötigt. Zusätzlich ist es erforderlich, eine Decke mitzubringen; sie dient entweder als Unterlage oder wird als Rolle oder Ähnliches eingesetzt.
6. Bezahlung (die Modalitäten der Bezahlung): Bezahlung der Teilnahme für einen Block durch Überweisung/Zeitpunkt der Bezahlung/wird eine Quittung oder Rechnung seitens des Teilnehmers gewünscht.

Grenzen der Bioenergetischen Übungsgruppe

Die Teilnahme an einer Übungsgruppe ist kein Ersatz für einen gesunden Lebensstil; sie ersetzt auch nicht die Selbstverantwortung in Bezug auf gesundes Essen, ausreichenden Schlaf, verantwortungsvollen Umgang mit Arbeit, Beziehungen, Drogen.

Bioenergetische Übungen bzw. die Teilnahme an einer bioenergetischen Übungsgruppe allein stellen keine ausreichende körperliche Aktivität im gesundheitsprophylaktischen Sinn dar. Die Übungsgruppe kann aber das Bedürfnis für ausreichende körperliche Bewegung wecken bzw. wach halten (s. Lowen & Lowen, 2003, S. 143f.).

Schlussbemerkung

Die Erfahrungen, die ich im Lauf der Jahre in der Übungsgruppe mit salutogenetischer Orientierung gemacht habe, haben sich auch bereichernd auf meine therapeutische Praxis ausgewirkt. Ebenso konnte ich persönlich im Sinne der Gesundheitsprophylaxe hiervon profitieren. Insofern würde es mich freuen, wenn ich mit einer allgemeineren Darstellung meines Verständnisses der bioenergetischen Übungs- und Selbsterfahrungsgruppe die ZuhörerIn (bzw. LeserIn) einladen könnte, eigene Erfahrungen in dieser Richtung zu machen.

Literatur

Antonovsky, A. (1997). *Salutogenese. Zur Entmystifizierung der Gesundheit.* Tübingen: DGVT-Verlag.

Berceli, D. (2007). *Körperübungen für die Traumaheilung. Forum der Bioenergetischen Analyse – Spezial.*

Dietrich, R. & Pechtl, W. (1998). *Energie durch Übungen.* Salzburg: Verlag Dietrich.

Fluegelman, A. & Tembeck, S. (1991). *new games – die neuen spiele.* Mülheim a.d. Ruhr: Verlag an der Ruhr.

Green, E. (1990). What is a Bioenergetic Exercise Class? *Bioenergetic Analysis 4*(1) [= Festschrift for A. Lowen], 75–95.

Großerüschkamp, R. (2009). Bioenergetische Übungen und Übungsgruppen. http://www.dvba.de/downloads/dvba_uebungsgruppe.pdf (2.3.2012).

Heinrich-Clauer, V. (2013). Wirkfaktoren der Gruppe aus Sicht der Bioenergetischen Analyse. In M. Thielen (Hrsg.), *Körper – Gruppe – Gesellschaft. Neue Entwicklungen in der Körperpsychotherapie* (S. 111–121). Gießen: Psychosozial-Verlag.

Heinzel, R. (2001). Die Angst des Gruppenleiters vor der Gruppe. *Forum der Bioenergetischen Analyse* (1/2001), 33–46.

Hoffmann, R. & Gudat, U. (1993). *Bioenergetik – Lebensenergie freisetzen.* München: Gräfe und Unzer.

Jacobs, D. (1990). *Die menschliche Bewegung.* Seelze-Velber: Kallmeyer'sche Verlagsbuchhandlung.

Kellner, O. (2009). »Das ist ja verrückt hier«. Erfahrungen mit bioenergetischen Übungsgruppen auf einer Psychose-Station im Psychiatrischen Krankenhaus. *Forum der Bioenergetischen Analyse* (1/2009), 49–69.

Lowen, A. (1993). Thoughts on bioenergetic exercise classes. *IIBA Newsletter 13*(1), 3–4.

Lowen, A. & Lowen, L. (2003). *Bioenergetik für jeden – das vollständige Übungshandbuch* (13. Aufl.). München: P. Kirchheim Verlag.

Moeller, M. L. (1988). *Die Wahrheit beginnt zu zweit.* Reinbek b. Hamburg: Rowohlt.

Oelmann, K. (2013). Bioenergetisch-analytische Körperpsychotherapie in der Gruppe. In M. Thielen (Hrsg.), *Körper – Gruppe – Gesellschaft. Neue Entwicklungen in der Körperpsychotherapie* (S. 123–135). Gießen: Psychosozial-Verlag.

Petzold, T. H. (2010). *Praxisbuch ›Salutogenese‹.* München: Südwest Verlag.

Schwieger, C. (1977). *Bio-Energetik-Praxis.* Frankfurt/M: Sensus Verlag W. Flach KG.

Sollmann, U. (1988). *Bioenergetik in der Praxis.* Reinbek b. Hamburg: Rowohlt.

Spiegel, B. (1999). *Die obere Hälfte des Motorrads. Über die Einheit von Fahrer und Maschine.* Stuttgart: Motorbuch Verlag.

Winkler, S. (2011). Das Grouding – Überlegungen zu seiner Bedeutung für die Selbstentwicklung. *Forum der Bioenergetischen Analyse* (1/2011), 90–103.

Yalom, I. D. (2005). *Theorie und Praxis der Gruppentherapie – Ein Lehrbuch.* Stuttgart: Pfeiffer bei Klett-Cotta.

Der Autor

Rolf Großerüschkamp, Dipl.-Päd., Heilpraktiker (Psychotherapie), CBT. Bioenergetische Einzeltherapie, psychologische Beratung, Lehrtherapie für BA, weitere Angebote: Bioenergetische Selbsterfahrungsgruppen. Arbeitsschwerpunkte: Persönlichkeits- und Identitätsstärkung, Krisenintervention, Partnerschaftskonflikte, Konflikte am Arbeitsplatz.

Kontakt

Rolf Großerüschkamp (Praxis)
Im Bachele 1B
53175 Bonn
Telefon: 0 22 26 - 88 96 69
E-Mail: r.grosserueschkamp@gmx.net

»Vorsicht Berührung«

Wie wirkt das, was da wirkt, in der Körperpsychotherapie?[1]

Ulrich Sollmann

»Sie legte ihren Kopf in meinen Schoss. Sie fühlte sich wie ein kleines Kind in dieser nachnährenden therapeutischen Beziehungsszene. Aufgrund der großen körperlichen Nähe, dieser szenischen Intimität, hatte ich mir vorsichtshalber ein Kissen auf den Schoss gelegt, auf das sie dann ihren Kopf legte.

Als ich meine beginnende Erektion unter dem Kissen zu spüren begann …«

Der Psychoanalytiker Tilmann Moser begann mit ähnlichen Worten seinen Hauptvortrag bei den Lindauer Psychotherapiewochen, Anfang der 90er Jahre. Ich erinnere mich noch gut daran. Auch an die fast schon unheimliche, atemlose Stille im Plenum.

Moser unterstrich durch die Fallstudie die Notwendigkeit, den Körper in die Psychotherapie einzuführen. Er verheimlichte dabei nicht die deutlichen Auswirkungen eines solchen Vorgehens auf die Übertragungsbeziehung. Und begann ausführlich auch über sich und sein eigenes Erleben zu berichten.

Moser gilt als Pionier, den Körper in die Psychoanalyse eingeführt zu haben. Er war aber auch lange das Enfant terrible in der Psychoanalyse. Wer wagt es denn schon vor der versammelten Kollegenschaft von seiner Erektion als einer Reaktion des Therapeuten zu erzählen.

Zusammen mit einigen meiner Kollegen (Thielen, Geuter u. a.), alles damals schon ausgebildete Körperpsychotherapeuten, unterschiedlicher methodischer Provenienz, fühlten wir uns damals in der Überzeugung bestätigt, dem Körper in der Therapie berechtigterweise mehr Raum zu geben.

1 Dieser Artikel basiert auf meinem Vortrag bei der 13. Dresdner Körperbildwerkstatt, 1. Dezember 2012, Universität Dresden.

Zur Praxeologie in der Körperpsychotherapie

Jeder Praktiker, sei es ein ausgebildeter Körperpsychotherapeut oder ein Psychotherapeut anderer Provenienz, der mit körperpsychotherapeutischen Mitteln arbeitet, ist immer auch mit diesbezüglichen praxeologischen Fragen befasst. Unter Praxeologie verstehe ich mit Pierre Bourdieu (2009) die »Theorie der Praxis«. Hierunter sind die unterschiedlichen Modi der szenischen Betrachtung von Gesellschaft zu verstehen bei Einbezug der aktuellen, anwesenden Akteure.

Die eingehende Beschäftigung mit dem Thema »wie funktioniert/wirkt das, was funktioniert/wirkt« findet man hingegen erst seit jüngerer Zeit in der Fachliteratur. Zu dieser eher heuristischen Perspektive gehören bspw. das Konzept des Wahrnehmungskontinuums aus der Gestalttherapie und die zirkulär-systemische Vorgehensweise hinsichtlich der unterschiedlichen relevanten Ebenen wie: Biografie, Statuserhebung, Klagegrund, Therapiebeziehung, Selbstausdruck, (non-)verbale Wirkung, Kontext, Therapieziel u. a.

Ich möchte eine Szene aus einer körperpsychotherapeutischen Gruppe als ein zirkuläres Wirkungsgeschehen zwischen Klient und Körperpsychotherapeut in Bezug auf den spezifischen Hintergrund in besagter Gruppe darstellen. In diesem Falle handelt es sich um eine Gruppe von gestalttherapeutischen Kollegen, die geübt im Prozess der kontinuierlichen Wahrnehmung waren. Dies wirkte ermöglichend auf das Zusammenspiel von Körpererfahrung, Gruppenprozess und kollegialer Reflexion sowie Versprachlichung als gemeinsamer Leistung. Als Teil des Prozesses selbst wirkte diese Versprachlichung wiederum ermöglichend auf die Selbst-Erfahrung als Erfahrung des Körper-Selbst in die Gruppe zurück.

Die Betrachtung des Geschehens in der Psychotherapie unter dem Aspekt des in diesem Fall ermöglichenden »Hintergrunds« spiegelt die psychotherapeutische Haltung dem Geschehen insgesamt gegenüber. Hieran orientiert sich die Praxeologie in der (Körper-)Psychotherapie. Hierdurch gelingt es ebenfalls (körper-)psychotherapeutische Konzepte und Theorien in Bezug auf ihre Wirkfähigkeit zu überprüfen. Denn, was hier vielleicht aus plausibler Begründung sowie wissenschaftlicher Überprüfung wirkt, muss in einem anderen Kontext nicht unbedingt (ähnlich) wirken. Nicht wirken, bedingt durch eine andere Praxeologie und eine andere Plausibilität.

Körperdiagnostik: Wunsch und Angst in der Gruppe

Eine Fachfortbildung! Eine Gruppe von PsychotherapeutInnen trifft sich zum Thema Körperdiagnostik. Ein Pflichtthema in der Ausbildung vieler PsychotherapeutInnen, das mit Neugier und Spannung erörtert wird, das auch den Zeitgeist widerspiegelt. Es geht um die Bedeutung des Körpers in der Psychotherapie und um die eigene

Körperlichkeit, die Wahrnehmung und das Erleben des eigenen Körpers als Gestaltpsychotherapeutln.

Körperdiagnostik in der Therapie, die Wahrnehmung und die Einschätzung eines fremden Körpers in der therapeutischen Beziehung, haben immer etwas mit dem eigenen Körpererleben, der eigenen Person zu tun. Man schaut mit den eigenen Augen, also durch den eigenen Körper den Körper seines Gegenübers an. Wortlos, einfühlend ist man selbst körperliche Resonanz und erfährt gerade hierdurch einen neuartigen, tiefgreifenden Zugang zum Klienten. Zum Körper des anderen!

Mit dem Körper des anderen sich zu befassen, körperlich, das heißt pädagogisch oder therapeutisch Einfluss zu nehmen, fängt bei der eigenen Körperlichkeit an. Körperdiagnostik heißt demnach, sich gerade auch mit dem eigenen Körper zu befassen, sich mit den Geheimnissen des eigenen körperlichen Erlebens vertraut zu machen. Denn der eigene Körper ist gewissermaßen die Brille, das Mittel, das Medium, das mir eine sensible und personengerechte Beobachtung, Einfühlung und Einschätzung erst ermöglicht. Eben eine unschätzbare Resonanz, daher auch unverzichtbare Referenz.

Sich mit dem Körper zu beschäftigen, mit den eigenen Körpererfahrungen, der eigenen Lebensgeschichte, weckt oft ganz überraschende Gefühle, Erinnerungen und Reaktionen. Eine Wirklichkeit, an der niemand, wenn er mit dem Körper therapeutisch arbeitet, vorbeikommen kann. Ob man Klient ist oder Therapeut.

Befasse ich mich mit einem anderen Menschen in der Therapie, so wecke oder fördere ich nicht nur sein Körpererleben, sondern auch die unergründlichen Tiefen meines eigenen. In jedem Moment aufs Neue. Mit jedem Menschen eine andere Facette.

Trotz des großen Interesses an Körperdiagnostik in der besagten Gruppe von KollegInnen werden gleich zu Anfang die Angst vor körperlicher Berührung und vor allem die Angst vor Nacktheit genannt.

»Ich habe gehört, dass man sich bei der Körperpsychotherapie gleich ausziehen muss. Das werde ich auf keinen Fall tun!«

»Denk bloß nicht, dass ich mich berühren lassen werde!«

Oder aber: »Ich muss Dich und Deinen Körper doch sehen, um mit dem Körper überhaupt arbeiten zu können.«

Die Gruppe spaltet sich spontan, unverabredet, man könnte fast meinen, einer geheimen Dynamik folgend, in zwei Lager: Einerseits heftige Zurückweisung und Reserviertheit bezüglich Körperarbeit und möglicher Berührung, andererseits die Vertreter einer Sehnsucht auch gerade über den eignen Körper einen Zugang zur Person des Gegenübers zu bekommen. Man wünscht sich einen Zugang zum Thema über den Körper. Einen Zugang, der weder durch herkömmliche, vorschnelle psychologische, noch durch sachlich-fachliche richtige Erklärungen »vorbelastet oder getrübt« ist. Man bekräftigt den eigenen Rollenwunsch (der natürlich dem Ausbildungsinteresse entspringt), erlebt diesen jedoch emotional als Person individuell ganz unterschiedlich, unmissverständlich intensiv und emotional aufgewühlt.

Angst in der Gruppenübertragung

Ein unbedingt vorsichtiges körperbezogenes Vorgehen, so wird schließlich im anfänglichen klärenden Gruppengespräch betont, sei bei der Behandlung von sogenannten »MissbrauchspatientInnen« vonnöten. Um dann aber genauso deutlich ein praktisches, körperorientiertes direktes Vorgehen einzufordern.

Ich spüre meine wachsende Verunsicherung in der Gegenübertragung in dieser Gruppe und die sich einschleichende Angst, im Kreise dieser »missbrauchserprobten« Frauen mit dem Körper zu arbeiten. Natürlich auch die Verunsicherung als Mann!

Denn die meisten der Frauen (in der Gruppe waren 12 Frauen und zwei Männer) hatten mit missbrauchten Frauen zu tun, in der Beratung, in der Therapie oder im Freundeskreis. Einige der Frauen geben unumwunden zu, selbst missbraucht worden zu sein. Die Stille im Raum, das betretene Schweigen der Zuhörer bei dieser Berichterstattung verstärken meine schleichende Angst.

Ich erinnere mich an meine Erfahrung mit KlientInnen in meiner eigenen Praxis. Mit Männern und Frauen. Natürlich auch an die Inzest-Erfahrungen von Männern, die ich in meinen Buch *Worte sind Maske – Szenen männlicher Intimität* Anfang der 90er Jahre beschrieben hatte. Erfahrungen, die mich damals schon zu kritischer Nachdenklichkeit angeregt hatten. Erfahrungen, die einem oftmals vorschnellen Bezug auf das Täter-Opfer-Schema widersprachen. Dieser Bezug wurde aber gerade von bestimmten feministischen Gruppen vehement eingefordert. In Berlin Mitte der 90er Jahre bei einem Kinderschutzkongress sogar mit körperlicher Gewalt. Der Kongress wurde schließlich unter Polizeigewalt beendet.

Jetzt habe ich die Befürchtung, gerade deswegen von diesen Frauen hier in dieser Gruppe in dieser Hinsicht »entdeckt« und unter Umständen gerade deswegen bekämpft zu werden.

Ich lag wie auf der Lauer, wach für etwaige Anzeichen weiblicher Ver-Schwesterung gegen mich. Die in meiner Fantasie selbstverständlich eine heftige Kontroverse mit mir zur Folge haben müsste.

Körperliche Begegnungsszenen

Die therapeutische Arbeit mit dem Körper, die Erfahrung des eigenen Körpers in der Beziehung zu einem anderen Menschen, zu einem anderen Körper gestaltet sich zu jeweils intimen Szenen, die das persönliche Erleben vertiefen, die aber auch bisherige herkömmliche emotional getragene Auffassungen von sich selbst und vom Gegenüber erschüttern können. Vor allem in der therapeutischen Beziehung. Und durch die therapeutische Beziehung ausgelöst.

Es geht um die Wahrnehmung des Körpers des anderen, um die körperliche Selbst-Wahrnehmung, die auftretenden Schwierigkeiten sich und den anderen körperlich einzuschätzen. Den Körper zu berühren, selbst berührt zu werden.

Alles, was ich sehe, alle Signale des Körpers meines Gegenübers wirken in einer solchen Begegnungsszene wie ein nonverbales Echo unmittelbar auf mich selbst zurück, beziehungsweise wecken den hierdurch in besonderem Masse wachen Beobachter in mir. Körperdiagnostik wird somit immer zu einer Beziehung, zu einer Beziehungsgestaltung, die immer mit zwei Menschen zu tun hat. Immer mit der Wirkung des einen Körpers auf den anderen. Und umgekehrt.

Erlebt man sich selbst als TherapeutIn dabei wie ein Echo, eine Resonanzfläche im Sinne von Übertragung, spürt man den eigenen Körper, darf man dies weder diagnostisch noch therapeutisch praxeologisch unberücksichtigt lassen. Und auch umgekehrt, der Klient spürt seinen Körper, zeigt seinen Körper und bezieht sich körperlich auf mich. Oftmals ungefragt, spontan und unmissverständlich intim. Oftmals auch in unbewusster, nonverbaler Erwiderung auf den Therapeuten.

Den eigenen Körper zu spüren, heißt aber auch, den inneren, energetischen Körper zu spüren. Das Geheimnis einer beinahe unheimlichen, überraschenden Tiefung des Erlebens, einer Impulsivität und Vielfalt von Körperreaktionen zu spüren. Im Vertrauen auf das gute Gelingen der körpereigenen Selbstregulierung. Aber auch unter Umständen durch die Neuartigkeit dieses Erlebens erfasst und im idealisierten magischen Heilsglauben gefangen zu bleiben.

Viele der Frauen in der Gruppe äußern ihre Angst, dass dieses Beziehungsgeschehen durch Manipulation getrübt werden könne. Ausgelöst durch eine spezielle Übung, in der jemand sein Gegenüber wie eine Puppe bewegt, wird die Notwendigkeit unterstrichen, im therapeutischen Prozess über sich selbst entscheiden zu können und zu müssen. Eine Kollegin, die zuvor von ihrem eigenen sexuellen Missbrauch berichtet hatte, bekräftigt nun vehement ihre Weigerung, im »Puppenspiel« die Puppe zu sein.

»Ich will nicht manipuliert werden. Auch wenn mir hier nichts passiert!«

Erneut spürte ich diese seltsam lauernde Angst, Ziel eines überraschenden, aus der Überzeugung dieser Frau erwachsenen Angriffs aus der Gruppe der anderen Teilnehmer zu werden, hatte ich doch gerade diese Übung als Erfahrungsraum angeboten.

Die Frauen kündigen demonstrativ und nachhaltig ihre Abgrenzung von jeglicher körperlicher direkter Einflussnahme im Beziehungsgeschehen an. Obwohl der Rahmen hier in dieser Gruppe, ebenso wie in den allermeisten Therapiebeziehungen sicher, da nicht übergriffig, ist und von einer entsprechenden gemeinsamen Vereinbarung getragen wird, wird die Erkundung und die Einhaltung derselben in einem hohen Maß als gefährdet sowie gefährdend erlebt. Obwohl vereinbart ist, nichts gegen den Willen des anderen zu tun, wird in dem Rollenspiel, in der »Puppen-Übung« die tiefe Angst vor einer respektlosen Berührung, einer grenzverletzenden Einflussnahme im emotionalen Grenzbereich deutlich. Die Thematisierung dieser Gefahr entspricht einem wichtigen Aspekt psychotherapeutischer Praxis. In der Ausbildungsgruppe diente sie als unbewusst induzierte Dynamik gleichzeitig im Sinne der Abwehr.

Im Übrigen: von Anfang an war klar verabredet, dass man eine Übung oder ein bestimmtes Berührungs-Setting sofort beenden könnte, wenn persönliche Irritationen auftauchen würden. Anschließend sollte wohl darauf bezogen der diesbezügliche Erfahrungsprozess, das heißt vor allem die eigene Grenzerfahrung und Grenzziehung, näher beleuchtet werden.

Also sollte es keinen Zweifel daran geben: wenn Stopp ist dann ist Stopp!

Spannungen in der Schwebe halten

Ich verstehe dies daher auch als Angst vor machtvollen Beziehungen, als Ausdruck von abgewehrter Angst, in einer solchen Situation nämlich ohnmächtig zu sein. Und als Ausdruck einer Sorge, dass Beziehungen, auch wenn sie respektvoll verabredet sind, wie es in einer Therapiebeziehung üblich ist, ein erlebnismäßig gefährliches, da aufwühlendes Unterfangen sein können. Und dass man, wenn man sich einmal darauf eingelassen hat, trotz Verabredung, einer »schlechten Berührung« ausgeliefert sei oder sich ausgeliefert fühlen würde.

Und: Je tiefer wir mit dem Körper arbeiten würden, desto deutlicher würde die eigene körperliche Verunsicherung spontan und unbewusst mobilisiert und emotional aufgeladen werden (können). Im Umkehrschluss hieße dies, dass man umso überzeugter und nachdrücklicher das Erfordernis unterstreichen müsste: Selbst über das Geschehen verfügen zu dürfen, verfügen zu müssen.

In der Gruppe hieß dies aber für einige der TeilnehmerInnen, sich erst gar nicht auf eine solche Situation, einen solchen Erfahrungsraum einzulassen.

Im Übrigen sei dies, so einige der TeilnehmerInnen, ja gleich von Anfang an, bei der Bearbeitung der Erfahrung von sexuellem Missbrauch, besonders vordringlich einzufordern. Ganz im Sinne der Überzeugung, nur hierdurch einer befürchteten schändlichen Grenzüberschreitung, einer tiefgreifenden seelischen Verletzung hinreichend vorbeugen zu können!

Erleichtert lausche ich den ausführlichen Bekenntnissen der anderen KollegInnen in der Gruppe. Denn jeder in der Gruppe berichtet nun, nachdem ich meine Gegenübertragungsfantasien über die Dynamik in der Gruppe geäußert hatte, von den eigenen Erfahrungen bei der Berührung von KlientInnen in der eigenen therapeutischen Praxis. Im Gespräch ist man wach und sensibel füreinander und die hierdurch oftmals induzierten als zwiespältig geschilderten eigenen Gefühle. Ich werte diese Ambiguitätstoleranz als wichtigen Kompetenzschritt, nämlich das zuvor erlebte und belebte Spannungsfeld (aus-)halten zu können. Ohne sich vorschnell, durch rationale Erfordernisse auf die eine oder die andere Seite kognitiv zu retten. So nach dem Motto, das, was theoretisch richtig ist, muss auch therapeutisch richtig sein.

Therapeutische Verabredung versus körperliche Induktion

Und doch wirkt die latent bestehende spannungsvolle Atmosphäre weiterhin in der Gruppe, nämlich die eigene, im Hier und Jetzt des Prozesses erlebte irritierte Körperlichkeit letztendlich nicht besänftigen zu können, nicht im Griff zu haben.

Ich beginne die zittrige, latente Verunsicherung in der Gruppe durch ein Übungsangebot zu ankern. Die TeilnehmerInnen sollen mit der Erfahrung des Zusammenspiels vertraut gemacht werden, das bei einer unverhofften Berührung zwischen dem persönlichen Erleben und den überraschenden Körperreaktionen sowie emotionalen Impulsen spürbar werden kann. Dies sei, so betonte ich, eine oftmals unumgängliche, da nicht zu vermeidende Erfahrung in der Therapie, natürlich auch im Leben selbst.

Alles, und das betone ich besonders, in einer klar und eindeutig gefassten therapeutischen Verabredung, einem zuvor konkret bestimmten Setting, in einem Rahmen, der die Sicherheit gibt, dass Grenzen und Entscheidungsfreiheit gewahrt werden, in einem Rahmen, der aber auch Berührungserfahrung als Probehandeln ermöglicht.

Die TeilnehmerInnen sind erleichtert, als ich die Art der Berührung, um die es geht, mit einer Kollegin demonstriere. Mit einer Kollegin, die sich über eine Grenzüberschreitung, eine körperliche Berührung durch eine Klientin aus ihrer eigenen therapeutischen Praxis beschwert.

»Jedes Mal zum Ende der Sitzung umarmt sie mich spontan, obwohl ich mich dadurch angewidert fühle. Alle meine Bemühungen, mich eindeutig und nachhaltig abzugrenzen, scheitern.«

Mir scheint, als wäre die Kollegin nicht nur angewidert, sondern auch innerlich gebremst, diese eigene heftige Ablehnung des Körpers der Klientin emotional zuzulassen. Eine Ablehnung, die Angst vor sich selbst zu verbergen scheinen könnte!

Die bewusste Entscheidung, unsere gemeinsame Verabredung, in und vor der Gruppe von KollegInnen eine Berührung des Körpers zu wagen, um wach zu werden für die erlebnismäßigen Impulse (im Körper), die bei einer überraschenden und ungewollten Berührung entstehen können, bewahrt die Kollegin nicht vor unerwarteten, überraschenden Gefühlen und körperlichen Empfindungen, die sie nicht kontrollieren kann. Ebenso wird klar, dass eine bewusste Entscheidung, eine therapeutisch sichernde Verabredung, kein verlässlicher Schutz vor der Induktion des erneuten, eigenen Panikerlebens ist, das sie zuvor angedeutet hatte.

Und: sie fühlt sich, wie ich später noch zeigen werde, berührt, bevor sie von mir berührt wird! Was ist also eine Berührung? Wo fängt sie an, wo endet sie? Woran merke ich, dass eine Berührung eine Berührung ist? Und wie verhält sich dies in meinem eigenen Gegenübertragungskörper?

Die Kollegin legt sich auf eine Matratze und wirkt sofort nervös, unmittelbar flatterig. Überall unruhig im Körper. Sie bewegt sich, zuckt, zittert. Ein nicht zu stoppendes Mimikspiel huscht über ihr Gesicht. Ihre Augen schauen mich an, schauen wieder weg, als wüssten sie nicht, wohin sie schauen sollten. Sie kann ihre Augen nicht schließen, um sich in ihrem Inneren zu spüren, um aufmerksam für ihren inneren Körper zu sein.

Sie ist wie unter emotionalem Alarm! Unter latenter Panik. Eigentlich, so könnte man annehmen, ist ja noch gar nicht viel passiert. Und doch: die belebte emotionale Dynamik in der Gruppe, die angekündigte, intim werdende therapeutischen Beziehung in dieser Körper-Begegnungs-Szene sowie die Änderung des Settings (die Kollegin legt sich hin), all dies zusammen induziert spontan eine tiefe emotional sinnhafte Dynamik in der Frau, schützt sie aber nicht davor, diese Dynamik auch zu erleben, bevor sie sie später erst zu verstehen beginnt.

Berührung ohne Berührung ist gemeinsame Berührung

Ich tue nichts, ich berühre sie nicht. Ich schaue sie an, um durch unseren Blickkontakt eine für gerade diese Szene wichtige sichernde Bindung zu finden. Um ihr zu ermöglichen, so zu sein, wie sie ist, in meinem Beisein. Trotz der Tiefe des emotionalen Prozesses. Dies ist unbedingt nötig, um eine mögliche Berührung zu beginnen. Gleichzeitig merke ich, dass dieser Moment sie verunsichert, irritiert und emotional »auflädt«. Wir nehmen uns Zeit, dieses Geschehen in Worte zu fassen, diese Berührung ohne Berührung!

Als Kontakt, Diagnostik und Beginn einer Beziehung. Und als Teil einer spontan induzierten »Körperkommunikation« (Geuter, voraussichtlich 2014).

Unsere zuvor getroffene Vereinbarung beginnt, emotional die therapeutische Berührungsszene zu ergreifen, zu wirken. Eine vorschnelle Berührung ihres Körpers wäre unpassend, grenzüberschreitend gewesen.

Die Kollegin schließt die Augen, ich sitze wartend und wach daneben, um eine vorsichtige, annehmbare Berührung zu wählen. Am Unterarm und an der Hand. Indem ich diese Berührung anfangs noch ankündige. Später dann aber nicht mehr.

Sie wagt das Abenteuer der therapeutischen Berührung. Sie hat sich entschieden, in ihrem flatterigen Erleben liegenzubleiben. Ich habe mich entschieden, sie auf eine sehr vorsichtige Art zu berühren.

Und: meine Berührung ist eine gemeinsame Berührung. Meine Hand berührt ihren Unterarm und ihr Unterarm berührt meine Handinnenfläche. Für die therapeutische Wirklichkeit heißt dies: keine Berührung ohne Beziehung! Keine Beziehung ohne Achtsamkeit und Respekt vor dem Ungewissen. Keine Berührung ohne Verstehen. Keine Berührung ohne eine sichernde Verabredung. Eine Verabredung, die nicht unbedingt in Worte gefasst werden muss, die aber als nonverbales Signal erlebbar ist.

Wir spielen zusehends unbeschwerter mit der Berührung, mit Berührungen. Ich berühre sie an unterschiedlichen Stellen, frage sie nach ihrem Erleben, gebe ihr Zeit, in den Innenraum ihres Körpers zu horchen, um schließlich selbst auch meine Beobachtung ihrer Körperreaktion, ihrer feinsten körperlichen Signale in Worte zu bringen.

Ich wähle die Berührung (auch) als Möglichkeit, den Kontakt zwischen uns zu explorieren, zu sichern, der Kollegin aber auch die Möglichkeit zu geben, sich in ihrem zittrigen, verunsicherten Körper emotional zunehmend sicherer zu erleben. Um unseren Kontakt, unsere Berührung schließlich zum Raum erlebter Ruhe zu gestalten.

So berühre ich kaum spürbar, diesmal ohne diese Berührung zuvor anzukündigen, mit den Fingern ihre flatterigen Augenlider. Und: Sie erlebt eine tiefe, erschütternde Bewegung, die spontan und sichtbar ihren ganzen Körper ergreift. Sie erlebt ein Vibrieren, das sie nicht bewusst steuern kann. Der Pulsschlag ist sichtbar, die Atmung aufgewühlt und tief bewegt. Die Haut ihres Gesichts rötet sich und ein Schleier von wortlosem Gefühl legt sich über ihr Gesicht, so, als könnte sie weinen und schluchzen. Aber sie ist still.

Eine »gute Szene« macht Angst

Ihr Kinn und ihre Lippen beben. Sie erinnert mich an das Gesicht, an den Körper eines Babys, das durch ein geheimnisvolles, emotionales Schütteln, Zucken, ein Beben wie in einem Traum (einem Alptraum?), im Halbschlaf aufgewühlt ist.

Unser Kontakt ist weiterhin stabil und vertrauensvoll. Ich spüre meine Ruhe, mein Mitempfinden, ohne jedoch eine Ahnung vom Erleben dieser Kollegin zu haben, von dem, was sie in ihrem Innern bewegt. Dabei bin ich mir in meinem eigenen Körper, der als ein Resonanzboden wirkt, sicher. Sicher in unserer Körper-Kommunikation.

Wir verweilen in dieser Berührung, bis ich vorsichtig das Zurücknehmen meiner Hand, meiner Finger ankündige.

»Ich merke schon«, sagt die Kollegin mit einem Anflug von Schrecken, »dass du es bereits tust.« (Ich hatte die Finger zu diesem Zeitpunkt aber noch nicht weggenommen.)

Es scheint, als würde das, was der Kollegin in einer »guten Szene« gegeben wird, was sie im Kontakt mit einem anderen Menschen hier und jetzt in der therapeutischen Beziehung erlebt, bereits verlorengehen, bevor sie es wirklich bekommen, angenommen und verinnerlicht hat.

Eine tragische Erfahrung!

Ich erinnere mich an den Anfang unseres Gespräches und das Erleben, körperlich berührt zu werden, auch wenn sie es nicht will. Und an die Erfahrung während dieser Übung, nämlich die Berührung zu »verlieren«, bevor sie sie innerlich emotional angenommen hat. Ohne etwas über das Leben, die persönliche Erfahrung dieser Kollegin zu wissen, vermute ich ein tiefes Bedürfnis bei ihr, sich in persönlicher Berührung zu sichern, sichern zu können. Sich dort zu Hause zu fühlen. Um eine beschützende Heimat zu erleben.

Berührung der Berührung

Ich frage sie, ob meine Hand dort bleiben solle, wo sie gerade war, und bitte sie, meine Hand mit ihrer Hand zu berühren.

Eine Selbst-Berührung in der Erfahrung der Berührung durch einen anderen, durch meine Berührung. Eine Selbst-Berührung, die im doppelten Sinne eine Begegnung ist. Einerseits berühren wir uns, das heißt meine Hand zum Beispiel ihre Augenlider. Und die Augenlider meine Hand. Andererseits berührt sie durch ihre andere Hand diese, unsere, Berührungsszene. Sie berührt sich also selbst in der Erfahrung als Körper-Selbst und in der szenischen Erfahrung mit einem andern. Mit der erlaubten Berührung durch jemanden anders.

Ich erlebe eine überraschende, stille Freude, in dieser Begegnungsszene, in diesem wortlosen Geschehen Zeit zu haben, auch als Therapeut sich Zeit zu nehmen, da zu sein und achtsam zu sein. Sich bewusst zu begegnen und durch erlaubte Berührung Sicherheit zu geben. Wortlos wie gesagt.

Es ist ein unspektakuläres Geschehen, das sich mit feinsten körperlichen Empfindungen, dem Schleier von noch nicht symbolisiertem Gefühl und kleinsten Berührungen begnügt.

»Es ist wie ein Urerleben zwischen Mutter und Kind, einfach eine körperliche Begegnung! Ganz unspektakulär, einfach so«, sagt eine Frau in der Gruppe ganz spontan in einem Gefühl freudiger Erregung, ja auch Wehmut.

Die Klientin (Kollegin) will sich nach einer Weile wieder hinsetzen, doch bitte ich sie, noch für einige Atemzüge liegenzubleiben, um das Ende der Berührung, das Ausklingen derselben, den Abschied von der Berührung zu erleben. Also nicht einfach aufzustehen und wegzugehen. Ich respektiere ihre Entscheidung, möchte aber gemeinsam mit ihr den Erfahrungsraum der Entscheidung, die Erfahrung des Grenzbereichs als wichtigen Teil des Berührungsgeschehens durch den verlängerten bewussten Vollzug derselben sichern. Sie bleibt liegen, wird traurig und ertappt sich dabei, dass sie wahrscheinlich erneut vorschnell eine Beziehungsbegegnung beendet hätte. – Sie kennt dies aus ihrem Leben nur zu gut.

Es ist ihr wohl vertraut, zu schnell aufzuspringen in der Befürchtung, die Berührung, die Begegnung würde ihr genommen werden. Und ertappt sich diesmal bewusst, wenn sie sich so verhält, in der befürchteten Ohnmacht erneut keinen Einfluss auf die Berührung, die Begegnung zu haben. Dann wenigstens Einfluss auf die Beendigung der Berührung!

Es ist eine trügerische Selbstständigkeit, die ihr oft die Überraschung einer Berührung, die Berührung als Beziehungsgeschenk, versagt.

Ich bitte sie daher, in der Runde der KollegInnen sitzen zu bleiben, um in die Gesichter der anderen zu schauen, um das Ende unserer Berührung bewusst zu erleben. Und um mit diesem Berührungsgefühl Kontakt mit anderen Personen in der Gruppe aufzunehmen. Sich diesmal durch den Augenkontakt zu berühren.

Auch wenn zu Anfang die Kollegin von ihrer Schwierigkeit bei der spontanen, ungewollten Berührung durch die Klientin erzählt hatte, so wird jetzt deutlich, dass die eigentliche Schwierigkeit darin besteht, selbst eine bestimmte Berührung auszuwählen, sich dafür zu entscheiden und dabei zu bleiben.

Und vor allem diese Berührung zu wagen!

Literatur

Bourdieu, P. (2009). *Entwurf einer Theorie der Praxis auf der ethnologischen Grundlage der kabylischen Gesellschaft* (2. Aufl.). Frankfurt/M.: Suhrkamp.

Geuter, U. (i. Vorb., ersch. vorauss. 2014). *Körperpsychotherapie* (Arbeitstitel). Heidelberg: Springer.

Moser, T (2000). *Vorsicht Berührung. Über Sexualisierung, Spaltung, NS-Erbe und Stasi-Angst.* Frankfurt/M.: Suhrkamp.

Sollmann, U. (1993). *Worte sind Maske – Szenen männlicher Intimität.* Reinbek: Rowohlt.

Sollmann, U. (1994). *Begierige Verbote – sexueller Missbrauch, Therapie, schamlose Beziehungen.* Zürich: Orell-Füssli.

Der Autor

Ulrich Sollmann, Bioenergetischer Analytiker/Körperpsychotherapeut in Bochum, Coach und Berater in Wirtschaft und Politik, Weiterbildung für Psychotherapeuten, Berater und Manager (auch transkulturell z.B. China); Vortrags- und Lehrtätigkeit; Buchautor und Publizist (aktuell: *Einführung in die Körpersprache und nonverbale Kommunikation*), Blogger und Kolumnist

Kontakt

Ulrich Sollmann
Höfestr. 87
44801 Bochum
E-Mail: info@sollmann-online.de
Internet: www.sollmann-online.de, www.body-languages.net

Liebe und Mitgefühl für Dich selbst!

Eine Erweiterung meiner bioenergetischen Sicht und Interventionen

Irmhild Liebau

Vorbemerkungen

Mit Leib und Seele bin ich Bioenergetische Analytikerin (CBT) und Supervisorin der Sektion Tiefenpsychologie der Deutschen Gesellschaft für Pastoralpsychologie (DGfP). Das sind die beiden tragenden Säulen meines beruflichen Arbeitens und auch persönlichen Lebens, die mir so elementar wichtig und wesentlich sind, wie sonst kaum etwas. Dabei ist es mein Spezifikum geworden, die Bioenergetische Analyse in mein Ursprungsarbeitsfeld hinein zu tragen und in der Weiterbildungsarbeit und Supervision besonders für Menschen, die im kirchlichen Bereich arbeiten, bekannt zu machen und zu verankern (Liebau, 2003, 2007, 2011, bes. 2013).

Gerade in der letzten Zeit ziehe ich wieder verstärkt mit dem bioenergetischen Würfel für die explizite Aggressions- und Selbstbehauptungs-Arbeit und den kleinen Flummis für die Fußsohlen und tiefe Erdung im Gepäck in meine Weiterbildungswochen und Supervisions-Angebote, also »klassisch bioenergetisches Handwerkszeug« und habe keine Scheu vor »kathartischem Ausdruck« (Klopstech, 2008), bei aller, auch berechtigten Kritik an möglichem bioenergetischen Ausagieren, Überfluten, Nicht-Integrieren. Der Grund dafür ist, dass ich mir meiner und der bioenergetischen Wurzeln in der Tiefenpsychologie (Liebau, 2011, 2013) sehr bewusst bin und sicher darin, nicht bloß Übungen im alten Sinne der Einpersonen-Psychologie (Klopstech, 2002, untersucht hier M. Stark) anzubieten, sondern mich dabei in guter Tradition und Kenntnis der Weiterentwicklungen der Bioenergetischen Analyse der vergangenen 15 Jahre (bes. Heinrich-Clauer, *Handbuch*, 2008) weiß und verstehe und diese Arbeit einbette in die interpersonelle Beziehung als selbstverständlichen Standard für gutes und tiefenpsychologisch fundiertes bioenergetisch-körperpsychotherapeutisches Arbeiten in Supervision und Weiterbildung. Und vor allem weiß und erfahre ich immer wieder, wie hilfreich und unterstützend, gerade für Menschen im kirchlichen Arbeitskontext, die gerade in den strukturellen Problemen der heutigen Zeit immer weniger Möglichkeiten haben, sich und ihre volle energetische Kraft zu erfahren und in den Ausdruck zu bringen, genau diese klassisch bioenergetischen Interventions-Techniken sein können.

Mit und bei allen interpersonellen Weiterentwicklungen und teilweise »bioenergetischen Weichheit« in den Körperübungen und -Interventionen unter Berücksichtigung von Übertragungs-, Gegenübertragungs- und körperlichen Resonanzphänomenen (Heinrich-Clauer, 1997) in der neueren BA finde ich auch wieder zunehmend Mut zur »harten«, bioenergetischen Arbeit der älteren Schule im »körperseelischen Dialog« (Liebau, 2013, S. 108ff.), in der wechselseitigen, verkörperten Beziehung zwischen Supervisorin und Klient, Weiterbildungsleiterin und Kursteilnehmenden.

Gleichwohl haben mich Weiterbildungen in den vergangenen etwa sieben Jahren, die ich aus beruflicher Neugier und auch wegen eigener gesundheitlicher Probleme absolviert habe, und Erfahrungen mit körperlichen Begrenzungen, bei Klienten in meiner Praxis und mir selbst, veranlasst, auch die Grenzen bioenergetischer Übungen zu erkennen, die meines Erachtens eher von normal gesunden Menschen ausgeübt werden können. Ich suchte nach Alternativen, für mich selber und dann auch professionell für Menschen, die entweder mit körperlichen Einschränkungen leben müssen oder auch andere Formen der Körperarbeit suchen oder brauchen.

So lernte ich immer mehr andere, sehr gute Körperübungen kennen, die sich in die BA integrieren ließen und meine Arbeit als Bioenergetische Analytikerin und Supervisorin sehr bereichert und vertieft haben. Besonders aber hat sich meine eigene Haltung noch einmal deutlich weiterentwickelt, aus der heraus ich arbeite und die ich unter den beiden Stichworten Selbstliebe und Selbstmitgefühl zusammen fassen möchte.

Diese beiden Begriffe hätte ich aufgrund meiner theologischen Vergangenheit noch vor einiger Zeit nicht einmal in den Mund zu nehmen gewagt, aus berechtigten Abgrenzungsbedürfnissen gegenüber einer eher dogmatisch starren und wenig leibfreundlichen Institution heraus; mittlerweile sind sie – wieder – zu einer Grundhaltung meines Lebens und Arbeitens geworden und haben mich von ganz anderer Seite als der explizit theologisch-christlichen wieder eingeholt. Die für mich damit verbundenen und zugrunde liegenden Therapieansätze möchte ich im Folgenden in aller Kürze beschreiben, für die bioenergetische Arbeit und professionelle Haltung als bereichernd heraus stellen und zur tieferen Beschäftigung damit weiter empfehlen.

1. Liebe … Dich selbst!

Dieser Imperativ zur Selbstliebe klingt in unserer Zeit ganz selbstverständlich und wird in vielen Lebensbereichen als wesentliche Maxime für Selbstentfaltung und Persönlichkeitsentwicklung angesehen.

Gleichwohl habe ich über die Liebe zu sich selbst in der bioenergetischen Literatur explizit nichts gefunden. In Lowens Klassiker *Liebe, Sex und dein Herz* (1993), in dem glückliche Liebesbeziehungen und sexuelle Erfüllung als Balsam für das eigene Herz beschrieben werden, geht es ausschließlich um die Liebe zu anderen Menschen, zu Partnern; die Liebe zu sich selbst wird nicht erwähnt. Und auch das Handbuch der Bioenergetischen Analyse (Heinrich-Clauer, 2008) behandelt im zweiten Kapitel die Themen Sexualität und Liebe, doch in den dortigen Artikeln und auch anderen kommt Selbstliebe meines Wissens nicht mit einem Wort vor, was auch immer das für unser bioenergetisches Arbeiten bedeuten mag.

Die Wurzeln des »Liebe ... dich selbst!« liegen natürlich im christlichen Nächstenliebe-Gebot, das in seiner Traditionsgeschichte allerdings einseitig das »Liebe deinen Nächsten ...!« betont hat und in dem das »... wie dich selbst!« eher als Appendix verkümmert ist und kein besonderes Gewicht bekam. Hier nun möchte ich genau diese Liebe zu sich selbst in erster Linie betonen und sie sowohl in die bioenergetische als auch seelsorgliche Arbeit, erneut und pointiert, wieder einführen und damit deutlich machen, dass Selbstliebe auch in der bioenergetisch-körperpsychotherapeutischen und bioenergetisch-seelsorglichen Arbeit als eigene therapeutische Haltung und als den Klienten zu vermittelnde Grundhaltung für einen gelingenden Prozess wichtig sein kann.

In dieser Form wieder gefunden und mich davon inspirieren lassen habe ich diese Liebe zu sich selbst in den beiden folgenden körperorientierten Ansätzen.

1.1 Zuwendung zum eigenen Körper als Wendepunkt für Erkrankungen

In der Therapie, die Sonja Wierk (2002), selbst seit Jahrzehnten an MS erkrankt, für sich und Menschen mit zerebralen Bewegungsstörungen, wie Schlaganfall, Parkinson, MS und ähnliche Erkrankungen als Selbsttherapie entwickelt hat, ist die Zuwendung und Liebe zum eigenen Körper und zu sich selbst wesentliche Grundlage, auf der ihr gesamtes weiteres Konzept aufbaut. Dabei ist gerade diese Liebe und Annahme des eigenen Körpers, der erkrankt, eingeschränkt, gar gelähmt ist und so viele Probleme bereitet, mit das Schwerste zu Erlernende überhaupt.

Sonja Wierk fand für sich, gelähmt und im Rollstuhl, Schritt für Schritt eine Methode, die sie wieder voll beweglich machte, indem sie mit ihrem Körper liebevoll Kontakt aufnahm und ihn wieder spüren lernte. Diese liebevolle Beziehung und konsequente Zuwendung zum eigenen Körper als Grundhaltung hat mich in den Fortbildungsseminaren, die ich seit 2008 bei ihr und ihrer Tochter Ursula Harenburg-Diederich in Wremen bei Bremerhaven gemacht habe, und die sie den häufig schwersterkrankten Menschen dort mit großer Überzeugungskraft vermittelte und vorlebte, verkörperlichte, sehr beeindruckt und nachhaltig verändert.

Die Arbeit Wierks basiert auf der Feldenkrais-Methodik der Bewusstheit durch Bewegung und der Herstellung neuer Verknüpfungen zwischen Gehirn und Muskel-

und Nervenzellen durch bewusstes Training, die sie für zerebral gestörte Menschen weiterentwickelte, indem sie besonderes Gewicht auf das Spüren des eigenen Körpers legte und die eigenen Gedanken für ihre Heilung einsetzte nach dem Motto: Gedankenkraft gibt Nervenkraft und die gibt Muskel- und Lebenskraft (Zaruba & Wierk, 2006, S. 10). Dabei geht es ihr nicht um positives Denken, was ja auch eher grotesk wäre, über einen kranken, gar gelähmten Körper positiv zu denken, als wäre alles gut, sondern um Fühlen als »die einfachste Art des Denkens« (ebd., S. 54), etwa zu fühlen, wie es wäre, eine entspannte Muskulatur zu haben und sich dann in der verkrampften Hand genau dieses Gefühl vorzustellen, sich zu verschaffen, es »andenken«, wie Wierk es ausdrückt.

Das Wichtigste bei dieser Arbeit mit sich selbst, der Selbsttherapie, ist die richtige Einstellung zum Körper, nämlich nicht im Kampf gegen die Krankheit und ihre Symptome anzugehen, gegen sich und den eigenen Körper zu arbeiten, vielmehr Frieden mit ihm zu schließen und sich in Liebe und freundlicher Zuwendung, in Annahme und Hoffnung mit ihm zu beschäftigen, im Vertrauen darauf, alles wieder erlernen zu können, was dem Körper an Beweglichkeit verloren gegangen ist. Diese Zuwendung und Liebe zum Körper sind das A und O der SoWi-Therapie, das Spüren und Akzeptieren dessen, was ist, um es durch konsequente Arbeit mit sich selbst in eine bessere Zukunft zu führen.

Dafür hat Wierk eine Vielzahl von Körper- und Wahrnehmungsübungen entwickelt, speziell für und abgestimmt auf Menschen mit Bewegungsstörungen, und sie arbeitet auch mit Visualisierungen und der Atmung, besonders mit Bewegungsvorstellungen, um Bewegungen, die dem eingeschränkten Körper noch nicht möglich sind, anzubahnen, in der Vorstellung, immer und immer wieder, bis der Körper selber sie ausführen kann, weil die neuronalen Neuverknüpfungen dafür hinreichend angelegt sind.

Dieses Hineinspüren in den eigenen Körper (Zaruba & Wierk, 2006, S. 70ff.) ist mir nicht nur aus der Bioenergetischen Analyse, sondern aus vielen körpertherapeutischen Verfahren, wie etwa dem Bodyscan, hinreichend bekannt; es nun besonders auch für den erkrankten Körper anzuwenden und mit freundlicher Zuwendung zu jedem einzelnen Körperteil zu verbinden, finde ich, nicht nur für die Arbeit mit körperlich eingeschränkten Menschen, in meiner bioenergetischen und supervisorischen Praxis noch einmal eine deutliche Vertiefung und Bereicherung.

Und auch mit Visualisierungen, wie ein guter Ort, eine innere Begleitung (Reddemann, 2003) und selbst entwickelten Visualisationen zu verschiedensten Themen in Verbindung mit bioenergetischen Grundprinzipien und körperlicher Wahrnehmung arbeite ich in meinen körperorientierten Weiterbildungskursen schon immer. Nun auch körperliche Bewegungen zu visualisieren und so neue neuronale Verknüpfungen in einem eingeschränkten Körper anzubahnen und den kranken Körper selber zu visualisieren, wie er sich verhält, bewegt in Richtung Gesundheit, das ist schon noch mal eine Erweiterung meiner bisherigen bioenergetischen Arbeit und lässt mich vor allem mit noch mehr Zuwendung und Liebe auf den Körper im therapeutischen Prozess blicken als zuvor.

Diese Zuwendung und neue, intensive, liebevolle Beziehung zum Körper, gerade auch zum erkrankten, bewegungseingeschränkten Körper, kann nach Wierk (2006, S. 74ff.) in kleinen Schritten gelernt werden.

> »Es ist normal, wenn Sie im Augenblick keine Liebe oder wenigstens Mitgefühl für Ihren Körper empfinden können. Eine schwere Krankheit ist ein Schock [...] Sie werden Ihren Körper mit der Zeit lieben lernen – es ist die einzige Chance, zu ihm zurückzufinden [...]« (Zaruba & Wierk, 2006, S. 75).

> »Sie müssen sich jetzt auf sich selbst besinnen, Ihrem Körper die Zeit geben, die er von Ihnen verlangt. Er braucht Ihre Zuwendung mehr denn je« (ebd., S. 81).

Auch aus schulmedizinischer und entwicklungspsychologischer Sicht (ebd., S. 101ff.) wird mittlerweile immer mehr bestätigt, dass das, was Wierk aus eigener Betroffenheit und intuitiv als Behandlungsansatz heraus gefunden hat, funktioniert und dass es nach Erkenntnissen der Hirnforschung (ebd., S. 86ff.) bei zerebralen Störungen Grund zur Hoffnung gibt, da wegen der Neuroplastizität des Gehirns ausgefallene oder eingeschränkte Funktionen und Bewegungen des Körpers wieder neu erlernt werden können. Bei der Körperarbeit und dem Lernen neuer Funktionen ist immer wieder wichtig, die

> »Aufmerksamkeit auf die Körperteile (zu richten), die unserer Hilfe bedürfen [...] die heilende Energie wird dieser Aufmerksamkeit folgen [...] (wobei) liebevolle Aufmerksamkeit [...] die Wirksamkeit deutlich steigert, denn sie belebt die besonders beachteten Körperteile und fördert damit die Neuverknüpfung von Nervenzellen« (ebd., S. 93).

Die Aufmerksamkeit auf einen Körperteil zu richten, sich seine Bewegung vorzustellen und so Neuverknüpfungen von Nervennetzen herzustellen, um Neues zu lernen, nennt Wierk »andenken« bzw. »ansprechen« oder auch »rufen« (ebd., S. 97).

> »Wie erfolgreich der Aufbau von Neuverknüpfungen verläuft, ist von der Intensität Ihrer Aufmerksamkeit, Ihrer Vorstellungskraft sowie Ihrer Ausdauer und Konzentration abhängig. Die Wertschätzung, die Sie Ihrem Körper (dabei) entgegenbringen, ist ein unerlässlicher Bestandteil der Therapie« (ebd., S. 99).

> »Jedes Spüren, jeder intensive Gedanke, jede liebevolle Aufmerksamkeit, die sich auf den geschädigten Körper oder einen seiner Teile richtet, fügt ein dünnes Drähtchen der neuen Nervenleitung zu, die Sie erschaffen wollen« (ebd., S. 152),

dabei ist häufiges Wiederholen wichtig.

Dieses Ansprechen des eigenen Körpers habe ich in meiner bioenergetischen und supervisorischen Arbeit so weiter modifiziert, dass ich etwa Klienten mit Bereichen, Teilen ihres Körpers innerlich sprechen lasse, die auf ein mitgebrachtes Thema besonders stark reagieren; so hatte etwa der Magen eines eher rational ausgerichteten Supervisanden für ihn interessante Botschaften hinsichtlich seiner Problematik, die ihm rein vom Denken und Bewusstsein her nie in den Sinn gekommen wären. Hier werde ich mittlerweile noch mutiger und konsequenter in meiner körperpsychotherapeutischen Arbeit, den Körper wirklich selber sprechen, in Dialog mit dem Geist und Verstand treten zu lassen.

Die positive Grundeinstellung dabei, voller Hoffnung und Vertrauen auf das eigene Leben und den eigenen Körper, auch auf den erkrankten, begrenzten, schmerzenden, mit Schwierigkeiten behafteten, zu blicken, die ich bei Wierk gelernt habe, verschafft mir eine neue, gelassenere Perspektive auf meine Klienten, mein Arbeiten und auch auf mich selbst, die ich als mehr Liebe und Selbstliebe bezeichnen möchte.

Die wichtigste Aufgabe der Körper- und Lebensschule nach Wierk ist es, sich immer wieder bewusst zu spüren und dafür auch Entspannung, guten Bodenkontakt, viel Arbeit mit den Füssen, Atmung und Bewegung zu nutzen, ganz ähnlich wie auch in der Bioenergetischen Analyse, ohne dass sie die bioenergetischen Grundprinzipien kennt. Dabei werden dieses bewusste Begleiten möglichst vieler Bewegungsabläufe und damit das Stärken von intakten Nervennetzen und Fördern der Neuverknüpfung von Nervenzellen bei ihr speziell für Menschen mit zerebralen Störungen eingesetzt.

»Klare gedankliche Bestimmungen ermöglichen die Neuverknüpfung von Nervenzellen. […] Ein wesentliches Anliegen der SoWi-Therapie ist es, dass Sie Ihren Körper besser verstehen und liebevoller annehmen können« (180f.), also immer wieder diese Grundhaltung, die mir nicht nur für erkrankte, sondern für alle Menschen in der Therapie eine gute Arbeitsgrundlage zu bilden scheint.

Der Ansatz von Wierk versteht sich, was ich besonders positiv finde, als Selbsttherapie, der die kranken – und alle – Menschen damit als kompetent, selbstverantwortlich und als Fachleute für sich selbst ansieht, nicht als Hilfsbedürftige, die nur durch professionelle Therapien leben können, ohne diese auszuschließen, vielmehr alles, was hilfreich und erleichternd ist im Krankheits- und Gesundungsprozess für sich zu nutzen, im Sinne der Zuwendung und Liebe zu sich selbst.

Und auch die Bioenergetische Analyse hat, besonders mit ihren Körperübungen und Unterstützungsaufgaben für zu Hause, diesen selbsttherapeutischen Grundsatz bzw. mein therapeutisches Verständnis der Eigenverantwortung und Selbstkompetenz der Klienten hat sich für mich noch einmal basal verstärkt und ich hoffe, diese Haltung in meiner bioenergetischen Arbeit jetzt noch mehr zu verkörpern als bisher; auch das ist Liebe und Vertrauen, zum anderen und seinen Kompetenzen und Selbstheilungskräften, die in einem liebevollen, therapeutischen oder supervisorischen Setting im Miteinander Unterstützung finden.

1.2 Die eigene Herzintelligenz entdecken für einen gesunden Umgang mit Stress

In der Bioenergetischen Analyse besteht der Umgang mit Gefühlen im wesentlichen darin, sie wahrzunehmen und in den Ausdruck zu bringen, ganz besonders starke, energetisch hoch geladene Gefühle wie Ärger, Wut, wofür klassisch etwa die Arbeit am bioenergetischen Würfel zur Verfügung steht.

In der neueren Forschung zu Stress und Stress verursachenden Gefühlen, wie zum Beispiel Ärger, Wut, Angst und andere sie darstellen, habe ich noch einen möglichen anderen, interessanten Umgang mit diesen Gefühlen kennengelernt, der zunächst einmal recht anders ist als in bioenergetisch gewohnter Weise. Er wird besonders in der Herzintelligenz-Methode dargestellt, die ich im Folgenden in Kürze vorstellen möchte.

Das Herz, allgemein und so auch bei Lowen (1993) als körperlicher Ort der Liebe angesehen, wird von dem amerikanischen Forscher Doc Childre als Sitz der Intelligenz erforscht; dafür gründete er 1991 das Institut für »HeartMath«, in deutsch übersetzt mit »HerzIntelligenz«.

> »Dieses Institut ist ein gemeinnütziges Forschungs- und Ausbildungszentrum und hat sich zum Ziel gesetzt, zum einen die Rolle des Herzens für unsere Gesundheit, aber auch für unser emotionales und geistiges Wohlbefinden und unsere Leistungsfähigkeit zu untersuchen und herauszufinden, über welche Wege das Herz mit dem Gehirn Informationen austauscht und dadurch unsere Wahrnehmung beeinflusst. Zum anderen ist es Ziel des Institutes, praktische Techniken zu entwickeln, die uns helfen, durch eine bewusste Konzentration auf das Herz, Stress und negative Emotionen sofort umzuwandeln und unsere Lebensqualität zu verbessern« (Marx, 2012, S. 8).

Dabei ist der Begriff Herz nicht sentimental oder naiv gemeint, vielmehr wird die Herzintelligenz als Quelle schneller, intuitiver Weisheit verstanden, mit der intelligentes, klares und kraftvolles Denken und Handeln und eine Erhöhung der mentalen und auch emotionalen Intelligenz möglich ist, indem sie alle Körpersysteme koordiniert und kohärent, übereinstimmend macht.

Der theoretische Hintergrund basiert auf der neueren Stressforschung (Marx, 2012, S. 13ff.): Demnach sind Gefühle, wie Ärger, Stress, Aggression, Frust, Angst, Sorge, Trauer und andere, sogenannte Minus-Gefühle, schädlich für uns und unseren Organismus. Denn sie erzeugen physiologischen Stress und eine Inkohärenz im Körper. Bei Stress laufen mehr als 1.400 physikalische und chemische Reaktionen ab, um diese Nachricht im ganzen Organismus zu verbreiten und darauf zu reagieren. Die wichtigsten Systeme, die davon betroffen sind, sind das vegetative Nervensystem, das Immunsystem und das Hormonsystem. Bei Stress etwa werden Adrenalin, Noradrenalin und Kortisol aktiviert. Die ständige Ausschüttung dieser Hormone sorgt langfristig für eine Belastung und Schädigung des gesamten Organismus.

Stress und Minus-Gefühle kosten Energie und Kraft, haben eine schädliche Wirkung auf den Körper und halten uns davon ab, klar und effektiv zu denken und zu handeln, egal, ob diese Gefühle berechtigt sind oder nicht. Bei Wut, Ärger, Aggression wird die Ausschüttung von IgA, ein Immunglobulin, bis zu etwa sechs Stunden gehemmt, während nur für fünf Minuten aufrichtig empfundene Plus-Gefühle, wie Freude, Glück, Dankbarkeit, Wertschätzung und andere dafür sorgen, dass sich der IgA-Spiegel bis zu sechs Stunden erhöht, also das Immunsystem deutlich gestärkt wird.

Wie also kann ein angemessener Umgang mit diesen Minus-Gefühlen, wie Ärger, Aggression, aussehen? Sollen sie nun ausgedrückt, wie eher in der BA, oder unterdrückt werden?

Forschungsergebnisse des Instituts für Herzintelligenz und Forscher um Doc Childre belegen, dass das Ausdrücken und Unterdrücken von Minus-Gefühlen gleichermaßen ungesund ist für den Organismus. Sie haben herausgefunden: statt Ärger und Stress aus- oder zu unterdrücken, ist es wichtig, sie wahrzunehmen, die Aufmerksamkeit auf unsere Herzregion zu verlagern, die Herzintelligenz für uns arbeiten zu lassen und die Minus-Gefühle so auf gesunde und effektive Art und Weise zu transformieren.

Unsere Wahrnehmung ist der zentrale und entscheidende Punkt, wie wir auf Ereignisse, Situationen, Menschen, äußere Stressoren reagieren. Nicht die Ereignisse von außen lösen Stress, Ärger, Minus-Gefühle aus, sondern es ist unsere subjektive Wahrnehmung und unsere Interpretation dieser Ereignisse, unsere automatischen, inneren Programme und emotionalen Grundhaltungen, die uns diese Minus-Gefühle empfinden lassen. Sie filtern unsere Wahrnehmung und setzen eine Kaskade biochemischer Reaktionen in Gang, die dann wiederum die folgende Wahrnehmung prägen. So filtert zum Beispiel ein ängstlicher Mensch aus Dingen, Ereignissen, Menschen der Umgebung diejenigen heraus, die potenziell gefährlich sind und nimmt sie verstärkt wahr. Das hat zur Folge, dass er sich bedroht und verunsichert fühlt und daraufhin noch stärker nach potenziellen Gefahren Ausschau hält. Der Stress, das Angstgefühl steigen bei dieser Rückkoppelung im Gehirn ständig an und werden zu einer Grundeinstellung und somit chronisch.

Um aus diesem Kreislauf auszubrechen und mit Minus-Gefühlen gesundheitsförderlich umzugehen, müssen wir nach Childre (2000) unsere Wahrnehmung und das System ändern durch Umschalten vom Verstand auf das Herz; dadurch wird es möglich, die meisten Einstellungen, Programme, Sichtweisen und Automatismen umzuwandeln und auf Situationen angemessen emotional zu reagieren. Diese Umstellung auf die Herz-Kohärenz und Herzintelligenz-Methode erfordert Übung und Selbstdisziplin, bringt Kopf und Herz in Einklang und reduziert Stress und Minus-Gefühle in erheblichem Maße.

Eine Übung aus diesem Bereich in bioenergetischer Modifizierung zum Kennenlernen:

Sitzen Sie mit beiden Füßen am Boden, die Beine beckenbreit, gut aufgerichtet, legen Sie Ihre Hände auf Ihren Brustkorb, das Herzzentrum und atmen Sie durch diesen Bereich ein und aus; nun lassen Sie in Ihrer Erinnerung eine Situation auftauchen, in der Sie sich gut gefühlt haben, es Ihnen wohl erging; bleiben Sie eine Weile in diesem Gefühl und inneren Bild.

Alle Herzintelligenz-Techniken, von denen fünf sehr gut bei Marx (2012, S. 65ff.) beschrieben werden, basieren auf dem Umschalten vom Kopf auf das Herz und dem Herstellen von Kohärenz, das heißt einer größeren Harmonie von Herz und Gehirn und der Muster des Herzrhythmus und seiner Variabilität. Diese größere innere Übereinstimmung, Kohärenz, besonders in Stresssituationen und im Erleben sogenannter Minus-Gefühle, herzustellen, wird grundsätzlich möglich durch: 1. eine körperliche Maßnahme, nämlich die Hände auf den Brustkorb, das Herzzentrum zu legen und dorthin ruhig und sanft zu atmen und darauf folgend 2. eine mentale Maßnahme, nämlich sich innerlich mit guten Gefühlen, Erinnerungen zu verbinden, diese dadurch im ganzen Körper und System zu aktivieren und Stressgefühle zu transformieren. Das ist das Grundprinzip der Herzintelligenz-Techniken, auf dem alle weiteren in unterschiedlichen Varianten und Anwendungsgebieten variieren.

Jede von ihnen finde ich auf ihre Weise in meiner bioenergetischen, supervisorischen und Weiterbildungsarbeit sehr gut zu integrieren und zu praktizieren und habe ich mit guten Ergebnissen und Rückmeldungen erprobt; sogar in einem Workshop zu Stress-Entspannungs-Übungen zur Selbstfürsorge für SeelsorgerInnen (2013 in Potsdam) in Kombination mit den TRE-Übungen von Berceli (2007), die eher mit höherer Ladung und viel körperlichem Einsatz arbeiten, um das neurogene Zittern zu initiieren als körpereigenen Stressentladungs- und Selbstheilungsmechanismus, und auf ganz andere, sanftere, innere Weise die Herzintelligenz-Techniken, die eine milde, »weiche« Art der Körperarbeit bilden in Kombination mit mentaler, imaginativer Arbeit, um mit Stressgefühlen und ihren den Organismus schädigenden Auswirkungen gesundheitsförderlich umzugehen.

Während die TRE-Übungen ganz auf bioenergetischen Wurzeln und Grundprinzipien beruhen, ist die Arbeit mit den Herzintelligenz-Techniken, besonders im mental-imaginativen Bereich, deutlich davon unterschieden, wobei ich den ersten körperlichen Teil der Atmung und Hände auf dem Herzzentrum in meiner Arbeit jeweils bioenergetisch modifiziere und intensiviere, indem ich die Übungen mit der Erdung verbinde und im bioenergetischen Sitz, die Füße/Beine beckenbreit, über den Sitzbeinhöckern aufgerichtet, oder Stand oder auch Liegen ausüben lasse; so geschieht noch mehr Verwurzelung im eigenen Körper und durch das anschließende oder auch begleitende körperpsychotherapeutische Gespräch wird auch die Verwurzelung im eigenen Selbst und in der Beziehung, im körperseelischen Dialog hergestellt. Und auch über die entstehenden, mentalen Bilder und Erinnerungen lässt sich sehr gut ein vertiefender körperpsychotherapeutischer Austausch erreichen, aus dem sich vielfältige affektmotorische und kognitive Einsichten entwickeln können, die den therapeutischen Prozess zu erweitern und vertiefen vermögen.

Mir scheint generell das Umschalten vom Kopf auf das Herz und seine Weisheit, Intelligenz, besonders bei belastenden Ereignissen und Emotionen, die im Körper Stress verursachen, ein sehr sinnvoller körperpsychotherapeutischer Weg, der noch dazu mit diesen sehr einfachen und leicht zu erlernenden Herzintelligenz-Techniken den Klienten wieder eine sehr gute Möglichkeit der Selbsthilfe zur Verfügung stellt, die sie in jeder Situation selber praktizieren können und die damit ihre Selbstregulation enorm verbessern kann. Genau so gut können diese kleinen Übungen auch von der Therapeutin selber angewendet werden, etwa in kurzen Arbeitspausen oder vor, nach und zwischen größeren Arbeitseinsätzen, wie Vorträgen oder Weiterbildungswochen, zur eigenen Selbstfürsorge und Psychohygiene, besonders dann, wenn es nicht möglich ist, explizite Körperübungen zu praktizieren, weil dafür kein Raum oder Gelegenheit besteht, denn diese kurzen und kleinen, inneren Übungen sind überall und quasi »unsichtbar« praktikabel.

Ich empfinde auch diese Fokussierung auf das eigene Herz und das Umschalten auf Kohärenz neben der enormen entstressenden Wirkung als einen Ausdruck von Liebe, zu sich selbst und auch zum anderen, als eine Möglichkeit, bewusst mehr Selbst- und Nächstenliebe zu leben, in der Arbeit und im gesamten Alltag, unter Einbeziehung der bioenergetischen Grundprinzipien. Dadurch wird die Liebe, zu sich und den Klienten und Menschen der Umgebung geerdet, im eigenen Körper verankert und erfahrbar und bleibt nicht nur eine Vorstellung, Abstraktion oder gar dogmatische Leerformel, wird vielmehr gelebte, verkörperlichte Liebe. Sich mit Selbstliebe zu verbinden durch diese Herzintelligenz-Übungen, und das am besten fünf Mal täglich für ein bis zwei Minuten, wie es von den HerzIntelligenz-Forschern empfohlen wird, halte ich in der therapeutischen und supervisorischen Arbeit für eine sehr gute Möglichkeit der Stress-Entlastung und -Vorbeugung und für einen Akt von Liebe zu sich selbst. Seitdem ich dies in meine Arbeit regelmäßig einbezogen habe, besonders in den Weiterbildungs-Kurswochen, arbeite ich noch deutlich entspannter und geerdeter, als in der Zeit, in der mir nur bioenergetische Übungen zur eigenen Psychohygiene zur Verfügung standen.

Gleichwohl sehe ich diese Art der Herzintelligenz-Arbeit, mit Gefühlen umzugehen, indem sie innerlich gestoppt und durch einen Fokus-Wechsel verwandelt werden in Richtung Kohärenz, nicht als einzig mögliche Weise an, Stressgefühlen körperpsychotherapeutisch zu begegnen. Auch der klassisch bioenergetische Ausdruck von Gefühlen und auch Katharsis-Arbeit haben meines Erachtens in gleicher Weise ihre Berechtigung, zumal sie im geschützten therapeutischen Rahmen ausgedrückt, gelebt und verarbeitet werden und insofern auch ihre Auflösung im Körper-Seele-Geist-System finden. Dies steht entgegen der Meinung der Stressforscher um Doc Childre, die den Ausdruck von Gefühlen aufgrund der zahlreichen, ablaufenden biochemischen Reaktionen grundsätzlich für gesundheitsschädigend halten bzw. wohl eher den negativen Gefühlsausdruck meinen, der sich gegen die Person richten kann, indem er die negativen Gefühle verstärkt, neuronal immer tiefer einspurt, und die sich dabei nicht auf den körperpsychotherapeutisch unterstützten Ausdruck von Gefühlen beziehen in ihrer Forschungsarbeit.

2. Lebe Mitgefühl mit Dir selbst!

Nun möchte ich in diesem Zusammenhang als nächstes das Selbst-Mitgefühl beleuchten und deutlich machen, dass Mitgefühl mit sich selbst wesentlich ist, um auch für andere Menschen Mitgefühl entwickeln zu können, besonders in der therapeutisch-helfenden Arbeit, dass es, ebenso wie die Liebe zu sich selbst, die eigene seelische und körperliche Gesundheit stärkt und eine existenziell wichtige Basis ist, um als Therapeutin oder Seelsorger gut und auf Dauer auch gesund die eigene Arbeit tun zu können.

Diesen Fokus auf das Mitgefühl mit sich selbst habe ich erstaunlicherweise wieder nicht, auch wenn es ein Wort mit durchaus christlicher Tradition ist, in deren Kontext entdeckt, vielmehr in meiner Beschäftigung mit den Erkenntnissen aus der neueren Trauma- und Stressforschung und hier in der auf Achtsamkeit basierenden Psychotherapie, deren unterschiedliche Achtsamkeitstrainings der Stressreduzierung dienen und auf körperliche und geistige Gesundheit zielen, basierend auf vielerlei Meditationen aus der buddhistischen Kultur und Religion.

In der tibetischen Sprache wird das entsprechende Wort für Mitgefühl tsewa, sowohl als Mitgefühl zu sich selbst als auch zu anderen verstanden (van den Brink & Koster, 2013, S. 11), während in unserem Kultur- und Sprachkreis ein entsprechendes Wort im Grunde fehlt, die Umschreibung Selbst-Mitgefühl nicht wirklich geläufig ist und das Wort Mitgefühl im Sprachgebrauch als Mitgefühl für andere verstanden wird. Ich fokussiere nun auf das Mitgefühl mit sich selbst, das, ähnlich wie die Liebe zu sich selbst, erst die Grundlage für Mitgefühl und Liebe zu anderen Menschen bildet.

In dem Ansatz von van den Brink und Koster, *Mitfühlend leben* (2013), den ich dazu entdeckt habe, ist von drei Regulationssystemen der Gefühle die Rede, ähnlich wie in der gesamten Stress- und Trauma-Forschung, von denen neben dem Alarm- und Antriebssystem (Reaktionen aus dem Sympathikus) das dritte (Reaktionen aus dem Parasympathikus) interessanterweise als das menschliche Fürsorge- und Beruhigungssystem beschrieben wird (ebd. S. 51ff.). Alle drei Regulationssysteme sind im älteren Teil des Gehirns verankert und wichtig für das Überleben; im Emotionshaushalt hat immer eines der drei Systeme die Oberhand, je nach Situation wechseln sie einander blitzschnell ab; die größte Chance zum Überleben und für ein gutes, gesundes Leben ist dann gegeben, wenn alle drei Emotionsregulationssysteme gut arbeiten, wobei beim Menschen dann häufig Komplikationen auftreten zwischen älterem und neuerem Gehirn-Teil, sodass das natürliche Fürsorge- und dem Organismus eigene Beruhigungssystem oft nicht mehr gut und hinreichend funktioniert. Diese Komplikationen entstehen, weil das neuere Gehirn, der Neokortex, die automatisch ablaufenden Reaktionen des älteren Gehirnteils, wie Flucht oder Angriff, aktivieren kann durch pures Denken; so können allein Gedanken, Vorstellungen, Erinnerungen an Gefahren das Alarmsystem provozieren und etwa Angstreaktionen auslösen. Umgekehrt ist es jedoch genauso gut möglich, durch Bewusstsein, Denken, Visualisierungen und Arbeit mit Vorstellungen, also im Neokortex, das Fürsorgesystem zu aktivieren und zu stärken, durch Übungen in diesem Teil des Gehirns mehr und stärkere Schaltkreise zu bilden, aufgrund der Neuroplastizität des Gehirns, und so fähiger zu werden, mehr Fürsorge und Mitgefühl für sich und andere zu entwickeln. Denn bei den meisten Formen von psychischem Stress und emotionalem Schmerz wäre eine andere Reaktion als Kampf, Flucht oder Erstarrung angemessener und gesünder, nämlich Fürsorge, Beruhigung und Kontaktaufnahme zum eigenen, leidenden, gestressten Selbst (ebd. S. 76f.), also Selbst-Mitgefühl.

Eine Selbstmitgefühls-Übung zum Kennenlernen und selber Praktizieren (ebd., 2013, S. 126ff., in bioenergetischer Weitermodifizierung):

Setzen Sie sich hin in aufgerichteter Haltung über Ihren Sitzbeinhöckern, die Füße parallel zueinander, die Beine beckenbreit; wenn Sie mögen, legen Sie Ihre Hände auf den Brustkorb und atmen tief durch diesen Bereich ein und aus, entspannt und anstrengungsfrei. Nun erspüren Sie in innerem Mitgefühl mit sich selbst, welcher freundliche, liebevolle Wunsch für Sie selbst Ihnen jetzt in den Sinn kommt, etwas, was Sie sich selbst gönnen und wünschen möchten, wie Freude, Gesundheit, Frieden, Gelassenheit, Glück oder andere. Dann sprechen Sie diesen Wunsch, zum Beispiel Freude, eine Zeitlang, atmen Sie Freude in sich ein und lassen Sie sie mit dem Ausatem durch den ganzen Körper fließen, sodass Sie ganz erfüllt werden von Freude; wenn Sie mögen, können Sie zum Abschluss auch noch eine Person wählen, visualisieren, der Sie ebenfalls Freude wünschen. Spüren Sie noch ein paar Atemzüge bewusst, wie Ihr Körper und Geist mit Freude erfüllt wird; dann räkeln, recken, strecken Sie sich über die Stuhllehne und kommen wieder in den Alltag zurück.

Wissenschaftliche Untersuchungen haben ergeben, dass die Übung und Kultur von Selbst-Mitgefühl ein Beitrag zur Heilung unserer selbst und der Welt werden kann (ebd., S. 82). Die heilsamen Wirkungen von Selbst-Mitgefühl werden vielfältig heraus gestellt (z.B. ebd., S. 82, 130, 205) und bestehen im wesentlichen in mehr emotionalem Wohlbefinden, einem besseren Umgang mit gesundheitsschädigenden Stressoren, einer Zunahme der Herzfrequenz-Variabilität und Abnahme des Cortisolspiegels, also ganz ähnliche Resultate wie bei den Forschungsergebnissen und Auswirkungen der Herzintelligenz-Übungen. Nur durch Übung von Selbst-Mitgefühl und Einsatz des neuen Gehirns kann das Fürsorgesystem des alten Gehirns mehr Training bekommen, stark werden und auf Dauer eigenständig arbeiten; durch Übung, Visualisierung und Vorstellung eines selbstmitfühlenden, heilsamen, inneren Zustandes werden bestimmte neuronale Netze trainiert und wird sich das Gehirn in Richtung von mehr Fürsorge, Selbstmitgefühl und Beruhigung verändern und neue Verschaltungen dafür bilden (ebd., S. 137ff.).

Hier bestätigt die Forschung um die Selbstmitgefühls- und Achtsamkeitspraxis das, was auch Sonja Wierk in ihrer Selbsttherapie eher intuitiv entwickelt hat und mit Begriffen wie Zuwendung, Freundlichkeit und Liebe zu sich selbst umschreibt.

> »Wenn wir uns selbst Mitgefühl gewähren, öffnen wir unser Herz auf eine Weise, die unser Leben verändert. […] Ein offenes Herz ist ein Zustand emotionaler Empfänglichkeit, in dem sogar unangenehme oder negative Erlebnisse mit fürsorglicher Anteilnahme behandelt werden […]. Wenn Mitgefühl durch unsere Adern fließt, dann fühlen wir uns lebenssprühend – verbunden, lebendig, ›angeschlossen‹. Wenn wir unser Herz öffnen, können neue Erfahrungen sich frei entfalten, Erfahrungen von Liebe, Mut und unbegrenzten Möglichkeiten […] Indem wir uns selbst mitfühlend begegnen, halten wir unsere negativen Emotionen in der warmen Umarmung positiver Gefühle« (Neff, 2012, S. 314f.).

Auch hier wieder wird deutlich, ganz ähnlich zu den beiden Ansätzen von Wierk und der Herzintelligenzforschung, wie nahe beieinander Mitgefühl und Liebe zu sich selbst und zu anderen liegen und wie sie geübt, erlernt werden können, ja sogar »müssen«, um ihre positiven Wirkungen für das Leben und die eigene Gesundheit entfalten zu können, neuronal einprogrammiert zu werden und zu einer Grundhaltung im Leben und Arbeiten sich zu entwickeln, entfalten.

Dabei ist die Selbstmitgefühls-Praxis nicht ein egoistisches, sich selbst bemitleidendes, problemvermeidendes Verhalten mit leeren Worten oder dasselbe wie positive Affirmationen, vielmehr zielt sie mit ihren Hoffnungen, Aspirationen und heilsamen Intentionen auf eine Öffnung für die Tiefe von Leid und Schmerz, das Ertragen von allen Gefühlen, auch den schmerzlichen, auf die milde Akzeptanz dessen, was ist, und auf die schlichte, freundliche Beschäftigung mit sich selbst und mit den Beziehungen zu anderen Menschen (van den Brink & Koster, 2013, S. 129ff.), ist also eine tiefe Bewusstseinsarbeit.

Die Mitgefühls-Praxis wird auch professionellen Therapeuten empfohlen (ebd., S. 217ff.) und ihre Anwendung im therapeutischen Prozess wird in drei möglichen Perspektiven unterschieden: 1. der Therapeut führt für sich selbst Mitgefühlsübungen durch, um seine therapeutische Effektivität zu verbessern, 2. die Therapeutin informiert über das Mitgefühlstraining und die positive Grundeinstellung der buddhistischen Psychologie des Vorhandenseins von Selbstheilungskräften in jedem Menschen und arbeitet in einer liebevollen therapeutischen Haltung der nicht wertenden Anerkennung dessen, was ist, nach der man alles ins eigene Herz (ein-)schließen kann und 3. der Therapeut vermittelt seinen Klienten Mitgefühlsfertigkeiten und -übungen, damit sie gesünder mit Stress und sich selbst umgehen und eine Haltung von Mitgefühl mit sich selbst praktizieren lernen. Studien über Achtsamkeitspraxis von Therapeuten belegen, dass dieses Training

> »positive Wirkungen auf die physische und psychische Gesundheit von Therapeuten hat sowie auch auf ihre Lebensqualität, Stressresistenz und Fähigkeit zu Selbstmitgefühl. Dass Therapeuten durch regelmäßiges Meditieren nicht nur sich selbst, sondern auch ihren Klienten helfen, wird von einer kontrollierten Doppelblindstudie […] bestätigt […]. Oft berichten Therapeuten, die Mitgefühl und liebevolle Freundlichkeit üben, wie sehr dies ihnen hilft, Verbindung mit ihren Klienten und sich selbst zu erfahren. Sie sind besser in der Lage, dem Schmerz eines Klienten […] mit Offenheit und Milde zu begegnen und werden weniger durch Gefühle der Gegenübertragung beeinträchtigt. Sie neigen weniger dazu, sich in überhastete Interventionen zu flüchten und nach Ergebnissen zu jagen […]« (ebd., S. 219f.).

Für mich ist diese Fokussierung auf Selbst-Mitgefühl und Selbst-Liebe und auf das Herz als ihr körperlicher Ort sehr gut kompatibel mit meiner bioenergetischen Körper-Arbeit und als Grundhaltung, meinen Klienten und mir selber gegenüber, besonders in der Interpersonalität des therapeutischen und supervisorischen Prozesses. Zwar war das für mich schon vor Jahrzehnten in meinem damaligen Seelsorge-Verständnis von Wahrnehmen und Annehmen (Stollberg, 1976) in Verbindung mit der tiefenpsychologischen Arbeit und zu Beginn meiner Berufstätigkeit angelegt; doch ich glaube, in meinen weiteren pastoralpsychologischen und körperpsychotherapeutisch-bioenergetischen Ausbildungen habe ich mehr den Fokus geschult und gerichtet auf die körperlichen und psychischen Wahrnehmungsprozesse, teilweise unbewusst, teilweise auch sehr bewusst und beabsichtigt, und weniger auf all das, was mit Annahme im christlich-theologischen Kontext in Verbindung gebracht werden könnte. Nun erlaube ich mir, auch in meiner Arbeit, wieder von Selbst-Liebe und Selbst-Mitgefühl und von Liebe und Mitgefühl für andere zu »sprechen«, indem ich sie bewusst verkörpere, auch in ihrem christlichen Wortsinn, besonders, seitdem sie auch von anderer Seite und nun auch wissenschaftlich belegt als Grund-Qualitäten und -Haltungen von Menschsein und professionellem Habitus anerkannt werden.

Hier mag die »Gefahr« bestehen, die mir nicht unbekannt ist, dass ich von bioenergetischer und körperpsychotherapeutischer Seite als »typisch theologisch« angesehen, eingestuft, gar abgestempelt werde, ohne meine bioenergetische Identität und Qualifikation und den Wert von Selbstliebe und Selbstmitgefühl für bioenergetisches Arbeiten wirklich zu sehen und anzuerkennen, so wie ich umgekehrt in kirchlich-theologischen Kreisen immer wieder eher als die Tiefenpsychologin und Körperpsychotherapeutin betrachtet und nicht wirklich als »richtige« Theologin anerkannt wurde. Mittlerweile stehe ich immer mehr und sicherer dazu, dass meine berufliche Identität genau darin besteht, beides zu sein und zu verkörpern, Theologin und Bioenergetische Analytikerin und als solche supervisorisch, körperpsychotherapeutisch mit einzelnen, Gruppen und Weiterbildungskursen (Liebau, 2013) zu arbeiten und mich selber dafür anzuerkennen. Und ich »bekenne« mich dazu und traue mich – wieder – offen über Liebe und Mitgefühl zu sprechen, obwohl und weil es christliche Grundwerte sind und zu behaupten, wie in den vorangegangenen drei Ansätzen heraus gearbeitet, dass Liebe und Mitgefühl, besonders zu sich selbst, als Grundlage und professionelle Grundhaltungen für unsere bioenergetische Arbeit von enormem Wert sein und unsere bioenergetisch-körperorientierten und tiefenpsychologisch fundierten Interventionen bereichern können. Die drei oben beschriebenen körperorientierten Ansätze sind dafür unterstützende, weiterführende Wege.

3. Selbstliebe und Selbstmitgefühl in der Praxis

Wie Selbstliebe und Selbstmitgefühl in der Arbeit konkret aussehen könnten, zeige ich zum Abschluss anhand folgender drei kleiner Einblicke in die Praxis, in denen ich Körperübungen aus den oben genannten Ansätzen modifizierend in meine bioenergetisch-körperorientierte und tiefenpsychologisch fundierte Supervisions- und Weiterbildungsarbeit integriere, für die Klienten und mich selbst.

Pfarrerin E, Leiterin einer Beratungsstelle und in zahlreichen Weiterbildungen dafür qualifiziert, kommt seit etwa zwei Jahren zu mir in körperorientierte Supervision in zeitlichen Abständen von ca. vier bis acht Wochen zur Unterstützung ihrer Leitungsfunktionen, die ihr als empathisch geschulte, kommunikationskompetente Seelsorgerin dann nicht leicht fielen, wenn im Mitarbeiterteam aufgrund von Konflikten ihre volle Durchsetzungskraft und klare Leitungsstärke notwendig waren, weil ihr dann immer wieder alte Ängste, Schamgefühle und Demutsideale aus einem pietistisch strengen Elternhaus dazwischen kamen. Aus eigener früherer psychoanalytischer Erfahrung und auch einer zweijährigen Weiterbildung in körperorientierter Seelsorge kennt sie diese Themen bereits, aus unseren tiefenpsychologischen Gesprächen, die sie mehr sucht als die Körperarbeit, wird es ihr wieder bewusst und findet sie, auch durch Körperinterventionen und Körper-Rückmeldungen, immer wieder aus ihrer zusammengesunkenen Haltung, dem kollabierten Brustkorb in die Aufrichtung und machte für sie erfreuliche Fortschritte in ihrem Leitungsstil.

Parallel dazu berichtet sie von Schwierigkeiten mit ihrem Ehemann, die sich all ihren Veränderungsbemühungen als resistent erweisen, ein aufgrund starker Herzprobleme frühpensionierter Manager, dessen Verhalten ihr und auch anderen Menschen gegenüber immer wieder sehr aggressiv und abwertend ist, wohl aufgrund eigener, unverarbeiteter Probleme mit Gesundheit und Ruhestand. Mit dem bioenergetischen Würfel hat sie klare Abgrenzung und Selbstbehauptung durch »Nein«, »Stopp«, »Schluss« eingeübt und auf der Atemrolle die Tendenz zum Kollaps im Brustkorb aufgelöst und die Aufrichtung gestärkt. Das hat kleinere positive Veränderungen im Umgang mit ihrem Mann, die immer wieder durch Einbrüche und alte Verhaltensmuster sabotiert werden, bewirkt, vor allem aber sehr große Auswirkungen für ihre immer selbstbewusstere Leitungskompetenz gehabt.

Das scheinbare Scheitern in und Leiden an der Beziehung zum Ehemann bleibt eine Not und nimmt bei aller körperorientierten, tiefenpsychologisch fundierten Supervisionsarbeit keine wirklichen, anhaltenden Fortschritte; an eine Trennung hat E zwar auch schon gedacht, sich jedoch aus vielerlei Gründen bewusst dagegen entschieden.

Mein Mitgefühl für sie ist groß und ich sehe bei allen unseren »Veränderungsbemühungen« keine wirklich andere Möglichkeit mehr, als annehmen zu lernen, wie es ist, dieses Schwere, Bedrückende, von ihrer Seite her als Ehefrau und von meiner, als sie begleitender Supervisorin. Im Liegen mit aufgestellten Füssen zur Erdung, wir hatten vorher mit der Atemrolle gearbeitet, lasse ich sie eine Übung zum Mitgefühl für sich selbst in ihrer schwierigen Situation machen und erkläre ihr vorher kurz deren theoretischen Hintergrund:

»Lege nun Deine beiden Hände auf Deinen Brustkorb und spür die Wärme und Bewegung Deines Atems in Deinen Händen. Und dann gib Dir selbst Mitgefühl… lasse es mit Deinem Einatem in Dich einströmen und mit dem Ausatem sich in Deinem ganzen Körper ausbreiten… immer wieder schenk Dir Dein eigenes Mitgefühl… ungefähr fünf Minuten lang.«

Während der Übung rollen sanft ihre Tränen, hinterher ist sie in sehr friedlicher Stimmung, wir sprechen wenig, sind in Stille verbunden, sie ist dankbar für diese intensive Erfahrung, empfindet Milde, ein wenig Liebe für sich selbst. Ich empfehle ihr diese Übung zur Unterstützung für zu Hause, beim vielfältigen Beziehungsstress, um sich immer wieder mit Mitgefühl und Liebe für sich selbst zu versorgen, sie will es versuchen, wir sind beide gespannt auf ihre weiteren Erfahrungen damit.

In der Weiterbildungswoche »Körperorientierte Seelsorge in der Begleitung kranker, sterbender und trauernder Menschen« suche ich mit den Teilnehmenden in der Supervision ihrer Fallbeispiele nach Körperinterventionen entsprechend der bioenergetischen Grundprinzipien, die auch in diesem Arbeits-Kontext möglich und natürlich anders sind als klassisch bioenergetische Übungen.

Für eine bettlägerige, krebskranke 83-jährige Patientin, die nicht mehr lange leben wird, viel über ihre Vergangenheit spricht und sehr bedauert, dass sie nicht mehr an den Ort ihrer Kindheit reisen kann, entwickelten wir zum Beispiel als Körperintervention für die sie begleitende Seelsorgerin und selbstverständlich in Abstimmung mit der Patientin in einer Live-Supervision als Körper-Intervention:

Frau K, für die folgende Übung können Sie, wenn Sie wollen, ihre Hände auf Ihren Brustkorb oder Bauch legen und Ihren Atem sanft fließen lassen, während ich zur Unterstützung und besseren Spürung meine Hände an Ihre Fußsohlen halte (die Fußsohlen haben bei im Bett liegenden Menschen keinen Bodenkontakt, hängen in der Luft, die Hände der Seelsorgerin dort geben mehr Erdung!); *Ihr Atem kann einfach weiter fließen, lassen Sie dann vor Ihrem inneren Auge den Ort Ihrer Kindheit vor sich auftauchen: Wie sieht es dort aus? … Welche Geräusche hören Sie? … Können Sie einen besonderen Geruch wahrnehmen? … Vielleicht sogar Geschmack? …Wie ist Ihr Körperempfinden? Bleiben Sie noch eine Zeit lang an Ihrem Ort, nehmen Sie ihn mit allen Sinnen in sich auf und dann verabschieden Sie sich und kommen allmählich wieder hierher zurück.* »Ach, wie schade; es war so schön«, schließt Frau K die Übung ab und lächelt, sie wirkt friedlich und gestärkt.

Mich selber hat in einer Kurswoche, die ich zum Thema »Spiritualität und Körper« allein zu leiten und vor deren Beginn mich ein massiver Erkältungsinfekt ereilt hatte, sodass ich nicht mal wusste, ob ich die Woche gesundheitlich bestehen würde, eine Übung aus der Herzintelligenz-Technik sehr unterstützt, die ich täglich mindestens fünf Mal im Liegen, Sitzen oder Stehen, also in jeder Situation, für etwa zwei Minuten praktizierte und quasi »einnahm« wie eine Vitamin-Tablette, um mich und meinen geschwächten Körper positiv zu stärken. *Ich legte dazu eine Hand auf den Brustkorb und die andere auf den Bauch, atmete tief ein und aus und fokussierte bewusst auf das, was gut war und wofür ich Dankbarkeit, Freude empfand an diesem Tag, gleichwohl die Nase lief, der Körper sich geschwächt anfühlte; immer wieder verband ich mich mit dem Atem und Bewusstsein mit dem Guten;* diese positiven Momente, Erinnerungen verstärkten meine innere Haltung und positive Ausrichtung, während ich sonst eher negativ gestimmt bin, wenn mein Körper erkältet ist, sich unwohl anfühlt, ihn eher ablehne, bekämpfe, meine, mit noch mehr Anstrengung meine Arbeit schaffen zu müssen. Diese regelmäßigen, täglichen kleinen Übungen haben mir gut getan, wohl auch ausreichend Schlaf in den Pausen, viele bioenergetische und andere Körper-Übungen in der Kurswoche, intensive Beziehungen mit den Kursteilnehmenden und ihren Themen und die Freude und Dankbarkeit darüber, diese Arbeit tun zu können, selbst mit Erkältung, ließen mich von Tag zu Tag wieder gesünder werden, eine sehr angenehme, ganz neue, fast spirituelle Erfahrung.

Literatur

Berceli, D. (2007). *Körperübungen für die Traumaheilung*. Hrsg. Norddeutsches Institut für Bioenergetische Analyse e. V. (NIBA), Elsfleth.

Childre, D. & Howard, M. (2000). *Die HerzIntelligenz-Methode*. Kirchzarten: VAK-Verlag.

Childre, D. & Rozman, D. (2006). *Stressfrei mit HerzIntelligenz*. Kirchzarten: VAK-Verlag.

Heinrich-Clauer, V. (Hrsg.). (2008a). *Handbuch Bioenergetische Analyse*. Gießen: Psychosozial-Verlag.

Heinrich-Clauer, V. (2008b). Therapeuten als Resonanzkörper: Welche Saiten geraten in Schwingung? In V. Heinrich-Clauer (Hrsg.), *Handbuch Bioenergetische Analyse* (S. 161–178). Gießen: Psychosozial-Verlag.

Heinrich-Clauer, V. (2009). Die Rolle der Therapeutin in der Bioenergetischen Analyse. Resonanz, Kooperation und Begreifen. *Psychoanalyse & Körper, Nr. 15, 8*(2), 31–56.

Klopstech, A. (2002). Modelle therapeutischen Handelns: der psychoanalytische und der bio-energetische Weg. In M. Koemeda-Lutz (Hrsg.), *Körperpsychotherapie – Bioenergetische Konzepte im Wandel, Körper und Seele Sonderband* (S. 61–72). Basel: Schwabe Verlag.

Klopstech, A. (2005). Stellen die Neurowissenschaften die Psychotherapie vom Kopf auf die Füße? *Psychoanalyse & Körper, Nr. 7, 4(2)*, 69–108.

Klopstech, A. (2008). Im Kontext autonomer und interaktiver Selbstregulation: Katharsis im neuen Kleid, erstveröffentlicht 2004 in P. Geißler (Hrsg.). (2004). *Was ist Selbstregulation?*, jetzt in V. Heinrich-Clauer (Hrsg.). (2008). *Handbuch Bioenergetische Analyse* (S. 463–488). Gießen: Psychosozial-Verlag.

Klopstech, A. (2009). Um welchen Körper geht es denn? Körperkonzepte in der Psychotherapie. *Psychoanalyse & Körper, Nr. 15, 8*(2), 7–30.

Liebau, I. (2003a). Körperpsychotherapeutische Elemente als Ausdrucksformen ganzheitlicher Seelsorge. *Wege zum Menschen, 55*(7), 444–462.

Liebau, I. (2003b). Bioenergetische Analyse und Seelsorge. *Forum Bioenergetische Analyse* (2/2003), 3–16.

Liebau, I. (2007). Wahrnehmen. In K. Eulenberger, L. Friedrichs & U. Wagner-Rau (Hrsg.), *Gott ins Spiel bringen. Handbuch zum Neuen Evangelischen Pastorale* (S. 158–164). Gütersloh: Gütersloher Verlagshaus.

Liebau, I. (2011). Die Bioenergetische Analyse ist tiefenpsychologisch fundiert! *Forum Bioenergetische Analyse* (1/2011), 4–27.

Liebau, I. (2013). Körper-Seelsorge. Die Einbeziehung des Körpers in die Pastoralpsychologisch-seelsorgliche, supervisorische und Weiterbildungs-Arbeit in Seelsorge, Transformationen. *Pastoralpsychologische Werkstattberichte* Heft 19, DGfP e.V., Frankfurt, 63–136.

Lowen, A. (1979). *Bioenergetik. Therapie der Seele durch Arbeit mit dem Körper*. Reinbek: rororo Sachbuch 7233.

Lowen, A. (1991). *Die Spiritualität des Körpers. Innere Harmonie durch Bioenergetik*. München: Heyne Verlag.

Lowen, A. (1993). *Liebe, Sex und dein Herz*. Reinbek: rororo TB 8892.

Marx, S. (2012). *Herzintelligenz kompakt. Gesund und gelassen, klar und kreativ. Die wissenschaftlich belegte Methode*. Kirchzarten: VAK Verlags GmbH.

Neff, K. (2012). *Selbstmitgefühl. Wie wir uns mit unseren Schwächen versöhnen und uns selbst der beste Freund werden*. Pößneck: Kailash Verlag.

Reddemann, L. (2001). *Imagination als heilsame Kraft. Zur Behandlung von Traumafolgen mit ressourcenorientierten Verfahren*. Stuttgart: Pfeiffer bei Klett-Cotta.

Stollberg, D. (1978). *Wahrnehmen und Annehmen. Seelsorge in Theorie und Praxis*. Gütersloh: GTB 293.

van den Brink, E. & Koster, F. (Hrsg.). (2013). *Mitfühlend leben. Mit Selbst-Mitgefühl und Achtsamkeit die seelische Gesundheit stärken*. München: Kösel-Verlag.

Wierk, S. (2002). Richtlinien zur SoWi-Therapie, unveröffentlichtes Manuskript für die Fortbildungs-Seminare.

Zaruba, B. & Wierk, S. (2006). *Dem Leben wiedergegeben. Erfolgreiche Selbsttherapie bei Bewegungsstörungen wie Schlaganfall, Parkinson, MS und ähnlichen Erkrankungen*. München: Herbig Verlag.

Die Autorin

Irmhild Liebau, Dr. theol., Bioenergetische Analytikerin (CBT), Supervisorin (DGfP), Körperpsychotherapie (EAP/HPG), ehemalige Leiterin des Seelsorgeinstituts an der Kirchlichen Hochschule Bethel, freiberufliche Kursleiterin von Weiterbildungen in Körperorientierter Seelsorge und in Gefängnisseelsorge, körperpsychotherapeutische und supervisorische Arbeit mit einzelnen und Gruppen, Herausgeberin des *Forum Bioenergetische Analyse*.

Kontakt

Dr. Irmhild Liebau
Am Steinbruch 22
35469 Allendorf
Telefon: 0 64 07 - 9 06 81 71
E-Mail: irmhild.liebau@gmail.com

Körperorientierte Seelsorge mit trauernden Menschen

Gaby Hische-Richter

1. Mein Arbeitsfeld

Im St. Vincenz Krankenhaus in Paderborn führe ich unter Mitarbeit der hiesigen katholischen Seelsorgerin und einer Krankenschwester seit einigen Jahren regelmäßig Trauergruppen durch. Dieses Angebot ist entstanden, als ich selbst dort Krankenhausseelsorgerin war und mit häufigen Abschiedssituationen am Krankenbett konfrontiert war. Ich erlebte es als sehr unbefriedigend, nach einer intensiven Begleitung der Angehörigen im Sterbeprozess eines nahen Menschen, diese in die Welt zu entlassen, ohne ihnen weitere Unterstützung geben zu können.

Aktuell finden darum im Krankenhaus zweimal jährlich an acht aufeinander folgenden Abenden für jeweils zweieinhalb Stunden die Gruppen für höchstens acht Personen statt. Es kommen Menschen, die im Krankenhaus einen Angehörigen verloren haben und auch Betroffene, die durch die breite Öffentlichkeitsarbeit von unserem Angebot erfahren haben. Die Gruppen werden zu 90% von Frauen besucht und hier überwiegend nach Verlust des Partners. Es kommen auch Personen, die Elternteile betrauern oder Geschwister und Trauernde nach Suizid. Verwaiste Eltern nehmen wir in unseren Gruppen nicht auf, sondern verweisen sie an die Caritas, die für diese Klientel ein spezielles Angebot bereithält.

Interessierte Betroffene melden sich bei mir, und ich führe zuerst ein persönliches Gespräch mit ihnen. Ich kann dann besser einschätzen, ob jemand für Gruppen geeignet ist oder vielleicht eine Einzelbegleitung sinnvoller sein kann. Menschen mit einer psychischen Grunderkrankung nehmen wir in den Gruppen in der Regel nicht auf, sondern vermitteln andere Hilfsangebote. Uns ist es wichtig, dass die Zusammensetzung der Gruppe grundsätzlich zulässt, dass Trauernde sich aufgehoben fühlen und in ihren individuellen Trauerprozessen Unterstützung finden können. Die Gruppenmitglieder fühlen sich allein mit ihrer Trauer, möchten sie bewusst bearbeiten, Gleichgesinnte finden, Schuld verarbeiten, oder fühlen sich überfordert von der Gewalt ihrer Gefühle und suchen ganz konkret Hilfestellung, wie sie mit ihrer Trauer weiter leben können. Mit unserem Gruppenangebot beabsichtigen wir, einen Prozess mit den Trauernden zu durch schreiten, der von der Realisierung des Verlustes bis hin zur Öffnung für die eigene Zukunft Themenbereiche umfasst, die einerseits in der üblichen Trauerliteratur (Lammer, 2004; Burgheim, 2006; Kachler, 2005–2009; König, 2009) als bearbeitenswert erscheinen und andererseits von trauernden Menschen selbst als große Themen in der Trauer formuliert werden. Wir arbeiten in der Gruppe vor allem ressourcenorientiert. Hier helfen neben den ausführlichen Gesprächen und Austausch untereinander die körperorientierten Übungen zur Entspannung und Erdung, wie Visualisierungen, die an die Trauma-Therapie angelehnt sind (s. Kachler, 2005–2009; Reddemann, 2007).

Als Seelsorgerin möchte ich Trauernden helfen, die Trauer als natürliche seelische Krisensituation zu verstehen und ihre eigenen Bewältigungsstrategien zu stärken, um die schweren Gefühle besser auszuhalten und verarbeiten zu können. Betroffene fühlen sich nicht nur seelisch und geistig schwach, sie spüren ihre Trauer auch körperlich mit verschiedenen Symptomen. So kann Seelsorge an trauernden Menschen nur ganzheitliche Seelsorge sein, in die auch Bedürfnisse und Leiden des Körpers einbezogen werden (s. Klessmann & Liebau, 2011; Naurath, 2000). Seelsorge als »Verleiblichung von Theologie« bezieht die Sorge um den Körper des Menschen mit ein (Liebau, 2011, S. 6), wenn sie ernst nimmt, dass der Mensch nur in seiner Ganzheit als Leib, Seele und Geist existiert. Darum möchte ich in dieser Arbeit darstellen, wie leiblich ausgerichtete Seelsorge für Trauernde hilfreich sein kann.

2. Die Trauer als seelische Krise

»Trauer ist die normale Reaktion auf einen bedeutenden Verlust« (Lammer, 2004, S. 9). Trauer kommt in jedes Leben und gilt am ehesten anerkannt, wenn ein Mensch gestorben ist. Gleichwohl ist die Trauer Patin eines jeden schweren Verlust- oder Abschiedserlebnisses und bewirkt bei den Betroffenen große Hilflosigkeit, weil die sonst funktionierenden Kontrollmechanismen zum Schutz der Seele und Alltagstauglichkeit nicht mehr greifen (Müller & Schnegg, 2005, S. 13). Trauer als sehr starkes Gefühl lässt sich nicht einfach übergehen oder wegmachen, sie wird vielmehr zu einer großen Aufgabe des Lebens und will bearbeitet werden (Lammer, 2004, S. 107–120; Müller, 2005, S. 15).

Die Trauer als große Krise im Leben wird auch deshalb so besonders schmerzhaft erlebt, weil sie sich selten mit sich selbst zufrieden gibt, sondern gern alte Wunden des Lebens aufreißt und den Menschen dadurch in noch größere Hilflosigkeit drängt. Die Trauerforschung weiß, dass die Trauer den ganzen Menschen ergreift und es darum für Helfende sehr nützlich ist, die Trauer auch als Mitursache für unerklärliche körperliche oder seelische Krankheiten mit in den Blick zu nehmen (Müller, 2005, S. 17). Diese Erkenntnis unterstützt die Notwendigkeit, als Seelsorgerin an Trauernden auch körperorientiert zu sein.

Trauer wird sehr individuell und verschieden erlebt. Grundsätzlich sind plötzliche Todesfälle, Tod durch Unfall oder Gewalteinwirkung oder auch Suizide in der Regel schwerer zu verarbeiten und können den Charakter eines Traumas annehmen, als Todesfälle, denen eine lange Phase der Krankheit und Vorbereitung voraus ging.

Die Trauerforschung weiß außerdem, dass es unterschiedliche Trauerstile gibt und jedes Individuum in der Trauerbewältigung sehr eigene Strategien hat. Diese Erkenntnis führt meines Erachtens weiter als ein bloßes »Phasenmodell« (Spiegel, 1989), das sich auf einer Zeit-Achse bewegt und davon ausgeht, dass nach jeder abgeschlossenen, durchgearbeiteten eine neue, weiterführende Phase folgt. Kerstin Lammers »Aufgabenmodell« geht wesentlich weiter, weil es einschließt, dass jeder Mensch als Individuum grundsätzlich sehr eigene und zu ihm passende Bewältigungsstrategien entwickelt. Michael Schibilsky (1989, S. 220ff.) hat überzeugend dargestellt, wie die vier Grundcharaktere nach Fritz Riemann (1975) auch grundsätzliche Bearbeitungsmuster im Trauerfall mit sich bringen und Trauer nicht linear bewältigt wird, sondern vielmehr spiralförmig.

2.1 Trauerstile

M. Schibilsky unterscheidet vier Trauerstile, die ich hier nur kurz skizzieren möchte, da sie in 3. weiter ausgeführt werden.

Ein Mensch mit hohen *schizoiden Anteilen* trauert auf das eigene Ich bezogen, leidet meist grundsätzlich unter Beziehungsarmut und erscheint als eine eher nach innen gerichtete Persönlichkeit. Die Trauer richtet sich darum nicht auf das verlorene Du, sondern eher auf den erlittenen Selbstverlust und so wird versucht, das verletzte Selbst zu schützen. Die Gefühle sind äußerlich kaum wahrnehmbar und eine Persönlichkeit dieses Trauerstils wirkt distanziert, förmlich und innerlich sehr einsam. Vertrauensbildende Maßnahmen, Sicherheit und immer wieder die Möglichkeit des Rückzugs sind hilfreich im Umgang.

Ein Mensch mit hohen *depressiven Anteilen* trauert besonders stark nach außen gewandt. Es werden heftige Gefühle geäußert, die sich vor allem in lautstarker Klage und Jammern zeigen. Der depressiv geprägte Charakter ist äußerst bedürftig, wird auch der Beziehungs- oder Kontaktmensch genannt und braucht das Gegenüber, um sich identisch zu fühlen. Die Trauer wird als heftiger Du-Verlust erlitten und als Potenzierung aller Verlust- und Abschiedsängste. Dieser trauernde Mensch kann nicht gut allein sein, sucht Hilfe von außen und lässt sich willig helfen. Für einen Menschen dieses Trauerstils ist es wichtig, viel eigene körperliche Stärke zu spüren und verdeckte Aggressionen zum Ausdruck bringen zu dürfen, da die Neigung zur Autoaggression hoch ist.

Ein Mensch mit hohen *zwanghaften Anteilen* erscheint als eine eher rückwärts gerichtete Persönlichkeit. Jede Veränderung fühlt sich wie eine Bedrohung an und muss vermieden werden. Es braucht viel Kontrolle, und so wird die Trauer durch hohe Disziplinierung und Ordnungssuche zu zähmen versucht. Als heftige seelische Krise stellt Trauer hier per se eine deutliche Überforderung dar. Sehr wichtig ist die Zurückgewinnung von Kontrolle. Das kann gelingen durch den Rückzug auf Formalitäten, Sortieren und Archivieren von Gegenständen. Gern belassen solche trauernde Menschen auch die Zimmer der Verstorbenen, wie sie sie verlassen haben. Sie brauchen in der Begleitung viel Struktur, um sich sicher zu fühlen. Wenn sie planen können, das heißt ihr eigenes Leben wieder unter die vertraute Kontrolle bringen, fühlen sie sich ihrer Trauer nicht mehr so ausgeliefert.

Ein Mensch mit hohen *hysterischen Anteilen* inszeniert die Trauer, die am liebsten gar nicht gefühlt werden will. Die belastende Situation soll schnellst möglich verlassen werden, und durch die Flucht nach vorn entsteht die Hoffnung auf Rettung des dramatisierten Schicksals. Die Gefühle äußern sich wechselhaft, dramatisch und wirken manchmal irgendwie künstlich. Menschen dieses Trauerstils betrauern mehr sich selbst als das verlorene Du und suchen schnell nach einem neuen Leben ohne diese belastende Vergangenheit und schmerzhafte Gegenwart. Sie möchten schnell alles verändern und die Tendenz, die Gegenwart als mangelhaft und unbefriedigend zu empfinden, ist der Motor nach vorn zu schauen und sich wieder auf die Suche nach der großen, verlorenen Liebe zu begeben. Hier sind Respekt und unbedingte Annahme der Person sehr wichtig.

Wenn gleich diese verschiedenen Trauerstile zu beobachten sind, so haben wir es hier natürlich nicht mit Schubladen zu tun, in die Menschen hinein sortiert werden sollen. Die Stile durchmischen sich je nach Prägung und können im Prinzip alle in einer Person auftreten. Gleichsam ist die Typisierung oft hilfreich, um die so unterschiedlich Trauernden in ihrem je eigenen Bewältigungsmuster unterstützen zu können.

2.2 Neue Wege in der Trauerarbeit

Die Beachtung der verschiedenen Trauerstile korreliert mit der Erkenntnis, dass ein einheitliches Bild »des« Trauerprozesses, wie es Phasenmodelle entwerfen, nach heutigem Erkenntnisstand nicht mehr haltbar ist. »Vielfalt oder, im Fachjargon: ›Diversität‹ heißt der Befund« (Lammer, 2004, S. 31). So wird man statt von einem zu bearbeitenden Prozess, der für alle gilt, von dem ganz normalen Chaos der Trauer sprechen müssen und daran die Reichweite der Trauer deutlich machen können:

> »Ihre psychosozialen und psychosomatischen Auswirkungen sind weit größer und tief greifender als bisher angenommen [...] und zweitens wird dieser Befund dafür sorgen, dass simplizistische [...] Vorstellungen von Trauerverläufen erweitert werden müssen« (Lammer, 2004, S. 32f.).

Für trauernde Menschen stellt es eine große Entlastung dar, wenn sie zu ihrem eigenen Trauerstil ermuntert werden und vor allem nicht unter Zeitdruck gesetzt werden, wann ihre Trauer beendet sein muss. So trennt sich Kerstin Lammer als eine der jüngeren Trauerforscherinnen auch von der Ansicht, dass bestimmte Trauerreaktionen pathologisch seien. Nicht die Trauer ist eine Krankheit, sondern die Trauer kann krank machen, weil sie als seelische Belastung äußerst viel Energie benötigt und häufig Menschen mit ihr allein bleiben.

Lammer stellt überzeugend fest, dass nicht mehr die vollständige Ablösung, inflationär das »Loslassen« genannt, Voraussetzung und Ziel eines gelungenen Trauerprozesses sein kann, sondern vielmehr eine sinnvolle Neuverortung (Lammer, 2004, S. 47). Das heißt, die Leidtragenden werden einen für sie stimmigen Platz für Verstorbene finden und ihre Geschichte mit ihnen innerlich fortsetzen, und sie werden sich selbst neu verorten und zu einem neuen, für sie sinnvollen Leben finden, in dem sie sich allmählich von ihrer Trauer verabschieden können (ebd., S. 48). Diese Erkenntnis findet sich in der jungen Trauerliteratur vor allem bei R. Kachler (2009) und I. König (2009) wieder, die mit ihren Büchern sowohl Betroffene als auch Helfende ansprechen und meines Erachtens äußerst hilfreich Methoden und Bewältigungshilfen für trauernde Menschen anbieten. Das Ziel einer Trauerbewältigung ist nicht mehr das Loslassen, Fallenlassen der Verstorbenen, sondern das Verwandeln einer nicht mehr greifbaren Beziehung in eine innere, tiefe Verbundenheit, in der Trauernde ihre verlorene Person weiter lieben dürfen. Diese sehr überzeugende Anschauung entlastet die Betroffenen von dem Druck, sich von den Verstorbenen zu lösen und lässt durchaus die Freiheit der sehr unterschiedlichen Trauerstile zu. Die Vorstellung eines *sicheren Ortes* für den Verstorbenen zum Beispiel kann für alle Trauerstile gleichsam hilfreich sein, ist sozusagen typen-unabhängig.

2.3 Somatische Beschwerden bei Trauernden

Trauernde Menschen zeigen nicht nur seelische, sondern verschiedenste somatische Symptome. Häufig sind es Beschwerden, die auch ohne Trauerfall bekannt waren und sich durch die erlebte Trauer verstärken. Es kommen jedoch auch Merkmale hinzu, die für die Betroffenen neu sind. Das Nervensystem kann auf Verlusterfahrungen reagieren mit Kraftlosigkeit, Abgeschlagenheit, Gelenkschmerzen, Muskelverspannungen, Schlafstörungen, nervöser Überempfindlichkeit, hormonellen Unregelmäßigkeiten oder Apathie.

Bekannt sind auch Störungen des Verdauungsapparates wie Appetitlosigkeit, Durchfall, Bauchschmerzen, Darmentzündungen oder Erbrechen. Meiner Erfahrung nach zeigt die Trauer irgendeines dieser Symptome. Am häufigsten erlebte ich bei Gruppenteilnehmenden Schlafstörungen, Kraftlosigkeit, Appetitlosigkeit und Apathie.

So sollte in der Seelsorge an trauernden Menschen die Beachtung der körperlichen Verfassung selbstverständlich sein. Ein verbessertes Körperempfinden kann sich ja auch positiv auf die seelische Verfassung auswirken und umgekehrt. Ein trauernder Mensch, der zum Beispiel wieder einen erholsamen Schlaf finden kann, wird sich auch kraftvoller fühlen und dem inneren seelischen Gewitter begegnen können.

3. Bioenergetik und Trauerstile

In diesem Abschnitt stütze ich mich auf die Weiterbildungswochen in Trauerbegleitung und körperorientierter Seelsorge am Seelsorgeinstitut der Kirchlichen Hochschule Bethel, die Lektüre von M. Schibilsky, Trauerwege (1989), A. Lowen, Depression (1978) und vor allem die Beobachtungen aus der eigenen Arbeit mit Trauernden.

> »Die bioenergetische Analyse, ein körperorientiertes tiefenpsychologisch fundiertes Psychotherapieverfahren, wurde vor etwa 50 Jahren von Alexander Lowen, einem Schüler Wilhelm Reichs, begründet« (Liebau, 2002, S. 1).

Lowen geht davon aus, dass sich durch nicht gelöste Konflikte Abwehrmechanismen entwickeln, die sich nicht nur psychisch äußern, sondern auch in chronischen Verspannungen des Körpers, den sogenannten Körperpanzerungen, die in den sogenannten fünf Charakterhaltungen oder -strukturen beschrieben werden (Liebau, 2002, S. 1). Vergleicht man diese Charakterhaltungen mit den vier Trauerstilen von Schibilsky, können interessante Parallelen entdeckt werden. Die schizoide Charakterhaltung korreliert mit dem schizoiden Trauerstil, orale und masochistische Charakterhaltung haben eine große Nähe zum depressiven Trauerstil, die psychopathische Charakterhaltung zeigt Parallelen zum zwanghaften Trauerstil und die rigide Charakterhaltung weist viel Nähe zum hysterischen Trauerstil auf.

Die Bioenergetische Analyse sucht nach körperlichen Merkmalen, die einen inneren Konflikt spiegeln und nach körperlichen Übungen, die die jeweilige körperliche Verspannung, Blockade oder Hemmung lösen helfen. Lowen äußert sich nicht explizit zur Trauer, jedoch ist bereits festgestellt, dass die Trauer als hochgradiges Krisenerleben eben auch verschiedene körperliche Merkmale mit sich bringt, die den trauernden Menschen in seiner Ausdrucksmöglichkeit oft sehr schwächen. Wer seelsorgerlich mit Trauernden arbeitet, wird darum auch sein Augenmerk auf den Energiezustand des Körpers, die Beweglichkeit, Muskelverspannungen, die Haltung, die Atmung, die Stimme, die Bodenhaftung und die Kraftreserven richten.

Da festgestellt wurde, dass Trauer sich auf je sehr verschiedene Weise zeigt, und es nicht die richtige Art zu trauern gibt, sind sicherlich auch die bioenergetisch bedeutsamen Merkmale von Trauernden sehr unterschiedlich. Das macht die körperorientierte Arbeit mit Trauernden nicht einfacher. Was für den einen gut und hilfreich ist, wird von der anderen als wenig nützlich empfunden. Ich will trotzdem versuchen, einige »typische« und immer wiederkehrende Beobachtungen bezüglich des körperlichen Ausdrucks von trauernden Menschen mit der bioenergetischen Analyse zu verknüpfen.

Depressiv Trauernde (orale und/oder masochistische Charakterhaltung) wirken körperlich wie eingesperrt, fühlen sich tief traurig und verharren häufig in völliger Bewegungslosigkeit. Aus ihrem nicht still stehenden Mund, dessen Zähne oft sogar beim Sprechen zusammen gebissen sind, schwillt ein nicht endendes Lamento über das schlimme, kaum zu ertragende Schicksal. Dabei fließt der Atem flach, die Füße haben kaum Bodenkontakt, der Gesichtsausdruck ist weinerlich oder starr. Auffallend ist, dass depressiv Trauernde das Thema Schuld und Wut gern unterdrücken und gegen sich selbst wenden. Sie fühlen sich ohne ihr Du wertlos und sehen außer der Hinwendung zum Verstorbenen keinen Sinn mehr in ihrem Leben. Lowen sagt, dass bei einem klassischen Fall von Depression unterdrückte, negative Gefühle vorhanden sind. »Jeder Depressive hat früher einmal auf der Grundlage einer Verleugnung seines Negativismus gehandelt. Er hat seine Kraft in den Versuch investiert, zu beweisen, dass er der Liebe würdig ist« (Lowen, 1978, S. 89).

Beim depressiven Trauerstil zeigt sich darum besonders die Tendenz, den Verstorbenen zu glorifizieren, wodurch ein realistischer Blick auf die Beziehung verhindert wird. Die Glorifizierung des verlorenen Du bewirkt, dass die Lösung von der Trauer und der Blick auf den eigenen Wert und das Recht auf das eigene Leben verwehrt werden. Besonders auffallend bei diesem Leidtragenden ist auch, dass er/sie sich in Hingabe auch noch um die anderen Trauernden zu kümmern versucht und sich dabei noch weiter von den eigenen Bedürfnissen entfernt. Zudem zeigen sich vielfältige Selbstvorwürfe, ob denn im Sterbeprozess alles richtig gemacht wurde, oder ob sich bei einem plötzlichen Todesfall in der letzten gemeinsamen Zeit richtig verhalten wurde. Die depressiv Trauernde zieht Gefühl und Energie von der Körperoberfläche ab und konzentriert diese im Muskelapparat (Lowen, 1978, S. 151). So fühlen sich diese Betroffenen wie eingesperrt in ihrer Trauer, die ihnen jede Beweglichkeit verwehrt. Halt und Stärke waren in der symbiotischen Beziehung zum Du gesichert, der Verlust dieses Du bedeutet Bodenverlust und eine insgesamt tief erlebte Schwäche.

Bei einem solchen Trauerstil ist viel Kontakt zum Boden wichtig, um wieder eigene Stärke aus der Erdung zu bekommen. Die Trauer zeigt sich hier in körperlicher Schwäche und verminderter Energie, sodass die Schultern oft hängen, die Atmung flach ist, die ganze Statur kraftlos wirkt. Hier sind Übungen zur Erdung wichtig, weil sie helfen, Halt auch unabhängig vom verlorenen Menschen zu finden, im Kontakt mit der Erde und dem eigenen Körper kann eine gewisse Eigenständigkeit erlebt werden (Lowen, 1978, S. 60–70). Übungen zur tieferen, bewussteren Atmung helfen zu mehr körperlicher Energie zu finden und die Bewegungslosigkeit zu lockern. Ein Körper, der nicht durchatmet wird, kann keine Kraft entwickeln und Gefühle, die das Innere zernagen, nicht fließen lassen. Alle Übungen, die eigene Kräfte mobilisieren (zu zweit an einem Handtuch ziehen, sich gegenseitig wegschieben, sich mit den Händen nehmen, was man braucht, auf den Boden stampfen, laut werden) und eigene Bedürfnisse und Wünsche wecken, können helfen, sich selbst mehr zu spüren und zu mehr *Selbstständigkeit* zu kommen. Dagegen kann das nicht enden wollende Lamento die Energie eher noch herabsetzen und das erlittene Trauma verstärken.

Schizoid Trauende (schizoide Charakterhaltung) erscheinen dagegen gefühlsarm und körperlich wie eingefroren. Im ersten Moment scheint es, als trauern diese Menschen gar nicht. Hier zeigt sich große Distanz, indem immer wieder die Krankheitsgeschichte, die medizinischen Einzelheiten, die Gründe, die das Sterben verursacht haben, erzählt werden. Große Unabhängigkeit und die Bestätigung, mit der Trauer schon allein fertig zu werden, sind erprobte Strategien. In einsamer Egozentrik wird selten Hilfe von außen gesucht. Die, die für das Sterben verantwortlich sind, Ärzte, Pflegende und auch Gott sind so wie so nur mit äußerster Vorsicht zu genießen. Eine Betroffene dieses Trauerstils wirkt distanziert oder misstrauisch – »die Pfarrerin kommt, ja, und was soll das jetzt bringen?« – und braucht sehr viel Verständnis gegenüber ihrer *Panzerung*, um überhaupt etwas Vertrauen zu fassen. Menschen mit einer schizoiden Trauerstruktur leben vor allem im Kopf und fallen durch eine sehr geringe Erdung auf. Weil sie kein Vertrauen haben, können sie sich dem Boden nicht überlassen und müssen sich selbst halten. Dadurch wirken sie insgesamt verkrampft mit einer schwachen, flachen Atmung und haben Mühe, sich selbst zusammen zu halten. Sie sind vor allem mit sich selbst beschäftigt und lassen ihr Leben im Kopf stattfinden. So ist ihr Körperausdruck schwach oder ungelenk. Eine wichtige Ressource ist ein wacher Geist und die hohe Intellektualität. Einem Betroffenen hilft es, die Gedanken zum Todesfall aufzuschreiben, um sie sich aus der Distanz immer wieder anschauen zu können. Es ist wichtig, was im Kopf vorgeht *loszuwerden*, ihm eine Gestalt zu geben und selbst noch einmal überprüfen zu können. Tagebuchaufzeichnungen oder Briefe, die an die verlorene Person geschrieben werden, können der nach innen gerichteten Trauer einen hilfreichen Ausdruck geben.

Körperliche Übungen werden grundsätzlich erst einmal infrage gestellt. »Wozu soll das denn jetzt gut sein?« Eine genaue Erklärung und vertrauensbildende Maßnahmen sind wichtig, um eine vorsichtige, sanfte Annäherung an kleine Körperwahrnehmungen zu versuchen. Sehr wichtig ist eine dauernde Rücksprache über die Wirkung der

Übung. Dabei geht es auch nicht darum, sofort einen *Erfolg* oder eine Veränderung wahrzunehmen. Zuerst einmal geht es nur darum, sich überhaupt auf Körperwahrnehmungen einzulassen. Hilfreich können Übungen sein, die zur Lockerung der Gelenke dienen, auch bewusstes Gehen, wobei die Trauernden ihren Gedanken weiter folgen können. Stützend kann sein, die Achtsamkeit auf das Atmen zu lenken, wobei es genügen kann, sich das eigene Atmungsmuster bewusst zu machen. Übungen zur Erdung können helfen, mehr Vertrauen zu finden und blockierte Gefühle zu lösen. Schizoid Trauernde werden selbst bestimmen und kontrollieren, ob sie ihre angestaute Gefühlswelt nach außen bringen wollen oder sie zur eigenen Sicherheit doch lieber bei sich behalten. Manchmal können Gruppenteilnehmende, die sehr nach außen orientiert ihre Trauer leben und damit sehr positive Erfahrungen machen, helfen, diesen eher nach innen gekehrten Trauenden Schleusen der versperrten Gefühle zu öffnen. Einer schizoid Trauernden kann es sehr helfen, wenn sie es zulässt, das, was sie verloren hat, visuell zurückzuholen und die Eigenschaften, die ihr am Verstorbenen besonders gefallen haben, in sich lebendig zu halten (Kachler, 2005, S. 135ff.).

Zwanghaft Trauernde (psychopathische Charakterhaltung) erscheinen ähnlich introvertiert und förmlich. Sie brauchen vor allem eine äußere Ordnung, die ihnen Sicherheit gibt und Orientierung zulässt. Sie fühlen sich oft verantwortlich für alles, was leicht zu Schuldgefühlen in der Trauer führen kann. Auch sie werden immer wieder fragen, ob sie alles richtig gemacht haben, und werden nicht gut mit Ungeklärtem, offen Gebliebenem zurechtkommen. Die große Angst vor jeder Veränderung treibt nach rückwärts und lässt häufig an gewohnten Abläufen festhalten. Ungleich schwer wird es zum Beispiel, etwas in der Wohnung zu verändern. Durch das Beharren am Gewohnten wirken diese Trauernden, als wollten sie das Geschehene gar nicht wahrhaben und finden wenig Kontakt zu den *eigentlichen* Gefühlen. Tatsächlich müssen sich die Betroffenen jedoch schützen und kann der Schmerz der Trauer nur ganz allmählich zugelassen werden. Besonders hier braucht es die Rücksicht auf das eigene Tempo und viel Zeit, um sich schrittweise weiterzubewegen. Spontane Impulse werden durch Nachdenken unterbrochen und Zwanghaftigkeit dient als Schutz vor zu viel Spontaneität. So kontrolliert dieser Trauernde nicht nur sich selbst, er wird auch seine nahen Bezugspersonen unter Kontrolle halten und wortgewaltig in die Rolle des »Starken« treten. Da auch hier viel Energie im Kopf ist, kann der Körper wie erstarrt wirken und vor allem in den Beinen wenig Bewegung zeigen. Die bevorzugte Haltung ist der Stillstand, mit leichter Wendung nach Rückwärts. Diese starke Rückwärtsgewandtheit macht es besonders schwer, sich ein Leben ohne den Verstorbenen vorzustellen.

Alle Übungen, die helfen, zu bewahren, zu halten, festzuhalten, können diesen trauernden Menschen die verlorene Sicherheit zurückgeben (Kachler, 2005).

Auch das Planen und die Vorstellung konkret zu erreichender Ziele wird die verlorene Sicherheit finden lassen. Das Erleben ist wichtig, trotz und mit dem schweren Verlust noch immer Kontrolle über das eigene Leben zu haben. Wenn die Rückwärtsgewandtheit sehr ausgeprägt ist, helfen innere Dialoge mit dem Verstorbenen, in denen die Erlaubnis enthalten ist, sich der Gegenwart und der eigenen Zukunft zu widmen (Kachler, 2005).

Körperübungen können auf Ablehnung stoßen, wenn sie etwas grundsätzlich Neues und Fremdes darstellen, schon wieder eine Veränderung. Das vertraute Metier ist sicherlich eher die Sprache. So werden auch Leidtragende mit eher zwanghaftem Trauerstil sehr behutsam und schrittweise an körperliche Übungen herangeführt werden müssen. Dabei kann die immer wieder bewusst erlebte Erdung sehr unterstützen, die den Boden als Haltegrund erfahren lässt, weil er nicht wanken wird und sich nicht verändert in seiner Grundeigenschaft als *Boden*. Auch Paarübungen, wie Blind-führen oder Entspannung mit bewusster Tiefenatmung, können helfen, Vertrauen in der veränderten Lebenssituation zurückzugewinnen. Es kann auch hilfreich sein, still zu werden und sich auf die Atmung zu konzentrieren, die häufig besonders im Oberkörper bleibt. Den beatmeten Bauch dagegen als Ort der Gefühle, der Energie zu spüren, kann helfen, in einem sicheren, geschützten Moment die Gewalt der Verzweiflung zuzulassen. Zwanghaft Trauernde können im begleiteten Gehen spüren, wie sie sehr wohl schrittweise vorankommen und dies auch in ihrem schweren Trauerprozess gelingen wird.

Hysterisch Trauernde (viel Parallelität zur rigiden Charakterhaltung) fallen allein schon durch ihre äußere Gestalt auf, die meist sehr wohlproportioniert, hoch aufgerichtet, sehr geschmeidig beweglich mit einem eher steifen Rückgrat erscheint. Hysterisch Trauernde scheinen eher wenig geordnet, neigen dazu, ihrer Trauer eine ganz besondere Dramatik zu verleihen, indem hier die Gefühlsäußerungen äußerst wechselhaft sein können und gleichzeitig im Gegensatz zum Zwanghaften eine starke Vorwärtsbewegung vorherrscht. Diese unerträgliche Schwere der Trauer will nicht gefühlt werden müssen und schnellstmögliche Veränderung kann ein guter Schutz sein. Dramaturgie sichert außerdem eine hohe Beachtung und Achtung, denn Menschen dieser Prägung zeigen oft ein schwankendes Selbstwertgefühl, große Souveränität wechselt in die Selbstzerfleischung, wenn nicht genug Aufmerksamkeit von außen kommt. Die Tendenz, sich von der Akzeptanz anderer leiten zu lassen, macht es schwer, einen Zugang zum eigenen inneren Erleben zu bekommen. Die hohe Ausrichtung nach außen bringt aber ein untrügliches Gespür für Echtheit mit und wird schnell erkennen, wer es ehrlich meint.

Mit diesen Trauernden ist es leicht, in Kontakt zu kommen, jedoch sind sie schnell kränkbar und erregen sich heftig, wenn jemand angesichts der Trauersituation nicht *richtig* mit ihnen umgeht. Dabei wissen sie oft selbst nicht so recht, was sie eigentlich brauchen oder was ihnen gut tut. Endgültigkeit wirkt beängstigend, denn sie bedeutet eine Zumutung in ihrer Unveränderlichkeit. Die Visualisierung vom *sicheren Ort* kann hier sehr helfen, sich dieser Endgültigkeit zu stellen und ihr gleichsam durch das Erschaffen eines Ortes für und mit den Verstorbenen ein Schnippchen zu schlagen. Personen mit einem eher hysterischen Trauerstil scheint es besonders wichtig, den Kopf oben zu behalten, sich zusammenzuhalten und nur nicht ausgeliefert zu sein. Gleichsam möchten sie wegen ihrer hohen Ausrichtung ins Außen einen guten Eindruck machen, was per se schon Spannung bedeutet. Darum plagen besonders diese Betroffenen Muskelverspannungen im Rücken und im Nacken, die Atmung geht recht tief, aber die Ausatmung bleibt flach, was ebenfalls zu Verspannungen führen kann. Mit einem harten Muskeltonus schützen sich hysterisch-rigid Trauernde vor zu tiefen Empfindungen und vor zu schweren Verletzungen. So ist auch hier Wahrung der Kontrolle besonders wichtig, nicht, weil in ihr Sicherheit gefunden wird, sondern weil sie vor zu starken Gefühlen schützen soll. Diese Leidtragenden treiben nach vorwärts und schätzen Veränderung und zeigen sich Körperübungen gegenüber eher aufgeschlossen, wenn sie etwas Neues versprechen. Die Konzentration nur auf das körperliche Empfinden kann eine zusätzliche Ressource zur sehr hohen verbalen Kompetenz werden.

Die bewusste Erdung kann helfen, sich anzuvertrauen und hinzugeben an den Boden, der in all der unerträglichen Dramatik bleibt und auffängt. Viel Bewegung bestätigt die innere Bewegung des Trauerprozesses. Auch Massagen oder warme Bäder tun gut, um sich zu entspannen und gleichsam liebevolle Fürsorge entgegen zu nehmen. Bestätigung und Stabilisierung durch das Wahrnehmen des Bodens als Halt und Standpunkt können einem überschnellen Vorwärtsdrang hilfreich entgegen wirken. Visualisierungen eigener Wünsche und Bedürfnisse und das Wecken vertrauter Kräfte können hilfreich sein.

Für diese Trauernden sind Bewegungen wichtig, die Verspannungen der Rücken- und Nackenmuskulatur lösen helfen. Das kann zu einer Öffnung für echte Gefühle führen und weicher machen. Gelöste Blockaden im Bewegungsapparat können auch emotionale Blockaden lösen helfen und zu *echter* Trauer führen. Auch Atemübungen sind wichtig, vor allem das vollständige Ausatmen, um Hyperventilieren zu vermeiden.

4. Seelsorge als Leibseelsorge in ihrer biblischen Begründung

Die Adaption des griechischen Dualismus in christliche Theologie, die ihre Wurzeln ja eigentlich im wesentlich leiborientierten Judentum findet, hat dazu geführt, dass der Körper in der Theologie sehr wenig Beachtung findet und mit dem Begriff Seelsorge selten Leibsorge mitgemeint ist (vgl. dazu Liebau, 2011, S. 5ff.).

Die Integration des Körpers in die Theologie ist aber existenziell wichtig und gefordert (ebd., S. 5), dies erhebt allein schon der biblische Befund. Gleichwohl darf meines

Erachtens nicht aufgegeben werden, dass die Seele als Identität des Menschen über den Tod des Leibes hinaus theologisch gesehen ihre *Existenz* behält, wenn wir Jesu Wort am Kreuz »noch *heute* wirst du mit mir im Paradies sein« (Lk 23,43) in seiner vollen Bedeutung ernst nehmen wollen. Hier manifestiert sich die Anschauung, dass sich die Seele als personale Identität im Augenblick des Todes auch vom Leib trennen kann. Dies ist angesichts von Tod und Sterben seelsorgerlich sehr wichtig, denn Menschen vergehen vor Angst und Schrecken, wenn sie entweder glauben, *ganz* zu sterben und irgendwann in nicht mehr vorstellbarer Zukunft *ganz* auferweckt zu werden oder wohl eine weiter lebende Seele zu haben, diese jedoch erst sehr schmerzvoll in Hölle und Fegefeuer zu läutern ist, um in die heilvolle Ewigkeit Gottes eingehen zu können.

Für trauernde Menschen ist das Verbundensein mit einem liebenden und Heil schenkenden Gott eine sehr bedeutsame Ressource, weil sie darin eine stete Kraftquelle zur Verfügung haben und ihr schmerzvolles Erleben nicht in der totalen Sinnlosigkeit erleben müssen. Der Glaube, auch im Tod noch aufgehoben und nicht in der Beziehungslosigkeit verloren gegangen zu sein, ist die wohl kühnste und schönste Hoffnung, die der christliche Glaube bieten kann. Die Wurzeln dieser Hoffnung finden wir bereits im hebräischen Denken, dem das Zerbrochensein des Menschen in Leib, Seele, Geist vollkommen fremd ist (Krieg, 1983). Der Mensch hat nicht einen Leib, er ist Leib, er hat nicht eine Seele, er ist Seele und diese beiden sind durchgeistigt vom Atem Gottes, der das Leben schenkt und es wieder zu sich nimmt. Zudem ist der Mensch immer nur Mensch in Beziehung. Leben bedeutet für den Menschen des Alten Testaments in Beziehung zu Gott sein. Er ist bezogen auf Gott, seinen Schöpfer, der seinen Leib formt und ihm das Leben einhaucht und ihm personales Gegenüber ist, er ist bezogen auf seinen Mitmenschen, denn erst in der Paarbeziehung wird der Mensch sich als vollständig erleben und kein Bezogensein geht an der Leiblichkeit vorbei (Krieg, 1983, S. 9). Die Vorstellung vom Tod versetzt den Menschen in Angst und Schrecken, weil der Tod die völlige Beziehungslosigkeit zu Gott darstellen könnte. Darum finden wir auch im Alten Testament bereits Hinweise, dass durch den Tod die Beziehung zu Gott nicht aufgehoben ist (z. B. Ps 139,8).

Diese Bezogenheit sehen wir auch im Neuen Testament, in dem Gott leibhaftig in seinem Sohn zu den Menschen auf die Erde kommt, um sie in ihren leiblichen, seelischen und geistigen Bedrängnissen zu bewahren, zu retten und ihnen nahe zu sein, indem er all ihre erlebte Pein auf sich selbst nimmt und leibhaftig den Foltertod stirbt.

Trauernde Menschen leiden vor allem am Verlust ihrer Bezogenheit auf das verlorene Du und erleben sich hier geradezu unvollständig. Sie sprechen davon, dass sie nur noch eine Hälfte sind, dass sie mit sterben wollen, dass sie sich nicht mehr als ganzer Mensch fühlen. Wenn Jesus sagt: »Selig sind die Trauernden, denn sie sollen getröstet werden« (Mt 5,4; Joh 16,22; 2. Kor 1,3+4), ist das die unbedingte Aufforderung, zu fördern, zu begleiten, zu helfen, zu unterstützen, Trauernde zu ihrer verlorenen Ganzheit zurückzuführen.

Die Wundergeschichten und Gleichnisse zeigen, dass Jesus als Messias die Körper der Menschen ansieht, sie berührt, sie heilt, sie auferweckt (sehr eindrücklich Mk 7,31–37; Jesus handelt als Arzt am Körper des Gehörlosen). Und sogar ein Theologe wie Paulus bezeichnet den Körper des Menschen als Tempel des Geistes Gottes und nennt die Menschen Christi Leib (1 Kor 6,15+19; 1 Kor 12,12–27), benennt zudem seine eigenen körperlichen Leiden, die auch seine Seele und seinen Geist erschüttern (z.B. 2 Kor 11,16–33).

Das Johannesevangelium spricht von der Fleischwerdung des Wortes (Prolog) und der Leibhaftigkeit Gottes. Der Mensch lebt mit seinem Körper, mit seiner Seele, mit seinen geistigen Kräften, mit allem, was Gott ihm zur Lebendigkeit seines Lebens geschenkt hat (Krieg, 1983, S. 50).

»In Freud und Leid wird der ganze Mensch erschüttert. Was seine Ganzheit beeindruckt, das drückt er auch ganzheitlich aus. Auflösung der Ganzheit wäre schon Auflösung des Lebens« (Krieg, 1983, S. 16). Das bedeutet seelsorgerlich gleichwohl: für Sterbende und Trauernde darf und muss die Auflösung dieser Ganzheit angesichts des Todes unbedingt denkbar sein (1 Kor 15; Joh 16,22), allzumal besonders im Neuen Testament die gefürchtete Beziehungslosigkeit, in die der Mensch durch den Tod gerät, aufgehoben ist (Lk 23,46; Rö 8,38; Rö 14,8). Und auch im Glaubensbekenntnis bekennen wir, dass Jesus hinabgestiegen ist in das Reich des Todes.

Ein Trauernder ist in seinen ganzen Lebensbezügen zutiefst erschüttert und erlebt eine Auflösung all dessen, was bisher ganz und heil war. Für Trauernde stellt sich auch die Frage, was mit dem Gestorbenen geschieht, wo er, sie jetzt ist. Existenzielle Glaubensfragen schieben sich plötzlich in den Vordergrund, wenngleich sie vielleicht sonst im Leben keine Rolle gespielt haben. Als Seelsorgerin ist es mir darum wichtig, Bilder und Vorstellungen der Trauernden zu unterstützen, die das *Weiterleben* ihres geliebten Menschen beinhalten (2 Kor 6,9+10). Sofern dies positive, friedliche und heilvolle Bilder sind, müssen sie meines Erachtens nach nicht theologisch korrekt sein (»Prüft aber alles, und das Gute behaltet«, 1 Thess 5,21; Kachler, 2005, S. 120ff.).

5. Ansätze körperorientierter Seelsorge bei Trauernden

Als Seelsorgerin für Trauernde ist meine erste Aufgabe, Raum zu schenken, der Trauer in ihrem jeweils eigenen Stil Ausdruck geben zu können. Bei trauernden Menschen fällt sofort auf, dass sie in ihrer Ganzheit von dieser schweren Krise ergriffen sind. Sie weinen oder sind wie zugeschnürt, sie wirken erstarrt und eingefroren oder zappelig und in ihren Bewegungen unkoordiniert. Sie sprechen von Gefühlen der Lähmung, der Ohnmacht, der Hilflosigkeit, der Bodenlosigkeit, Sinnlosigkeit, Kraftlosigkeit, Antriebslosigkeit, Unruhe, Angst, Wut, Schuldgefühlen, Todessehnsucht und dem Gefühl, nur noch ein halber Mensch zu sein. Daneben erleben sie auch Konzentrationsstörungen, können keinen klaren Gedanken fassen, leiden an Gedächtnisstörungen und Schlaflosigkeit. All diese Gefühle und geistigen Beeinträchtigungen zeigen sich auch körperlich. Trauernden Menschen tut es gut, wenn ich sie in ihrer Trauer aushalte und es zulasse, dass sie ihre Gefühle zeigen können, so wie sie jetzt sind. Sehr viele erzählen nämlich, dass Menschen in ihrem sozialen Umfeld genau dies nicht tun. Darum begegne ich Trauernden grundsätzlich mit positiver Wertschätzung, einfühlendem Verstehen und Echtheit. Wenn sich eine Betroffene angenommen und verstanden fühlt, gewinnt sie etwas von ihrem verlorenen Halt zurück. Dieses Gehaltensein kann auch ganz körperlich geschehen, indem ich die Hand halte, den Rücken stütze oder auch in den Arm nehme, je nachdem, was der Betreffenden und mir angenehm ist.

Ich kann auch als körperorientierte Seelsorgerin auf körperliche Merkmale hinweisen, die ich wahrnehme und die mit dem Gesprochenen korrelieren. Spricht ein Trauernder von dem Gefühl, der Boden sei ihm unter den Füßen weggezogen, kann ich ihn einladen, eine kleine Aufmerksamkeitsübung zu machen, die ihn den Boden, die Erde spüren lässt. Oder ich kann einer Trauernden, die von Erstarrung und Lähmung spricht und mit hochgezogenen, verkrampften Schultern dasitzt, anbieten, ihre verspannten Nackenmuskeln einen Moment zu massieren. Trauernde Menschen erleben es als sehr erleichternd, wenn ihnen jemand aufmerksam zuhört, bei ihnen ist, ihnen liebevolle Zuwendung schenkt und ihnen abnimmt, was sie sagen.

Gefühle von Wut und Ärger sind besonders delikat, weil Trauernde nicht auf ihre Verstorbenen wütend sein dürfen. Hier kann ich ermuntern, der unterdrückten Wut eine Stimme zu geben, sie sich zu erlauben, entweder verbal oder auch ganz körperlich. Sie können zum Beispiel auf ein Kissen schlagen und dabei sagen, was sie so verärgert oder mit den Füßen stampfen. Es ist schon eine große Erleichterung, zu erfahren, ich darf in meiner Trauer auch wütend sein. Wer Gefühle von Wut und Ärger nicht zeigen mag, kann zu Hause aufschreiben, was ihn quält und das Geschriebene zum Grab bringen oder verbrennen.

Grundsätzlich lade ich trauernde Menschen dazu ein, zu sich selbst in der Trauerzeit sehr gut zu sein, sich zu behandeln wie eine gute Freundin. Und dies kann eben auch sehr leibhaftig geschehen. Zum Beispiel mit einem Spaziergang in lebendiger Natur, mit einem heißen Bad, dem Hören von Musik oder sich vorlesen zu lassen, den eigenen Körper liebevoll und aufmerksam zu pflegen mit wohltuenden Salben und Ölen. Da viele Trauernde keine eigenen Bedürfnisse verspüren oder spüren dürfen, nehmen sie solche Anregungen für sich passend dankbar an.

6. Körperorientierte Seelsorge in der Trauergruppe

Die Trauernden können sich unter Gleichbetroffenen über ihre Gefühle, ihre Gedanken, ihre sozialen Gegebenheiten und ihre Hoffnungen austauschen und einen

Trauerweg miteinander beschreiten, der vom Realisieren des Todes bis hin zur Eröffnung einer neuen Lebensperspektive führt.

In die Trauergruppen kommen nach meiner Erfahrung vor allem depressiv und zwanghaft Trauernde. Menschen mit hysterischem Trauerstil sind auch manchmal dabei, dagegen suchen Menschen mit schizoid geprägtem Trauerstil eher keine Helfenden auf. Wir unterstützen in den Gruppen vor allem diese Verschiedenheit der Trauerstile und achten darauf, dass nicht untereinander gewertet oder bewertet wird (»meine Trauer ist aber schlimmer als deine …«). Es ist schön, zu erleben, wie sehr verschiedene Menschen in diesen Gruppen sehr intim zusammenfinden, viel Verständnis und Empathie füreinander aufbringen, sich gegenseitig stützen und auch über die Gruppenzeit hinaus oft miteinander verbunden bleiben. Das Angenommen sein durch die Leitung führt dazu, dass sich die Gruppenmitglieder auch untereinander annehmen und wertschätzen können, wenngleich sie vielleicht ganz andere »Trauerstile« leben. Die Grundhaltung, »wir sitzen alle im selben Trauerboot« zieht sich durch die Gruppen und lässt viel Nähe untereinander entstehen. So erleben Trauernde in unseren Gruppen, dass sie wohl ein schweres Schicksal erlitten haben, damit jedoch nicht allein gelassen sind und trotz aller Gegenerfahrung mit ihrer alltäglichen Umwelt durchaus Verständnis und Annahme in ihrem lang dauernden Leiden finden.

Wir arbeiten in den Gruppen selbstverständlich mit Übungen zur Entspannung, zur Achtsamkeit und zur Atmung. An jedem Abend kommt eines dieser Elemente vor, in der Regel im Zusammenhang mit einer Visualisierung (»Sicherer Ort«, »Innere Helfer und Begleiter«, »Gepäck ablegen«, »Zukunft fantasieren«, »eigene Ressourcen wecken«). Die Trauernden erleben insbesondere die Übungen zur Entspannung und Achtsamkeit als sehr wohltuend und ziehen daraus viel Kraft für sich. Viele nehmen diese kleinen Impulse als Anregung mit, auch zu Hause mithilfe von CDs solche Übungen zu machen – um besser schlafen zu können, um andere Gedanken zulassen zu können, um Ruhe vor der inneren Unruhe zu finden.

In der Regel halten wir uns an die vorgegeben Themen, modifizieren jedoch aktuell auch das Programm, wenn von der Gruppe etwas sehr Dringliches oben aufliegt. Darum gibt es auch zu Beginn der Gruppenstunde ein »Blitzlicht«, in dem die Betroffenen ihre aktuelle Befindlichkeit benennen können. So kommt es auch vor, dass ich kleine Körperübungen einflechte, die nicht im Programm vorgesehen sind: zum Beispiel Paarübungen zum Thema Nähe und Distanz, Nein-Sagen oder miteinander Rangeln, um die eigenen Kräfte zu spüren.

Für trauernde Menschen, die keinen Boden mehr unter den Füßen haben, ist das Thema Erdung ganz besonders wichtig. Wir probieren darum das bioenergetische Stehen oder Sitzen als Auftakt zur Achtsamkeit und verbinden dies mit der bewussten Beachtung des Atems. Besonders Trauernde, die in der Bewegungslosigkeit erstarrt sind, erleben es als äußerst hilfreich, visuell oder tatsächlich im Durchschreiten des

Raumes wieder in Bewegung zu kommen. Manchmal bekommen sie dann auch »Hausaufgaben«, wie zehn Minuten täglich spazieren zu gehen.

Das Ende der Gruppenzeit bedeutet nicht das Ende der Trauerzeit. Gleichwohl nehmen die Teilnehmenden das für sie Hilfreiche mit und bestätigen, dass sie in ihrem Prozess wesentlich vorangekommen sind. Es ist anrührend und schön, miterleben zu können, wie leidtragende Menschen sich in diesen acht Wochen entwickeln können.

Die Weiterbildung in Trauerbegleitung und körperorientierter Seelsorge haben mein Verstehen von Trauerprozessen noch einmal wesentlich erweitert und mir ermöglicht, Menschen in Trauer hilfreich zu begleiten.

Literatur

Burgheim, W. (Hrsg.). (2006). *Das Unbegreifliche annehmen. Trauer zulassen. Trauer leben*. Merching: Forum Verlag.

Kachler, R. (2005). *Meine Trauer wird dich finden. Ein neuer Ansatz in der Trauerarbeit*. Freiburg/Br.: Kreuz Verlag.

Kachler, R. (2007). *Damit aus meiner Trauer Liebe wird. Neue Wege in der Trauerarbeit*. Freiburg/Br.: Kreuz Verlag.

Kachler, R. (2009). *Meine Trauer geht – und du bleibst. Wie der Trauerweg beendet werden kann*. Freiburg/Br.: Kreuz Verlag.

Klessmann, M. & Liebau, I. (Hrsg.). (1997). *Leiblichkeit ist das Ende der Werke Gottes. Körper – Leib – Praktische Theologie*. Göttingen: Vandenhoeck & Ruprecht.

König, I. (2009). *Die Liebe hört niemals auf. Verbundensein über den Tod hinaus*. Düsseldorf: Patmos Verlag.

Krieg, M. & Weder, H. (1983). *Leiblichkeit im Alten Testament*. Zürich: TVZ Verlag.

Lammer, K. (2004). *Trauer verstehen. Formen – Erklärungen – Hilfen*. Neukirchen-Vlyn: Neukirchener Verlag.

Liebau, I. (2002). Körperpsychotherapeutische Elemente als Ausdrucksformen ganzheitlicher Seelsorge, Kopie im Rahmen der Weiterbildung »Körperorientierte Seelsorge«, veröffentlicht (2003) in *Wege zum Menschen, 55*, 444–462.

Liebau, I. (2011). Körper-Seelsorge, Hausarbeit zur Anerkennung in der DGfP; veröffentlicht (2013) in *Transformationen, Pastoralpsychologische Werkstattberichte* (19), Frankfurt/M.

Lowen, A. (1978). *Depression*. München: Wilhelm Goldmann Verlag.

Müller, M. & Schnegg, M. (2005). *Der Weg der Trauer*. Freiburg: Herder Verlag.

Naurath, E. (2000). *Seelsorge als Leibseelsorge. Perspektiven einer leiborientierten Krankenhausseelsorge* (Praktische Theologie heute 47). Stuttgart: Kohlhammer.

Reddemann, L. (2007a). *Imagination als heilsame Kraft. Zur Behandlung von Traumafolgen mit ressourcenorientierten Verfahren*. Stuttgart: Klett-Cotta.

Reddemann, L. (2007b). *Eine Reise von 1000 Meilen beginnt mit dem ersten Schritt. Seelische Kräfte entwickeln und fördern*. Freiburg /Br.: Herder.

Riemann, F. (1975). *Grundformen der Angst. Eine tiefenpsychologische Studie*. München: Ernst Reinhardt Verlag.

Schibilsky, M. (1989). *Trauerwege. Beratung für helfende Berufe*. Düsseldorf: Patmos Verlag.

Spiegel, Y. (1989). *Der Prozess des Trauerns. Analyse und Beratung*. München: Kaiser Verlag.

Die Autorin

Gaby Hische-Richter, Jg. 1962, seit 1993 Pfarrerin der evangelischen Kirche von Westfalen (EKvW); seit 2013 Pfarrerin in der evangelischen Kirchengemeinde Delbrück (Kirchenkreis Paderborn) und Trauerbegleiterin mit Schwerpunkt Trauergruppenarbeit im St. Vincenz Krankenhaus; Arbeitsschwerpunkte: Seelsorge (auch Altenwohnheime), Gestaltung von Gottesdiensten und spirituellen Angeboten, außerdem viele Jahre in der Krankenhausseelsorge tätig und kurzzeitig (3 Jahre) Frauenbeauftragte im Kirchenkreis Paderborn. Fortbildungen: personenzentrierte Gesprächsführung (GwG), Gruppendynamik (DAGG), Psychoonkologie, Gestaltseelsorge, Trauerbegleitung, körperorientierte Seelsorge.

Kontakt

Gaby Hische-Richter
Von-der-Recke-Straße 12
33161 Hövelhof
Telefon: 0 52 57 - 93 06 82
E-Mail: gabriele.hische-richter@kk-ekvw.de

Körperorientierung in der Studierendenseelsorge und die Suche nach der eigenen Identität in der Spät- und Postadoleszenz

Eva Siemoneit-Wanke

1. Studieren heute und die Studierendenseelsorge im Jahr 2011/12

In den meisten Studiengängen hat sich seit der Hochschulreform und damit der Umstellung auf das Bachelor-Master-System viel verändert. Die heutigen Bildungslandschaften der Universität sind in mancherlei Hinsicht nur schwer mit der meiner eigenen Studienzeit vergleichbar. Nicht alle Veränderungen sind Veränderungen im Positiven und zum Wohl der Studierenden. Die Streiks an vielen Universitäten, die im Herbst 2009 begannen und auch in Erlangen bald ihren Höhepunkt erreichten, zeigen, welche Schattenseiten der Bolognaprozess nach sich zog: Studierende (v. a. der Geisteswissenschaften) monierten den hohen Notendruck, Anwesenheitspflichten, hohe Verschulung des Studiums, Wissensvermittlung statt Persönlichkeitsbildung, Ausbildung statt Bildung.

Diese neue Situation prägt auch mein Arbeitsfeld der Studierendenseelsorge, in dem ich seit Mai 2009 als Hochschulseelsorgerin in der Evangelischen Studierendengemeinde in Erlangen arbeite.

Mein Arbeitsfeld als Seelsorgerin ist also geprägt von jungen Menschen zwischen ca. 17 bis 30 Jahren. In diesen Jahren der Spät- und Postadoleszenz spielt die Suche nach der eigenen Identität eine besonders ausgeprägte Rolle. Im Folgenden will ich versuchen, die seelsorgerliche Begleitung in dieser wichtigen Lebensphase aus der Perspektive der »Körperorientierten Seelsorge« auf der Grundlage der bioenergetischen Analyse zu umreißen und zu reflektieren.

2. Spät- und Postadoleszenz

Ich verwende im Folgenden die Begriffe der *Spätadoleszenz*, vor allem aber der *Postadoleszenz* unter Rückgriff auf die Darstellung bei R. Haar (2010, S. 25f; Haar wiederum bezieht sich auf Blos, 1992). Während demnach die *Postadoleszenz* den Übergang zwischen Adoleszenz und Erwachsensein im ca. 21. bis 25. Lebensjahr darstellt, so Haar, müssen die Themen der *Spätadoleszenz* (ca. 18 bis 20 Jahre) nun in der *Postadoleszenz* als Lebensaufgaben umgesetzt werden. Dazu gehören Themen wie: Ausformung sozialer Rollen, Ausprägung endgültiger Geschlechtsidentität, Berufswahl, Ausbildungsabschluss usw.

Die *Postadoleszenz* ist insofern eine Zeit der Krise und der Chance für die Bildung einer reifen, ausgewogenen und gut entwickelten Identität. In dieser Zeit, so Haar, ist das Risiko der Manifestation psychischer Erkrankungen ebenso vorhanden, wie die Neigung zu Unfällen und Suiziden. Zugleich aber findet sich häufig das Thema der Ablösung und Versöhnung mit dem Elternhaus und der positiven Abgrenzung hiervon. Insgesamt geht es um die emotionale, leib-seelische Bewältigung der hohen Integrationsforderungen in viele neue Lebensrollen (vgl. Haar, 2010, S. 26).

Die Seelsorge in der Zeit der *Spät- und Postadoleszenz* ist insofern eigentlich eine jahrelange Kasualie, die durch viele Höhen und Tiefen hindurch Begleitung in der Identitätsentwicklung bietet.

Bioenergetisch betrachtet fällt in diese Zeit vielleicht in besonderer Weise eine »Angst vor dem Fallen« (vgl. Lowen, 2008, S. 217ff.), weil sich das Leben dem jungen Menschen als Höhenflug (z.B. Karrieredenken, Lebensvisionen) anbietet, gerade dieser aber in extremer Weise vom Absturz bedroht wird.

Das zeigt sich im vielfältigen Druck, der auf Studierenden lastet (z.B. finanzielle Belastungen, Angst vor Karriereknick, Studiengangwechsel/-abbruch, Versagensangst, stark hierarchische und zum Teil erdrückende Strukturen und Verhaltensmuster an der Universität etc).

Eine »Angst vor dem Fallen« drückt sich zum Beispiel in derartigen Situationen und Äußerungen aus:

- Die Titel von Workshops, die wir in den Hochschulgemeinden anbieten, müssen nach Meinung Studierender so gewählt werden, dass sie Kompetenzorientierung ausdrücken, statt auf Defizite hinzuweisen: zum Beispiel »Zeitmanagement« statt »Stressbewältigung«.
- Medizinstudierende, die das interdisziplinäre Begleitseminar »Sterben und Tod« zum Präparierkurs besuchen, werden zum Teil von ihren Kommilitonen belächelt: »Hast Du das denn nötig? So schlecht bist Du doch gar nicht!«
- Das sogenannte »Bulimie-Lernen«, das meines Erachtens für ein krankes System spricht, ist für manche so normal und, da systemimmanent, so unverrückbar, dass sie nicht auf die Idee kämen, sich dagegen aufzulehnen.

3. Die Suche nach der eigenen Identität als Herausforderung der Postadoleszenz – Wahrnehmung problematischer Haltungen und Einstellungen

> »Identität ist […] die Übereinstimmung von inneren und äußeren Ansprüchen an die eigene Persönlichkeit. Sie gibt das Empfinden, in sich selbst zu ruhen. Sie verleiht die Sicherheit, der zu sein, für den einer sich selbst hält, aber auch von den anderen eingeschätzt wird. Dabei kommt es nicht nur auf die seelische Ausgeglichenheit an, sondern auch auf das stimmige Körpergefühl und die kognitive Einschätzung des Selbst […] Idealerweise steht also am Ende der Adoleszenz:
>
> – die Identität des jungen Erwachsenen:
>
> – die Sicherheit, ein sexuelles Wesen mit einem bestimmten Geschlecht zu sein, mit der eigenen Körperlichkeit einverstanden zu sein
>
> – das Bewusstsein, ein einzigartiges Wesen zu sein, das auch außerhalb des Systems Familie leben kann,
>
> – die Fähigkeit zur Gestaltung von stabilen Beziehungen […]« (Haar, 2010, S. 13).

Durch den hohen Leistungs- und Prüfungsdruck erlebe ich viele Studierende gegenwärtig so, dass keine Zeit und Energie bleibt, um den eigenen Stand (nicht nur mechanisch, sondern emotional und energetisch) auszuprobieren. Neben einer oft verhinderten Selbstständigkeit fehlt auch der Impuls oder die eigene Motivation, sich der geistig-ethischen Reflexion über das eigene Stehen in der Welt auszusetzen und die eigene Position zu reflektieren. Noch weniger als zu dieser kognitiven Selbstreflexion werden junge Erwachsene jedoch dazu angeregt, ihren Körper als Sitz der Gefühle wahrzunehmen und dieses auch zu spüren, also in den bewussten Kontakt zu kommen mit dem eigenen Körper und den Emotionen, die in ihm memoriert wurden.

Für viele kommen die Notwendigkeit sozialer Reifung von Persönlichkeit und eine Weiterentwicklung des Selbstausdrucks durch ein lebendiges Körpergefühl nicht in den Blick. Erst in den ersten Bewerbungssituationen in einer sehr späten Phase oder am Ende des Studiums entsteht dann die utilitaristische Frage: Wie kann ich meinen »Marktwert« durch ein überzeugendes Auftreten verbessern? Sogenannte »Softskills« kommen in dieser Phase in den Blick, die die Persönlichkeit entwickeln helfen sollen.

Oft genug erlebe ich großes Erstaunen bei den Studierenden, wenn ich sie im Gespräch auf eine mangelnde Verwurzelung in ihrem Körper hinweise, sie auf ihre Atmung anspreche und andeute, dass gerade in mündlichen Prüfungssituationen der Ausdruck der eigenen Persönlichkeit wichtig ist und mit beidem (Körpergefühl, Atmung) zu tun hat.

Die folgenden problematischen Einstellungen (Haltungen), wie ich sie in meiner Arbeit erlebe, erschweren die Weiterentwicklung der Persönlichkeit:

3.1 Mein Körper? Funktioniert doch!

Junge Erwachsene Anfang-Mitte 20 haben in der Regel noch keine körperlichen Beschwerden und Symptome, die sich durch einseitige körperliche Belastung oder Veranlagungen, Bewegungsmangel oder falsche Ernährung später einmal ihren Ausdruck verschaffen können.

Mitte 20 ist der Körper in der Regel auf seinem Leistungshoch. Der Körper ist noch in der Lage, sich anbahnende Fehlentwicklungen auszugleichen: Lange Nächte können noch leichter kompensiert und fehlende Erholung, also zum Beispiel auch mangelhafter Serotoninnachschub oder Ähnliches, rascher wieder ausgeglichen werden. Insofern ist diese Lebensphase meist eine *Zeit der körperlichen Sorglosigkeit.*

Umso wichtiger ist es wahrzunehmen, wie stark sich die körperlichen Einseitigkeiten (Schreibtischtäterei) und fehlender Ausgleich durch Bewegung psychisch niederschlagen. Der häufig permanente Prüfungsdruck kann sich körperlich manifestieren durch Schlaflosigkeit, Rücken- und Magen-Darm-Beschwerden, Kopfschmerzen, sogar Essstörungen etc.

In der inzwischen auch in der Schulmedizin beheimateten psychosomatischen Medizin werden die meines Erachtens immer häufiger auftretenden körperlichen Beschwerden gerade auch junger Menschen in den Blick genommen und in den Zusammenhang mit dem psychisch-emotionalen Umgang des Einzelnen mit der Welt gebracht: »Gesundheit gibt es nur um den Preis fließender Kommunikation und offenen Zugehens auf die Welt; bei Reduktion des Weltkontaktes droht immer seelische und körperliche Erkrankung« (so der Mediziner G. Danzer, 1998, S. 39).

Oder mit meinen Worten gesagt: Wird der Körper reduziert zu einem Anhängsel an den Intellekt, dann geht Weltkontakt, vor allem aber auch Selbstkontakt verloren; oder bioenergetisch gesprochen, es fehlen Grounding als guter Selbst-/Weltkontakt und die Möglichkeiten des Fließens und der Entladung der Energie, wie sie in einem lebendigen Organismus in natürlicher Weise vorhanden ist (Danzer nennt dies »Verkapselung«). Wo aber eine hohe energetische Ladung vorhanden ist und nicht abfließen kann, kann auch keine Entspannung eintreten (so eine der Grundannahmen der Bioenergetischen Analyse).

Häufig treffe ich bei den Studierenden auf ein ausgeprägt *instrumentalisiertes Körperempfinden*:

- Mein Körper ist ein Sportgerät, das zu funktionieren hat. Fitness hat einen hohen Stellenwert.
- Mein Körper transportiert meine Attraktivität und ist Inszenierung. Körper machen Leute, je perfekter, desto kultiger (häufiges Problem: Essstörungen).
- Oder wie es Lowen zum Ausdruck bringt:

> »Die körperliche Betätigung wird auch durch den Ego-Trieb entwertet, sich in ein möglichst gutes Licht zu rücken und mit der Mode zu gehen, schlank zu werden, das Image der Gesundheit auszustrahlen oder unsere Muskeln zu entwickeln. Unser idealer Körper hat die Merkmale eines ›Rennpferds‹ […]« (Lowen, 2008, S. 74f.).

➢ Mein Körper muss auch im Studium funktionieren: Er dient mir mechanisch als Grundlage für höchste kognitive Leistungen: Er trägt meinen Kopf, auf den es ankommt. Als dieses Instrument wird der Körper nur »gewartet« und beachtet, wenn er »Zicken« macht.

Psychosomatisch beschreibt Danzer diese Haltung bei einem seiner Patienten:

> »Der Kopfschmerz […] [*erg.*: oder andere körperliche Symptome] kann demnach auch als *Ausdruck einer Rebellion* verstanden werden. Sein [des Patienten] vernachlässigter Körper und das *ungelebte Leben* meldeten ihre Ansprüche an. Jahrelang hatte unser Patient seinen Göttern ›Perfektionismus‹, ›Intellekt‹, ›überschaubare Ordnung‹ [= Kontrolle?], und ›grenzenloses Subjektsein‹ weite Bereiche seiner Lebendigkeit und Kreatürlichkeit geopfert. Psychotherapie bedeutete für ihn, diese Gottheiten zu relativieren und sich statt dessen auf dieser weniger göttlichen, dafür allzu menschlichen Erde heimatlich einzurichten« (Danzer, 1998b, S. 256).

Aus diesen Zeilen lese ich die Intention heraus, die sich schließlich im bioenergetischen Grounding-Konzept konkretisiert hat. Die hohe Intellektualisierung aber verhindert häufig dieses heimatliche Einrichten auf der Erde.

Dazu eine kleine Szene aus unserer ökumenischen Exerzitiengruppe: Wir üben das Stehen, mit guter Gründung, guter Atmung: Bei einer Studentin kollabiert daraufhin der Kreislauf, eine andere hat große Mühe, gerade auf beiden Füßen zu stehen: »Das habe ich noch nie gemacht!«

Seltener, aber doch immer wieder, treffe ich hingegen auf Studierende, die mir einen nicht nur instrumentalisierten und oberflächlichen Kontakt zu ihrem Körper und den darin erinnerten Emotionen zu haben scheinen. Diese haben meist eine gut ausgeprägte, in sich ruhende, in sich verwurzelte, geerdete Ausstrahlung und sind Persönlichkeiten mit authentischer Präsenz, denen der eigene Körper als Träger und Ausdrucksorgan des eigenen Selbst abzuspüren ist.

Bei diesen Studierenden lässt sich möglicherweise von einer bereits reiferen Entwicklung des somatischen Selbst sprechen (vgl. Keleman, 2007, S. 246).

> »Ich finde es schade, dass viele Männer und Frauen heutzutage nur in einem bestimmten Segment ihres Somas zu Reife gelangen – ihrem Gehirn. Wir legen zu viel Wert auf unsere intellektuelle Entwicklung. Nur selten riskieren wir den gleichen

> Einsatz, um unsere emotionalen und instinktmäßigen Körper tiefer zu entwickeln« (ebd., S. 249).

Tiefer entwickeln heißt aber, zu entdecken: Das Leben des Körpers ist nicht sein Funktionieren: »Das Leben des Körpers ist Fühlen« (Lowen, 2008, S. 75).

3.2 Studieren ist manchmal recht extrem – Vielleicht ist das Leben so extrem?

Für einige Zeit mag es der Energiehaushalt eines jungen Erwachsenen aushalten, emotional, körperlich und energetisch von einem Extrem ins andere gerissen zu werden. Auf die Dauer muss es aber auch für die Phase Mitte 20 darum gehen, Balance ins Leben zu bekommen. Dass dies unter Umständen schwer ist, zeigt sich darin, wie schwer gut gegründetes Stehen sein kann und welche Widerstände zum Vorschein kommen, wenn ich Studierende auf ihr unter Umständen schwach ausgeprägtes Gespür für den eigenen Körper anspreche. Mit Letzterem aber hängt es unter anderem zusammen, ob ich in der krisenhaften Phase der *Spät-/Postadoleszenz* eine ausgewogene, weil ausbalancierte Ich-Identität entwickeln kann.

In der Beschreibung der Integrationsanforderungen an Menschen in der *Spät-/Postadoleszenz* sind die häufigsten Konfliktfelder bereits angeklungen:

Es geht darum, in dieser Zeit die Balance zu finden zwischen

- dem System der Familie und ihrem Anspruch
- dem eigenen (aufzubauenden) Lebenssystem mit seinen Ansprüchen, Beteiligten etc.
- dem Selbstbild und der Fremdwahrnehmung
- dem Selbstanspruch und Fremdansprüchen
- dem Bedürfnis nach Anlehnung (z.B. in der Partnerschaft) und der Selbstständigkeit
- Anspannung und Entspannung
- zwischen Herausforderung und Überforderung
- Nähe und Distanz
- alltäglicher Impression und emotionaler eigener Expression
- Aufbau von verlässlichen Beziehungen und Umgang mit Brüchen und Trennungen
- Orientierung in einer neuen Umgebung, Kontaktaufbau und Bedürfnis nach Rückzug, Einsamkeit usw. Die Liste ließe sich noch um etliche Punkte erweitern.

Die Gefahr besteht für Menschen in dieser Lebensphase meines Erachtens darin, dass sie dieses instabile, manchmal extreme körperlich-emotionale Hin- und Hergeworfensein als Normalität zu betrachten lernen. In diesem instabilen Hin und Her zwischen eigenen Emotionen und Außeneindrücken, die zum Teil überfordern und Abwehrreaktionen hervorrufen, ist gerade der junge Erwachsene gefährdet, durch eine Erstarrung der Körperhaltung, eine sich unter Umständen chronifizierende Muskelanspannung, sich selbst Stabilität zu geben. Ich erschrecke, wie häufig schon Studierende über Verspannungen im Rücken-, Kopf- und Kieferbereich klagen. Wenn Du die Zähne zusammenbeißt, kommst Du schon durchs Studium!

Ein Student klagt mir gegenüber darüber, dass er schon seit einer Woche (!) keinen Schlaf mehr findet. Ich rate ihm dringend, dies therapeutisch anzugehen und gebe ihm einige Achtsamkeitsübungen mit (Körperwahrnehmung mit dem inneren Auge, Gebet der liebenden Aufmerksamkeit als Tagesrückblick, Imaginationsübungen).

3.3 Cogito, ergo sum! Es langt, dass ich denken kann, um zu sein! Was sollte ich da noch entwickeln müssen?

Durch das hochintellektuelle und stark hierarchische System Universität werden Menschen, die vor allem im Kopf energetisch geladen sind, bestärkt. Für psychopathisch geprägte Studierende bestätigt dies eine Haltung, die eine machtbewusst-kontrollierende Fassade für wahres Selbstbewusstsein hält. Für den alltäglichen harten Konkurrenzkampf erscheinen diese Panzerungen nötig. Wer damit »durchkommt« und sich durchsetzt, scheint im Blick auf seine Persönlichkeit nicht mehr viel zu lernen zu haben. Das Bedürfnis nach Macht und Kontrolle und erzielte akademische Erfolge werden verwechselt mit einer bereits ausgeprägt reifen Persönlichkeit. Das universitäre Muster der Eliteförderung unterstreicht diese einseitige Sicht von Bildung, die die ganzheitliche Bildung der Persönlichkeit völlig außer Betracht lässt.

In einem immer ausgefeilteren Hochleistungssystem fallen Körper und Geist immer stärker auseinander. Emotionen haben in der Nüchternheit der universitären Landschaft keinen Platz. Gerade hier die Balance zwischen Intellekt und Emotion zu halten, bzw. sich den Zugang zu den eigenen Emotionen durch die intellektuelle Abwehr/Panzerung nicht verbauen zu lassen, wird oft genug zur Überforderung.

Damit liegen in der *Spät-/Postadoleszenz* große Chancen und zugleich hohe Risiken: Die Möglichkeit zur Entwicklung einer Depression ist in dieser Zeit durchaus ausgeprägt:

> »So selten ist das gar nicht, dass junge Menschen im Übergang von der Schulzeit – in der sie gut behütet, noch relativ unselbständig […] sind – zum Erwachsenenalter (also in der Ausbildung oder dem eigenständigen Studium, der relativen Einsamkeit, dem Bewusstsein allein verantwortlich zu sein) in eine Identitätskrise geraten, die zu depressiven Reaktionen, Rückzug und zunehmender Isolation führt und schließlich auch in einer Depression endet« (Haar, 2010, S. 70).

Der Kontakt zu anderen, eine tragende Gemeinschaft, eine seelsorgliche Bezugsperson können diese Krise bei der Identitätssuche überwinden helfen und zur Verbesserung eines lebendigen Selbstkontaktes, zur Wahrnehmung und Annahme der eigenen emotionalen und körperlichen Bedürfnisse beitragen.

Gerade der Ansatz der körperorientierten Seelsorge kann in einem derartig »verkopften« Kontext »Änderungen der Persönlichkeit durch Änderungen im Ablauf der körperlichen Funktionen ermögliche[n] […], nämlich durch tieferes Durchatmen, erhöhte Motilität, umfassenderen und freieren Selbstausdruck« (Lowen, 2008, S. 126).

Gerade in meiner Seelsorge erscheint es mir daher als außerordentlich wichtig, Möglichkeiten anzubieten, aus der Panzerung gegen die Überforderungsgefahr herauszuführen, indem »mit den bioenergetischen Körperübungen […] die Atmung mit angeregt und vertieft [wird], gleichzeitig […] die Muskulatur und das Bindegewebe aktiviert [wird], sodass die Lebensenergie wieder zur Verfügung steht« (Lutz, 2011, S. 148).

»Körperpsychotherapie«, so war es jüngst selbst in dem Magazin *GEO* für die breite Masse zu lesen, »ist besonders geeignet für jene, die Zugang zu ihrer Emotionalität suchen, etwa intellektuell orientierte Menschen« (Paulsen, 2013, S. 90).

Ich beobachte in meinem Arbeitsfeld beides: gerade im intellektuellen Bereich das große Bedürfnis nach Körperorientierung und gleichzeitig deren konsequente Abwehr. Ich erlebe viele energetische Blockierungen bei Studierenden, gerade in Stresszeiten, wie der Examensvorbereitung, bei Liebeskummer etc. Es ist nicht leicht, ihnen einen körperorientierten Ansatz in der Seelsorge nahe zu bringen, aber ich bin der festen Überzeugung, dass gerade hier durch gezieltes Erden, also Übungen zum Grounding, durch Atmungsverbesserung und andere körperliche Interventionen Anspannungen und Blockaden schrittweise lösbar werden.

3.4 Zusammenfassung

Die Problematik der *Spät-/Postadoleszenz* liegt darin, die Balance zu finden zwischen den genannten Anforderungen und hierbei den eigenen Handlungs- und/oder Abwehrstrategien auf die Schliche zu kommen und zu entdecken, inwiefern man selbst sein Körper ist, wo Energie gefordert wird und wo Energie entladen werden muss.

Gerade die *Spät- und Postadoleszenz* könnte damit zu einer Lebensphase werden, in der der junge Mensch für seinen persönlichen Entwicklungsprozess lernt, die eigenen, evtl. tief verborgenen Emotionen wahrzunehmen, in Kontakt mit sich selbst zu kommen, um in einen lebendigen Dialog mit dem Sichtbaren (Körper, das Außen-Ich; vgl. Lowen, 2008, S. 135) zu treten.

Diese Lebensphase braucht für ihre Chance oftmals gerade eine körperorientierte Begleitung. Auch im therapeutischen Bereich kann man inzwischen sagen, dass das

»heranwachsende somatische Selbst als eigenständige körperliche Phase anerkannt wurde, als eine Entität für sich, die weder Erwachsener noch Kind ist, sondern eine Körperform mit eigenen Prozessen« (Keleman, 2007, S. 246).

4. Chancen körperorientierter Seelsorge in der Spät-/Postadoleszenz anhand konkreter Beispiele aus der Praxis

Es ist äußerst spannend und lohnend, den Ansatz der Bioenergetischen Analyse für die Seelsorge nutzbar zu machen. Unter Seelsorge verstehe ich aus christlicher Perspektive grundsätzlich, sich mit Menschen »auf die Suche nach dem zu machen, was verloren ist« (vgl. Lk 19,10), und sich der Tatsache anzunehmen, dass der Mensch ein grundlegend Bedürftiger ist.

Doch was ist unter Umständen bereits in der *Spät-/Postadoleszenz* verloren oder wurde noch nicht gefunden und wessen bedarf ein junger Erwachsener in dieser Lebensphase?

Im Arbeitsalltag meiner Seelsorge zeigt sich, dass oftmals das bewusste, körperliche und emotionale Selbst-Erleben, die innere Achtsamkeit und Gelassenheit (z. B. auch loslassen zu können) verloren gegangen sind. Das verursacht mitunter körperliche, energetische und emotionale Blockaden, die zu Erstarrung, Bewegungsarmut und Verspannungen führen können.

Die Mobilität von Gefühlen kann zum Teil unter dem Deckmantel der Intellektualität verringert oder versickert sein. Die Angst vor Überforderung ruft etwa Abwehrreaktionen hervor, deren körperlicher Manifestation sich viele nicht bewusst sind.

Im Zusammenhang mit der Körperorientierung in der Seelsorge bedeutet dies, sich auf die Suche nach neuer Lebendigkeit und Remobilisierung des Lebens in seiner Emotionalität zu machen, die mir von Gott seit meiner Geburt geschenkt wurden. Körperorientierte christliche Seelsorge sucht nach körperlichen Erinnerungen des Verlorenen.

Damit sind auch die Grundannahmen der Tiefenpsychologie vereinbar, dass jeder Mensch von seiner Geburt an den frühen und frühesten Erfahrungen ausgesetzt und durch sie zutiefst und ein Leben lang geprägt sein wird. Die von Beginn an vorhandene Einheit von Körper und Seele drückt sich im zweiten Schöpfungsbericht (Gen 2,4b–25) plastisch in der göttlichen Formung des Menschen aus Erde aus und der intensiven Verbindung mit der *Ruach (Geist)* Gottes. Diese geerdete Lebendigkeit in der leib-seelischen Einheit gilt es wieder zu entdecken.

Keleman beschreibt diese ständige Veränderung der Identitätenbildung im somatischen Prozess mit einem schönen Bild: »Jede Körperhaltung stellt ein verkörpertes Selbst dar; und selbst wenn wir ein neues Selbst entwickeln, bleiben die vergangenen Selbste in unserem Körper gespeichert wie die wachsenden Jahresringe im Stamm eines alten Baumes« (Keleman, 2007, S. 248).

Mit den intellektuellen jungen Menschen in meiner Seelsorge, die in der Kopfarbeit beheimatet sind, mache ich mich mit Körperarbeit immer wieder auf die Suche nach diesen »überwachsenen« Jahresringen des inneren Körper-Erlebens, verkörperte Identitäten, die dem Bewusstsein verloren gegangen sind und daher die lebendige Entwicklung der Authentizität in der Gegenwart beeinflussen, ja einschränken können. Das führt unter Umständen zu Beschreibungen, wie der, dass der eigene Körper nur als unbeachtet »am Kopf hängend« empfunden wird. So gehe ich mit den Studierenden auf die Suche nach dem »Erdklumpen«, den Gott im besten Sinne und wohlgeformt hat, als Basis allen Lebens.

Anders als in der Therapie steht mir jedoch hierfür meist weniger Zeit (manchmal bestehen Kontakte nur aus sehr wenigen Sitzungen) zur Verfügung. Auch die Beziehung ist von anderen Faktoren beeinflusst. Meine Rolle als Pfarrerin und damit als Seelsorgerin, nicht als Therapeutin, prägt bestimmte Rollenerwartungen oder eventuelle Übertragungen, setzt andererseits auch andere Möglichkeiten frei (dazu gehören alle spirituellen und religiösen Momente der Lebensgestaltung).

Die vier Grundprinzipien der Bioenergetik sind für mich in meiner Arbeit leitend: Erdung, Atmung, Bewegung und Ausdruck.

Die folgenden Beispiele aus meiner Praxis sollen beleuchten, inwiefern hier die körperorientierte Begleitung in der Suche nach der Persönlichkeitsentwicklung eine sehr bereichernde methodische Erneuerung meiner Arbeit als Seelsorgerin einnimmt:

4.1 Achtsamkeit entwickeln, »Slow down« finden

»Halt an, wo willst du hin, der Himmel ist in dir?« Dies ist das Motto unserer Exerzitien im Alltag im Verlauf der Passionszeit.

Ich nehme diese Wochen aus bioenergetischer Sicht in den Blick, weil sie eine gute Möglichkeit bieten, Studierende zur Achtsamkeit auf ihren Körper, auf ihre Grenzen, auf verschüttete Emotionen hinzuweisen. Die geistlichen und körperlichen Übungen, die wir ökumenisch anbieten, die obligatorischen Einzelgespräche, die Anleitung zur täglichen Einzelbesinnung. Alles zusammen ist eine Entdeckungsreise zum eigenen Ich, zur Integration von Leib und Seele, zur Entschleunigung.

Thematisch gehen wir auf die Suche nach dem, was unsere Identität ausmacht, versuchen aus der Verkopfung in den Körper zu kommen. Für manche sind bereits fünf bis zehn Minuten stillen Sitzens und bewussten Atmens so ungewohnt, dass sie sich überfordert fühlen.

In den Einzelgesprächen kommen manchmal verschüttete Emotionen zur Sprache, die bereits durch das bewusste Sitzen und Atmen in der Stille beim allmorgendlichen Tagesimpuls in Erinnerung kommen. Hier lässt sich die Körperorientierung gut intensivieren, indem Körperübungen – die unter Umständen auch schon in der Gruppe eingeübt wurden – oder andere, aufgegriffen werden. In den zum Teil analytischen verbalen Teilen der Einzelgespräche ist die Körperorientierung implizit vorhanden, da ich sehr genau auf den körperlichen Ausdruck meines Gegenübers achte, gerade, wenn Emotionen, Abwehrreaktionen verbalisiert werden.

Oft bleiben mir nur ganz geringe Möglichkeiten, auf das eigene Körperempfinden aufmerksam zu machen und von der Gesprächsebene in die tiefer liegende Empfindungsebene zu kommen:

Beim Einzelgespräch nach einer Partnerübung in der Exerzitiengruppe, bei der die Partner unterstützend ihre Hände auf den Rücken des/r anderen legen sollten, war eine Krankenschwester in Ausbildung emotional sehr berührt: »Tag für Tag muss ich so viele Menschen berühren. Endlich berührt mal mich jemand, und das so ganz anders.« Dennoch wehrte sie sich gegen die leib-seelische Orientierung der Exerzitien an sich. Dadurch ist mir bewusst geworden, dass die Blockade gegen eine nonverbale, körperliche Ebene bereits einen Teil der Abwehrmechanismen bilden kann, da der Verlust der Kontrolle über mögliche auftretende Emotionen eine Bedrohung darstellen kann. Bleibt zu hoffen, dass der Eindruck der Partnerübung, der sich sicher länger in der Erinnerung der jungen Frau festsetzen wird als jegliche verbale Äußerung in diesen Wochen, ihr eines Tages die Möglichkeit (wieder-)eröffnet, ihren Körper als Manifestation ihrer tiefsten Bedürfnisse und Gefühle zu erkennen.

In einem anderen Einzelgespräch erinnere ich mich, dass ich das Motto der Exerzitien »Halt an, wo willst du hin, der Himmel ist in dir?« aufgriff, indem ich den Studenten, der sehr getrieben wirkte von seinen hohen Ansprüchen und Zielsetzungen, bat, einmal seine Hand auf sein Herz zu legen, ganz bewusst zu atmen und dabei mit seiner Hand zu spüren, wie viel Lebensenergie jetzt in diesem Moment, in dieser Gegenwart in ihm vorhanden sei. Ich empfahl ihm, diese kleine Übung immer wieder zu wiederholen, vor allem in Situationen, in denen er sich besonders »rennend« und zielstrebig (in einem Sinn, der einen die Gegenwart verdrängenden Charakter erhält) erlebt.

4.2 »Stopp!«: Wo finde ich und setze ich meine Grenzen?

Immer wieder erlebe ich, dass Studierende es noch nicht schaffen, klare Grenzen zu ziehen.

Sie fühlen sich überfordert (und sind es oft auch), da ein deutliches Nein zu setzen, wo ihnen das Studium oder andere Verpflichtungen zu viel Energie abverlangen. Sie spüren ein Durcheinander an Stressoren, können diese zum Teil aber nicht klar genug analysieren. Sie äußern körperliche Beschwerden, ohne diese in Bezug zu den verschiedenen Stressoren setzen zu können.

So versuche ich mit ihnen einen kleinen Schritt dahingehend weiterzukommen, dass sie ihre Krafträuber erkennen, ihre Grenzen deutlich sehen und kontinuierlicher Überforderung Widerstand entgegensetzen.

»Es ist ein altes Bioenergetisches Prinzip, dass ›Du nicht Ja sagen kannst, bevor Du nicht Nein sagen kannst‹« (Shapiro, 2008, S. 238f.).

Der Widerstand ist in vielfacher Hinsicht gefordert:

Ich erinnere mich an zwei Studentinnen, die durch stark depressive Lebenspartner in eine Art Co-Abhängigkeit geraten waren. In mehreren Sitzungen haben wir versucht, die Grenzen zu sehen, zu klären und mit Unterstützung der Arme und dem lauten »Nein!« einzuüben.

Eine schwere Aufgabe ist auch die Grenzziehung zum familiären Bereich. Der Ablösungsprozess vom Elternhaus ist gerade auch für die elterliche Seite nicht leicht. Immer wieder wird mir vonseiten Studierender von der Belastung erzählt, die aus der Unfähigkeit loszulassen vonseiten der Eltern ausgeht. Am Studienort, womöglich auf wirklich fremdem Terrain einen guten Stand zu finden, ist für manche schwer genug und wird erschwert durch elterlichen Erfolgs- und Kontrolldruck.

Meine bisherigen Erfahrungen der Körperarbeit mit Studierenden zeigen mir deutlich, dass ihr großer Wille zur Selbstgestaltung des eigenen Lebens, der sich durch verschiedene Stressfaktoren bei ihnen hinter Verspannungen verschanzt hat, durch befreiende Übungen, wie dem bioenergetischen Bogen, wieder zum Fließen gebracht werden kann. Öffnung für bessere Atmung und aggressive Nein-Übungen sind eine mögliche körperliche Unterstützung auf der Suche nach einer in sich ruhenden Identität, die um ihre Ich-Grenzen weiß.

4.3 Liebeskummer: Wenn mir das Herz bricht und der Atem stockt

Instabile und zerbrechende Beziehungen, Enttäuschungen und erfolglose Partnersuche sind ein großes Thema in meinen seelsorglichen Begegnungen. Die jungen Erwachsenen sind oft noch auf der Suche nach einem eigenen Bindungsverhalten, das Sicherheitsbedürfnis (Angst vor dem Fallen) und das Ausprobieren oder Erhalten von Autonomie in die Balance zu bringen sucht.

In der Körperarbeit sind hierbei stützende Übungen (Rücken an Rücken; Hände auf Rücken) hilfreiche Körpererfahrungen dieser möglichen Balance.

Bei einer Studentin erlebte ich eine so intensive Anlehnungsbedürftigkeit, dass sie ihren (inzwischen ehemaligen) Freund zu erdrücken drohte. Wir sind uns im Gespräch bewusst geworden, dass diese übergroße Bedürftigkeit weit zurückliegende Wurzeln haben könnte. Sie wollte dies in einer psychoanalytischen Therapie einmal genauer anschauen.

Sehr eindrücklich war mir, wie sie ihren Liebeskummer in mehrerlei Hinsicht körperlich zum Ausdruck brachte: Sie litt wochenlang unter Appetitmangel und fing an, exzessiv Sport zu treiben.

Ich riet ihr dringend, sich hierzu ärztliche Hilfe zu suchen und blieb in »Alarmstellung«. Sie war aber im Laufe der Wochen dann doch in der Lage, wieder einen einigermaßen normalen Appetit zu entwickeln, sodass ich beruhigter war. Im Blick auf ihr Sportbedürfnis kam ich mit ihr im Gespräch auf mehrere Funktionen dieses extremen körperlichen Ausagierens: Ganz deutlich war dabei die aggressive Komponente des Adrenalinabbaus. Aber ihr Rachegefühl ging soweit, dass sie ihren Körper dazu verwendete, den Hass auf den Ex-Freund gegen sich selbst zu richten: Indem sie nichts mehr aß und sich sportlich völlig verausgabte, schrie sie mit ihrem Körper nach Zuwendung, ohne sich aber den tiefen Schmerz und die Trauer zugestehen zu wollen. Durch die Erhöhung ihrer körperlichen Attraktivität (schlanker, fitter) ließ sie ihren Körper sprechen: »Sieh her, mir geht's besser als je zuvor ohne Dich!« und »Ich bin so attraktiv, ganz klar, dass mich alle toll finden!«. Doch zugleich gab sie das entgegengesetzte Signal: »Ich kann nicht mehr achtsam und zärtlich sein, nicht mal mehr zu mir selbst. Ich hasse alles, sogar mich.« Auf der Suche nach dem eigenen Ich war sie vom Extrem der totalen Anlehnung in das andere Extrem der körperlichen Unnahbarkeit (die, die keine Hilfe braucht und die vor Schönheit und Kraft strotzt, aber sich selbst verabscheut) gerutscht. Das anlehnungsbedürftige Herz war ihr zerbrochen. Das ließ sie so ins Rennen und in die Flucht kommen, dass ich in ihrem Ausdruck ihre Atemlosigkeit spüren konnte. Sie »rannte«, weil sie so entwurzelt war, dass sie gar keinen Halt mehr zu finden schien.

Ich machte ihr das Angebot, mit ihr an ihrem momentanen Körperumgang zu arbeiten. Leider kam es nicht dazu. Ich könnte mir vorstellen, dass der Atemschemel bei ihr befreiende Wirkung hätte haben können, der sie von der sportlichen Funktionalisierung ihres Körpers hinführen könnte, alle ihre Traurigkeit zum Ausfließen zu bringen. Shapiro (2008, S. 245) geht es genau um diese Heilung der Spaltung von Zärtlichkeit und Aggression in der Sexualität: »In der gespaltenen Persönlichkeit ist Zärtlichkeit an das innere Kind, der aggressive Antrieb hingegen an das erwachsene Ich gebunden. Ein solcher Mensch kann entweder Zärtlichkeit oder Aggression, aber nicht beides gleichzeitig empfinden« (ebd., S. 237).

Ebenso sind hier Körperübungen vorstellbar, die die Angst vor dem Fallen ins bewusste Erleben holen und damit sowohl einen Umgang mit dem Fallen schaffen als auch die Erdung vertiefen könnten (Erdungsübungen).

Ein weiterer Stressor waren für die Studentin die bevorstehenden Examensprüfungen. Nach der sehr negativen Erfahrung der ersten mündlichen Prüfung, kamen wir im nachfolgenden Gespräch auf ihre Verzweiflung angesichts der Prüfung zu sprechen. Als ich fragte, ob sie denn als Kopf oder als ganzer Mensch vor dem Prüfer gesessen hatte, sah sie mich erstaunt an: »Natürlich nur als Kopf! Da ist ja schließlich alles Wichtige drin!«

Ich versuchte ihr zu erklären, welche Wirkung das auf den Prüfer haben könnte, wenn sie im Kopf hoch aufgeladen, aber ohne Boden unter den Füßen versuchte, ihr Wissen anzubringen. Der Prüfer würde die regelrechte »Bodenlosigkeit« ihrer angelernten Thesen klar bemerken.

Ich gab ihr einige Übungen mit nach Hause, mit deren Hilfe sie versuchen sollte, die Energie vom Kopf in die Füße zu bekommen: zum Beispiel den bioenergetischen Stand, Atmung nach unten, die Vorstellung (Imaginationsübung), dass ihr Wissen jetzt einen festen Stand auf gutem Fundament zu stehen kommt, und sie als Ganze von Kopf bis Fuß ihr Wissen vertreten(!) kann.

Einige Wochen später, in denen sie zu Hause bei ihren Eltern gelernt hatte, kam die Nachricht von ihr, dass die zweite Prüfung sehr gut gelaufen wäre.

Das Thema Liebeskummer kommt immer wieder auch in der Traurigkeit über unerfüllte Liebe zum Ausdruck. Eine Geisteswissenschaftlerin beklagte sich: »Intellektuelle Gespräche schaffe ich mit meinem Traummann ja zu führen, aber ansonsten – na ja, es geht mir ja selbst so, wenn ich in den Spiegel schaue.«

Oder ein Student will von mir wissen, wie er äußerlich so wirke. Ob es möglich wäre, dass er eines Tages auch endlich mal eine Freundin finden könnte.

Statt eines Gespräches über das Für und Wider eigener Beziehungs- und Schönheitsvorstellungen habe ich beiden Studierenden mit einer Selbstmassage im Gesicht versucht, ein Gespür für die eigene Schönheit entdecken zu lassen. Im Gespräch haben wir uns anschließend vorzustellen versucht, welche Gefühle dies beim geliebten und ersehnten Partner hervorrufen könnte. Die Imaginationsübung war folgende: »Ich sage ›Ja‹ zu mir, stehe gut, ich gefalle mir außerordentlich gut. Und stelle mir vor: Ich treffe jetzt auf die/den ›Angebeteten‹ …«

4.4 Wenn Trauer mich nicht mehr schlafen lässt

Hier gehe ich auf zwei junge Frauen (ich nenne sie D. und K.) ein, die sich in tiefer Trauer befinden. Bei beiden lösen die Trauer und weitere Stressfaktoren eine derartige innere Anspannung aus, sodass sich ihr Körper nicht mehr von diesem Energiestau entladen kann und ihnen vehemente Schlafstörungen bereitet.

Vor einigen Wochen begann ich deshalb mit D. die Traumaübungen nach D. Berceli zu machen. Inzwischen ist D. stationär in psychotherapeutischer Behandlung. Die Übungen haben ihr sehr zugesagt und ein wenig Entspannung ermöglicht (u.a. auch das »Ausstreifen« der Spannung an Armen, Beinen und Kopf im Liegen). Sie will diese Übungen unbedingt in ihren Tagesrhythmus einbeziehen.

Nach Abschluss der stationären Behandlung berichtete mir D., dass sie gerade die körperlichen Komponenten der Therapie sehr angesprochen hätten (u.a. tanztherapeutische Elemente).

Bei K. kam ich im letzten Gespräch zu dem Eindruck, dass ihr hoch angespannter Oberkörper und vor allem das Gesicht (Mundpartie) Ausdruck dafür sind, die tiefliegenden Emotionen unter Kontrolle zu halten. Vergleichbar mit der »Kleiderbügel-Position« nach Lowen (2008, S. 204f.) konnte K. durch ihre Hemmungs-Haltung keine Entspannung finden. Ihre Füße standen zugleich sehr wackelig und eingerollt auf dem Boden. Mir kam der Impuls, mit ihr Erdungsübungen zu machen, die ihr am ganzen Körper Energieentladung in den Boden hinein ermöglichten. Wir gingen im Vierfüßlerstand in bewusste Spannung (ein Fuß nach vorne, Wechsel), dann in die »Bretthaltung«, um schließlich die Entspannung auf dem Boden liegend spüren und genießen zu können. Ich riet ihr, diese Übung immer wieder, besonders auch am Abend, zu machen. K. konnte viel Entladung und Entspannung wahrnehmen und ihre tiefliegende Erschöpfung und traurige Müdigkeit spüren.

In einer unserer ersten Sitzungen dagegen habe ich bei K. sehr viel Wut über die verstorbene Mutter wahrgenommen. Als sie meinen Eindruck bestätigte, gab ich ihr die Möglichkeit, diese Wut durch Stimmausdruck und Schlagen auf einen Boxsack zum Ausdruck zu bringen. Diese Übung bot ihr ganz offensichtlich ein wohltuendes Ventil für ihre latenten Aggressionen. Im Laufe ihres Trauerprozesses jedoch nahm diese Wut ab.

Inzwischen hat sich vieles für K. verändert, so sind etliche Stressoren nicht mehr vorhanden. Der Ausdruck ihres Gesichtes ist stark verändert, so hat sich zum Beispiel ihre Mundpartie sehr entspannt.

5. Zusammenfassendes zum Schluss

Auf der Suche nach der eigenen Identität ist es grundlegend wichtig, ganzheitlich zu denken und die Integration des Körpers und seine Wahrnehmung als Identität stiftenden Aspekt nicht aus den Augen zu verlieren. Identitätsentwicklung und Persönlichkeitsbildung in der *Spät-/Postadoleszenz* muss die leib-seelische Einheit der Person zum Ziel haben. Gerade im Kontext eines Hochschulstudiums ist diese psychosomatische und somato-psychische Untrennbarkeit von Geist/Seele und Körper immer wieder ins Bewusstsein zu rücken. Der Seelsorge kommt hier auf der Basis des christlichen Menschenbildes eine besondere Aufgabe zu. Es ist zentrale Zielrichtung des Evangeliums, dass Menschen zu der Verlorenheit ihrer Emotionen und ihrem in Vergessenheit geratenen Körper in eine neue Beziehung gesetzt werden und damit eine befreite Lebendigkeit ihrer selbst, einem als Ganzem geschaffenen Wesen, wiederentdecken können. Als Ganzer geschaffen, bedeutet für einen Menschen, diese Ganzheit des wahren Menschseins immer wieder neu zu suchen.

Als Hochschulseelsorgerin sehe ich deshalb in der bioenergetischen Analyse und ihrer Übersetzung in die Seelsorge eine sehr bereichernde Möglichkeit, junge

Erwachsene zu einer intensiveren und körperlich-emotionalen Selbstwahrnehmung als ganzer Mensch einzuladen und anzuleiten. Hierbei gilt für mich der Grundsatz der wertschätzenden Annahme und der sorgsam reflektierten Beziehung zum Gegenüber in der Seelsorge.

Bei einer Umfrage unter Studierenden kam heraus, dass ihnen die Erfahrung von Gemeinschaft das Wichtigste in der Studierendengemeinde ist. Vielleicht kann meine körperorientierte Seelsorge ein kleiner Beitrag sein, ihnen nicht nur die Gemeinschaft (im Sinne von Kontakt) mit anderen, sondern auch eine neue Gemeinschaft mit sich selbst als Intellekt und als Körper zu ermöglichen.

Sie werden sich (und ich werde mich) jeweils ein Stück weit auf einer neuen Ebene kennenlernen, die die ganze Wortlastigkeit des Universitätsbetriebes in eine gesunde Distanz rücken lässt.

Literatur

Berceli, D. (2010). *Körperübungen für die Traumaheilung* (2. Aufl.). Elsfleth: Norddeutsches Institut für Bioenergetische Analyse e.V.

Blos, P. (1992). *Adoleszenz. Eine psychoanalytische Interpretation* (5. Aufl.). Stuttgart.

Danzer, G. (Hrsg.). (1998). *Psychosomatik – Gesundheit für Körper und Geist*. Darmstadt.

Danzer, G. (1998). Kopfschmerz oder der Wunsch grenzenloses Subjekt zu sein. In G. Danzer (Hrsg.), *Psychosomatik – Gesundheit für Körper und Geist* (S. 246–256). Darmstadt.

Haar, R. (2010). *Persönlichkeit entwickeln. Beratung von jungen Menschen in einer Identitätskrise*. Göttingen: Vandenhoeck & Ruprecht.

Keleman, S. (2007). Die Reifung des somatischen Selbst. In G. Marlock & H. Weiss (Hrsg.), *Handbuch der Körperpsychotherapie* (2. Aufl.) (S. 246–255), Stuttgart: Schattauer.

Lowen, A. (2008). *Bioenergetik* (Neuausgabe v. *Bioenergetics* 1975). Hamburg: Rowohlt TB.

Lutz, J. (2011). Depression – Ein Leitfaden für Patienten. *Forum Bioenergetische Analyse* (2011), 143–159.

Paulsen, S. (2013). Die Behandlung von Leib und Seele. In I. Possemeyer, *Das Gedächtnis des Körpers*. *GEO* (2/2013), 80–91.

Shapiro, B. (2008). Die Spaltung von Zärtlichkeit und Aggression in der Sexualität heilen, In V. Heinrich-Clauer (Hrsg.), *Handbuch Bioenergetische Analyse* (S. 237–249). Gießen: Psychosozial-Verlag.

Die Autorin

Eva Siemoneit-Wanke ist Hochschulpfarrerin in der Evangelischen Studierendengemeinde (ESG) Erlangen. Arbeitsschwerpunkte: Gemeindeprogramm in der ESG (Gottesdienste, spirituelle, thematische, gemeinschafts- und bildungsorientierte Angebote), Kontakte/Netzwerke in die Universität und Stadt Erlangen, interreligiöser

Dialog, intensive Seelsorge und Beratung für Studierende verschiedenster Semester und Fakultäten, insbesondere auch für Studierende aus dem Ausland.

Kontakt

Eva Siemoneit-Wanke
ESG Erlangen
Hindenburgstraße 46
91054 Erlangen
E-Mail: sie-wanke@esg-erlangen.de
Internet: www.esg-erlangen.de,

Körperseelsorge in der Klinik

Impulse, Interventionen und Angebote

Marion Kohl

1. Klinikseelsorge ist Körperseelsorge

Seelsorge in einem Klinikum ist Seelsorge in einem besonderen Kontext. Die Menschen, die mir begegnen, sind zumeist in einer außergewöhnlichen Lebenssituation. Häufig haben sie bereits Klinikerfahrungen gemacht, waren in anderen Häusern, haben verschiedenste Therapien über sich ergehen lassen müssen und sind nun in einem Haus der Maximalversorgung angekommen. Hier erhoffen sie sich Hilfe von Spezialisten und Therapien, die schließlich doch greifen und weiterhelfen, weiter leben lassen.

Die Begegnungen mit den Patienten und Patientinnen sind angeforderte oder auch zufällige.

Seelsorge ist (unmittelbare) Begegnung und heißt für mich: ich bin da, mit dem, was ich bin und was mich ausmacht, bewegt, was ich glaube und fühle, da, als ganzer Mensch dem Menschen gegenüber und an seiner Seite und ich begegne dem Anderen mit Leib und Seele.

Seelsorge in der Klinik ist für mich: annehmend, wahrnehmend, mich einlassend, präsent sein möglichst mit allen Zellen, Poren und Sinnen (Lowen, 2011, S. 108f.), nachfragen, nachgehen und sichtbar sein gehört ebenso zu meinem Seelsorgeverständnis wie Achtsamkeit, Achtung, Wertschätzung, »Spürsamkeit« (Dieses schöne, treffende Wort verdanke ich: Dr. Liebau-Bender), Grenzen erkennen und aufzeigen.

»Ich bin krank gewesen, und ihr habt mich besucht« (Mt 25), ist für mich ein zentrales Wort, wie auch die Emmausgeschichte (Lk 24). Der ganze Mensch ist gemeint, so wie er ist, wie er sich zeigen kann und wahrgenommen werden will.

Diese Seelsorge basiert auf der grundsätzlichen Annahme Gottes, seiner bedingungslosen Liebe zu uns Menschen und geht vom *ganzheitlichen Menschenbild* aus.

Als Seelsorgerin bin ich in meinen Begegnungen angewiesen auf das, was ich wahrnehme, sehe, fühle, rieche, höre, spüre, gerade in den Kliniken, die ich betreue.

In besonderem Maße gilt das für Patienten, die sich nicht verbalisieren können, etwa auf den Intensivstationen oder auch gerade für Sterbende in ihren letzten Stunden.

In der Seelsorge geht es für mich um Seele und Körper, denn der Mensch ist beides. Das Bild vom Leib als Tempel fügt sich für mich hier gut ein, wie auch ein liebender Gott, der *leibhaftig* in Christus Anteil nimmt an unserem Leben.

»Wenn Menschen denken, fühlen und handeln, tun sie dies nicht, wie körperlose Gespenster. Der Körper ist immer mit im Spiel« (Storch, 2006, S. 37).

Es folgt für mich als Konsequenz, dass Seelsorge immer auch Körperseelsorge ist und es um die grundsätzliche Annahme und Begleitung von Körper *und* Seele geht, »denn der Mensch ist Körper und ist Seele; die Seele verkörpert sich und der Körper ist beseelt« (Liebau-Bender, 2011, S. 5). So ist es eine Folge, dass es in der seelsorgerlichen Begegnung immer wieder auch um Eindrücke, Ausdrucksformen und Körperbilder geht, das heißt, es geht um direkte und unmittelbare Begegnung und darum, dass diese Wahrnehmung auch versprachlicht oder körperbildlich gespiegelt werden kann. Auf diese Weise kann zur Sprache kommen, was *emotional* gezeigt, aber noch nicht verbalisiert werden kann. Aber auch im Umkehrschluss können Gefühle verstärkt oder geweckt werden durch Übungen und Berührungen, eine neue Haltung oder den Atemfluss. Dabei ist für mich wichtig zu beachten, dass auch ich selbst *immer mit im Spiel* bin, im Wechselspiel, als Gegenüber, als Spiegelbild, im Einklang oder in Abwehrhaltung.

So löst auch meine Haltung, meine Bewegung, mein Körperbild in dem Anderen etwas aus. Ich nehme das ebenso gewissenhaft wahr und bin mir darüber bewusst, denn *Seelsorge ist lebendiges, wechselseitiges Beziehungsgeschehen*.

2. Körperseelsorgerliche Angebote: Voraussetzungen und Erfahrungen

Die Patientinnen und Patienten, die ich begleite, sind zumeist bettlägrig. Sie sind auf ihre Körperfunktionen konzentriert und werden entsprechend befragt, horchen in sich hinein, erleben den eigenen Körper mitunter als unberechenbar oder feindselig, eine »Größe«, auf die sie sich plötzlich nicht mehr wirklich verlassen können. »Das ist wie bei einer Prüfung und manchmal fällt man durch, wenn die Werte nicht stimmen«, so formulierte es ein Patient.

Sie stehen vor langen Therapiezeiten, Chemo- und Strahlentherapien, erleben durch chirurgische Eingriffe belastende *Einschnitte* in ihr Leben und fühlen sich in ihrem Körper manchmal *einfach nicht mehr zu Hause*. Repariert werden, schnell das alte und vertraute Leben wieder haben wollen und manchmal zugleich wissen, dass es nicht mehr so sein wird und sich Lebensmöglichkeiten völlig verändern. »Ich habe den Boden unter den Füßen verloren«; »Mein Herz rast«; »Ein Erdbeben«; »Alles steht Kopf«.

2.1 Wahrnehmung

Als Seelsorgerin lasse ich Raum, eröffne ich Räume, in denen der Mensch das zeigen kann, ausdrücken und ansprechen kann, was ihm gerade jetzt wichtig ist, ihn bewegt und berührt. Dabei ist es mir wichtig, zuzulassen, was ist und den Menschen in seinem Sein angemessen zu begleiten und zu unterstützen. Selbstverständlich achte ich auf mein Gegenüber, nehme wahr und beachte, was ich gerade aufnehme an Gefühlen, Ausdrücken und Bewegungen, aber auch, wie sich mir der Raum – das Patientenzimmer – selbst erschließt, welche Hinweise ich darüber erhalte. Das von mir Wahrgenommene drücke ich behutsam aus und vergewissere mich so, ob es stimmig ist und von meinem Gegenüber bestätigt werden kann.

2.2 Atmung

Ich nehme die Atmung des anderen Menschen wahr, spüre mich ein, gehe manchmal auch vorsichtig in den Atemrhythmus des Anderen, besonders, wenn ich Sterbende begleite oder auf den Intensiveinheiten bin. Der Atem und der Atemrhythmus können gute Hinweise sein und machen mich mit dem Menschen, meinem Gegenüber, vertrauter. Der Atem, wichtiger *Lebensfluss*, Grundlage allen Lebens verbindet uns untereinander und mit Gottes Schöpfung.

Mit einem Menschen atmen, das heißt für mich: Ich nehme mir Zeit und Ruhe, lasse mich ein, suche einen guten Stand, erde mich und bin präsent. Der Atem ist das, was wir ganz am Lebensende zurückgeben, loslassen, von Gott gegeben, zu Gott zurück.

»Gott gab uns Atem«, heißt es in dem Gesangbuchlied von Eckart Bücken (1982).

Der Atem fließt durch uns hindurch und macht uns lebendig, immer wieder. Ganz ohne unser Zutun geschieht unser Atmen und doch steht dieser in direkter Resonanz zu dem, was wir fühlen. Im Atem drücken sich (auch) Gefühle aus. Ein Beispiel: Eine Krankenschwester seufzt tief und laut hörbar im Patientenzimmer auf. Ich spreche das an vor der Patientin und die Schwester sagt zu mir: »Das ist nicht mein Seufzer, das ist der von Frau Y.«, dabei streicht sie liebevoll über die Hand der Patientin. Wir kommen miteinander ins Gespräch über das ganz Schwere, das Frau Y. bislang nicht formulieren konnte und das die Schwester gespürt hat.

Oder: Ich halte fest, mein Atem kommt ins Stocken, wenn ich Angst habe, nicht weiß, was auf mich zukommt. Oder: Es nimmt mir etwas den Atem, ich bekomme nicht mehr genug zum Leben; eine sehr dramatische und existenzielle Erfahrung, die Angst auslöst (Lowen, 2011, S. 136). Ich halte aber auch den Atem an, wenn ich mich auf etwas konzentriere. Das kann sein, dass ich intensiv bei der Sache bin, oder auch, dass ich mich expressiv bemerkbar machen will durch Schreien oder intensive

Bewegungen, eine Vorbereitung oder ein *Anlauf nehmen*. Ruhiges Atmen zeigt Entspannung und Losgelöstsein, Einverständnis. Oder: Der Atem (und damit auch der Herzschlag) beschleunigen sich; Aufregung und Anspannung können die Ursache sein. In der Klinik ist es oft auch der Schmerz oder eine niederschmetternde Diagnose. Am Ende des Lebens braucht auch das Atmen seine Zeit, kommt ins Stocken, hat Atempausen, gefolgt von neuen und wieder ganz tiefen Atemzügen – noch einmal das ganze Leben aufnehmen –, und wieder loslassen, immer wieder, bis zum letzten großen Schritt. Atmung ist Ausdruck und Bewegung gleichermaßen, ganz zart oft, aber immer da, bis zu unserem Ende.

2.3 Körper/Leib

Als Klinikpfarrerin habe ich auch die Körperbilder des Menschen im Blick, die sich im Laufe der Zeit durch Operationen, Chemotherapien und Bestrahlungen verändert haben. Ich sehe hin und lasse mir auch zeigen, was anders ist und Not macht. Immer wieder erlebe ich das als großes Vertrauensgeschenk, wenn Patienten ganz offen ihre Wunden und ihre Leiden zeigen. Narben, Wunden, Amputationen: Das, was sie körperlich tragen, was manche Menschen nicht sehen können: »Schau du es an und halte das ein Stück auch mit mir aus.« *Hinsehen und ansehen*, daraus folgt manchmal – mit dem Einverständnis des Patienten – auch die ganz behutsame Berührung, etwa eines durch Lymphe ganz und gar zum Bersten gestauten Beines oder des so empfindlichen Kopfes, der durch die Chemotherapie ganz kahl geworden ist. Ich vergewissere mich, was der Mensch braucht und was ihm jetzt gut tut und prüfe, was ich an diesem Tag geben kann. Achtsam, behutsam, spürsam und liebevoll versuche ich dem Menschen mir gegenüber zu zeigen: Ich sehe Dich und sehe Dich an. Du bist so und darfst genau so sein, vielleicht ganz anders als alle Ideale, aber Du bist Du und so bist Du ganz und gar angenommen, gerade auch von unserem Gott. »Ich bin viel mehr, als meine Gebärmutter«, Ausspruch einer jungen Patientin. Das ist ein so wahrer und tief empfundener Satz und spiegelt das, was ich empfinde, im übertragenen Sinne sehr gut. Den Menschen in seiner verletzten und gekränkten Körperlichkeit ganz an zu sehen und leibhaftig wahrzunehmen, heißt für mich immer auch: ihn ganz und gar zu achten, wert zu schätzen und wurzelt in der unverbrüchlichen Würde, die uns Gott zuspricht. Für mich ist das eine Grundhaltung in meinem Dienst.

2.4 Grounding/Erdung

Das gemeinsame Hinsehen und Ansehen hilft mitunter, den eigenen Körper, so wie er jetzt ist, dann wieder annehmen zu können. Langsame, vorsichtige Annäherungen an den eigenen Körper sind das oft. Sich wieder einfühlen und das Gegenwärtige annehmen. »Das gehört jetzt so zu mir und das bin ich jetzt.« Im bioenergetischen Sinne kann an dieser Stelle auch von Verwurzelung, Grounding/Erdung gesprochen werden. Der Patient verwurzelt sich wieder im eigenen Körper, steht *auf dem Boden der Tatsachen* (vgl. Liebau-Bender, 2011, S. 17) und erfährt »Halt […] durch die Stimme, den Blick, Berührung, Körperkontakt in der Beziehung zu einer anderen Person« (Clauer, 2009, S. 81; vgl. Liebau-Bender, 2011, S. 18).

Wenn das Körperbild und -Empfinden nach medizinischen Eingriffen plötzlich oft neuartig und fremd ist, kann sich der Mensch dadurch behutsam wieder im eigenen Körper zu Recht finden und zulassen, was ist.

Sich verwurzeln, mit dem, was trägt und sich spüren, von Kopf bis Fuß, ist für große und kleine Menschen wichtig, besonders, wenn sie im Bett liegen und die Füße in der Luft und eben tatsächlich ganz ohne jeden Boden-Kontakt sind (so *hängen* die Patienten auch im übertragenen Sinne *oft in der Luft*, da sie nicht wissen, was mit ihnen passiert und wie es weiter geht).

Da werden Kissen gelegt und *Nestchen* gebaut. »Ich habe meine Beine und Füße berühren lassen, um mich wieder ganz zu fühlen«, so formulierte es kürzlich eine Patientin.

In der Begegnung mit Patienten achte ich auf Bewegung und Ausdruck. Hier ist ebenfalls erfahrbar, wie es mit dem Patienten steht und wie es ihm geht. Mimik und Körperhaltung liegen dabei ebenso im Fokus, wie Atemfluss und Bewegung.

2.5 Bewegung und Ausdruck

Für Patienten, die körperlich sehr eingeschränkt sind, teilweise sogar gelähmt oder beatmet, ist oft nur eine sehr kleine Bewegung möglich und das genaue Hinsehen ist daher besonders wichtig. So kann schon eine kleine Handbewegung, ein Blinzeln, ein deutlicher Ausdruck für Zustimmung oder Ablehnung sein. Die Atembewegung zusammen mit dem Herzschlag, der besonders auf den Intensivstationen sichtbar und hörbar ist, kann Ausdruck der Freude, Angst oder Panik sein. In einem Stoßseufzer kann Befreiung wie Last ausgedrückt werden. Genau hinschauen und behutsam rückfragen, ob das Gesehene richtig gedeutet wurde, ist wesentlich für den Prozess der seelsorgerlichen Begleitung.

Immer wieder erlebe ich auch, dass Patienten sich sehr kontrollieren, um nicht aus der Rolle zu fallen und weiterhin gemocht zu werden. Sie sind sich ihrer Abhängigkeit bewusst und versuchen, sich mit ihrer Situation so zu arrangieren, dass sie nirgends anstoßen, also: keine Aggression zeigen, nicht fordernd, nicht klagend sein. Eine derartige Kontrolle kostet natürlich zusätzlich Kraft und bindet Energien. Meist lässt sich ein solches *Arrangement* auch nicht dauerhaft aufrechterhalten. Ich versuche, im seelsorgerlichen Kontakt, die Patienten zu stärken und ermutige sie, gut für sich zu sorgen. Besonders auf meine Wahrnehmung angewiesen bin ich, wenn die sprachliche Verständigung gänzlich entfällt. Hier muss ich mich in besonderer Weise auf mein Gespür, meine Intuition verlassen: Was sehe, höre, empfinde ich? Wie begegnen mir die Augen des Menschen? Sind diese voller Tränen, oder ängstlich, abweisend oder eingetrübt? Manchmal sind auch die Augen geschlossen, befeuchtet mit kleinen Läppchen. Dann ist es der Atem, die Lage, der Herzschlag im Monitor, der dann in meinen Wahrnehmungsfokus rückt. Das braucht Zeit.

Oft ist es dennoch bereits in den ersten Momenten einer Begegnung in beeindruckender Weise möglich, einen Eindruck durch den Ausdruck eines Menschen zu bekommen: Augen, Mimik, Stimme, Lautmalerei, Atmung, sowie Körperhaltung geben oft deutliche Hinweise (vgl. Lowen, 2011). Es kann auch hilfreich sein, einen Moment die Körperhaltung oder Mimik des Gegenübers ein zu nehmen, zu spiegeln, oder diese sich vorzustellen (vgl. ebd., S. 110) und ich kann durch den Körperausdruck einen Eindruck, ein Gefühl für das Gefühl und die Stimmung des Anderen bekommen, mich besser einfühlen.

3. Körperseelsorgerliche Begleitungen

3.1 Frau K.: Wie setze ich meine Grenzen um und sorge für mich?

Frau K., Anfang 60, sportlich-elegante Person, macht einen frischen Eindruck, lebendig und wach, kreativ, ist wegen eines Rezidivs erneut in der Klinik. Die Prognose ist schlecht. Sie weiß darum. Auf dem Nachttisch liegen Garten- und Naturhefte, die große Fensterbank steht voller Gartenblumen und schönen Mitbringseln. Auf dem Nachttisch stapeln sich CDs. Sie trägt eine Perücke und bekommt Chemotherapie und Bestrahlung. Sie hat um Besuch gebeten. Wir kennen uns von einem Besuch ihres letzten Klinikaufenthaltes. Sie ist ständig an ein Sauerstoffgerät angeschlossen.

Nachdem ich an ihrer Seite Platz genommen habe, beginnt Frau K. unvermittelt: »Ich bin in mir nie angekommen. In mir ist soviel mehr, als ich gezeigt habe. Ich habe nur funktioniert.« Frau K. erzählt aus ihrem Berufs- und Familienleben, auch, wie sie während ihrer Erkrankung für sich gut gesorgt hat und dass sie deutlich gespürt hat, dass in ihr *etwas* passiert. Ich sehe ihre innere Bewegung und ihre Tränen und spreche das behutsam an. Sie ist enttäuscht von ihrer Familie und fühlt sich nicht ernst genommen, nicht unterstützt. Besonders die großen Probleme mit der Mutter, die ständigen Auseinandersetzungen, machen ihr zunehmend zu schaffen. Die Gespräche mit und über die Mutter erlebt sie als extrem belastend und Angst machend.

»Ich will mal nicht mehr funktionieren. Möchte meine Kraft jetzt für mich gebrauchen, nicht für ständige Konfrontationen mit kränkenden Situationen. Ich rege mich dann so auf und kann nicht mehr zur Ruhe kommen. Meine Angehörigen verstehen das nicht. Die finden, ich sollte diese Besuche zulassen, aber ich spüre, dass mir das nicht gut tut.« Frau K. weint und fährt fort: »Ich will das nicht mehr. Meine Familie fängt immer davon an. Ich müsste mich jetzt versöhnen, aber ich will es noch nicht. Ich brauche jetzt alle Kraft für mich. Ich habe damals gespürt, dass in meinem Körper etwas passiert, was mir nicht gut tut und habe alles zugelassen, trotzdem. Jetzt will ich das anders. Auch wenn alle immer wieder damit anfangen. Ich kann nicht mehr schlafen, finde keinen Abstand, besonders wenn sie abends damit anfangen, oder vorm Einschlafen noch anrufen. Dann brauche ich Tabletten, um runter zu kommen.« Frau K. atmet tief durch, verschränkt resolut die Arme vor dem Bauch, die Ellenbogen zeigen kräftig abweisend nach außen. Ich sehe das und sage: »Ja, bloß nicht zu dicht kommen lassen. *Abstand.* Lasst mich damit in Ruhe!«

»Ja, genau«, sagt Frau K.: »Genau so fühle ich das!« »Und ich sehe das sogar«, bekräftige ich, »und höre es nicht nur! ABSTAND! Die Arme entschieden vor dem Bauch verschränkt.« Ich verschränke wie sie – sie liegt immer noch so entschieden da – die Arme vor meinem Bauch, spiegele ihren Körperausdruck und sage laut: »Bleibt mir damit vom Leib! Lasst mich damit in Ruhe! Schluss jetzt! So sieht das aus!« Frau K. lacht: »Jawoll, ganz genau! Lasst mich damit bloß in Ruhe!« »Das ist schon eine starke Geste«, sage ich, »und was ist, wenn Sie das abends genau so stark machen, wenn alle auf Sie einreden?« »Das reicht nicht!« sagt sie. Ich: »Dann liegt schon das ganze Problem im Bett und Sie können nicht mehr schlafen.«

»Genau!«, antwortet sie. »Und wenn Sie das kräftig *abschütteln*?« Frau K. lacht (trotz Atemnot und Sauerstoffgerät!). »Na wie?« und ich zeige ihr, wie das vielleicht sein könnte. Frau K. lacht herzhaft: »Ach, lachen tut so gut. Wir lachen ja! Wie schön! Abschütteln ist eine gute Idee«, sagt sie. »Sie können es auch *abstreifen* und sagen dazu etwas, wie – und Frau K. ergänzt spontan: »Ich will das nicht, so was?« »Ja, wenn das für Sie richtig ist, dann so was. Oder: *Schluss damit! Halt! Stopp! Lasst mich damit in Ruhe!*« erweitere ich. »Ja, das geht gut. Das fühlt sich richtig gut an«, sagt Frau K. und lacht wieder.

»Und das Bett?«, frage ich, »ist da noch was drin von dem ganzen Schweren, was Ihnen Andere zumuten und einfach reinlegen?« Frau K. überlegt kurz und nickt, während eine Schwester die Türe öffnet und die Betten machen will, gefolgt von der Reinigungskraft, die wischen will. »Die beiden kommen wie gerufen«, sage ich, »oder?« Frau K. schaut mich fragend an.

»Wie wäre es, wenn Sie ihr Bett mal ganz besonders kräftig ausschütteln lassen und den Bezug ganz kräftig glatt streichen lassen und dann wird noch besonders gut unter dem Bett gewischt?« Frau K. strahlt und lacht laut und unbekümmert. »Das ist eine gute Idee, eine richtig gute Idee. Das mache ich, das fühlt sich gut an. Alles raus aus dem Bett, was da nicht hingehört! Ja, genau so mache ich es.« Frau K. atmet durch und lacht, trotz Atemnot. Dann sagt sie: »Können Sie sich vorstellen, dass ich noch Hoffnung habe? Ich habe trotz der fortgeschrittenen Krankheit Hoffnung und ich spüre meine Energie!« Sie lacht mich an.

»Ja, Ihre Energie, die spüre ich auch und ich sehe eine beeindruckende, schöne Frau vor mir«, erwidere ich. »Sehen wir uns am Dienstag?« »Ja, ich bin da«, antworte ich, wir verabschieden uns voneinander. Frau K. berichtet mir später, dass sie das mit dem Bett Ausstreichen hat machen lassen abends und dass sie es jetzt sogar schafft, *Nein* zu sagen und *Lasst mich damit in Ruhe. Ich bin krank und will das nicht*. Die Lebensenergie von Frau K. war für mich intensiv spürbar und drückte sich auch in dem offenen Lachen aus. Wie voll und tief dieses war, hat mich im Nachhinein noch sehr beeindruckt, war sie doch auch kurzatmig und vom Sauerstoff abhängig. Aber vielleicht hat das Lachen gerade auch für eine kleine zusätzliche *Sauerstoffdusche* gesorgt?

3.2 Frau Sch.: Wie kann ich atmen?

Frau Sch., Anfang 40 Jahre, Pädagogin, Gestalterin, selbstständig. Ich kenne sie von ihrem stationären Aufenthalt. Sie hat eine große Operation hinter sich und die Chemotherapie und Strahlenbehandlung gerade begonnen. Sie trifft mich im Seelsorgebüro an.

Mit den folgenden Worten kommt sie auf mich zu:

»Ich will nur mal kurz reinschauen, ich brauche Kraft. Will kurz auftanken bei Ihnen.« Frau Sch., ganz bunt und kreativ gekleidet, bleibt mitten im Zimmer stehen, obwohl ich ihr einen Platz anbiete und ergreift meine Hand, hält sie fest, richtig fest. Ich stehe ihr nun direkt gegenüber. Dann nimmt sie meine andere Hand. Wir bleiben so voreinander stehen und sie erzählt im Stehen, dass sie gleich wieder zur Strahlentherapie gehen wird. (Ich überprüfe einen Augenblick, ob das Voreinander-Stehen für mich so geht. Ich bin einverstanden. Es ist gut so und passt. Ich bin wieder bei Frau Sch.) Sie redet schnell und ihr Gesichtsausdruck ist eher panisch. Ich frage sie, was ihr Angst macht. »Ich traue mich nicht zu atmen«, sagt sie. »Ich habe Angst, dass meine Lunge verletzt wird. Ich atme dann immer ganz flach, fünf Minuten lang. Nur nicht, dass sich der Brustkorb hebt.«

Ich stehe da und atme flach, so gut es geht, gehe in dieses flache Atmen, das Frau Sch. beschreibt. »Oh, dass ist aber sehr anstrengend«, kommentiere ich. »Ja, das ist es, aber das Bestrahlungsfeld ist so nah an der Lunge dran. Das ist gefährlich für meine Lunge.« Wir stehen voreinander und atmen beide ganz flach und dann wieder gelöst und offen. Wir halten uns noch immer bei den Händen. »Haben Sie schon mal über den Bauch geatmet?«, frage ich, »da kommt dann noch etwas mehr Luft in den Körper.« Wir stehen voreinander und atmen behutsam auch in unsere Bäuche, die sich dabei fast ein wenig berühren. Frau Sch. sagt: »Das tut gut. Das hab ich jetzt gebraucht. Ich weiß, warum ich hier klopfe.«

Sie umarmt mich und legt den Kopf auf meine Schulter. Ich streichle liebevoll über ihren Kopf. Einen Augenblick ist Stille. Dann verabschiedet sie sich lachend mit einem fröhlich fliegenden Handkuss: »Danke. Ich komme wieder.«

3.3 Frau B.: Ich möchte mich jetzt wehren können!

Frau B., Mitte 50, Erzieherin, seit zwei Jahren an einem großen Bauchtumor erkrankt. Sie hat nun zahlreiche Metastasen. Die Lymphe fließt nicht mehr ab. Sie fühlt sich im eigenen Körper gefangen. Die Beine und der ganze Leib sind mächtig angeschwollen, ebenso das Gesicht. Sie muss nun Übergrößen tragen und schämt sich, wenn sie aus dem Haus geht. Sie war sehr schlank, fast grazil gewesen und hat immer betont auf ihr Äußeres geachtet. Make-up, Kleidung, Accessoires waren aufeinander abgestimmt und sie hat sich gerade auch im Krankheitsgeschehen immer auch freuen können, dass man ihr weder die schwere Erkrankung noch die Folgen der Therapien ansah. Nun ist es anders geworden. Ich besuche Frau B. regelmäßig. Wir haben über die Jahre einen intensiven Kontakt zueinander aufgebaut. Sie empfängt mich und lädt mich ein, bei ihr zu bleiben. Sie erzählt, dass sie nun meistens im Bett liegt und dass ihr nichts mehr passt. Das ist eine schlimme Erfahrung und bedrohlich gleichermaßen. Das Lymphwasser lagert sich immer schneller ein, die Haut wird dünn, *dünn-häutig* und reißt leicht auf. Während sie davon erzählt und mir ihre offene Hautstellen andeutet, berühre ich ganz sachte ihre Beine und sage: »Das ist wirklich schlimm, dass Sie das erleben.« Frau B. nickt mit Tränen in den Augen: »Ja«, antwortet sie, »aber noch schlimmer sind die Anderen.« Ich sitze und schaue sie an, ihr Gesicht bebt und ich sehe ihren Schmerz und ihre Tränen. Ich frage sie, was passiert ist und was sie so tief bewegt und getroffen hat? Frau B. erzählt mir von einem Besuch in der Stadt. Ihr Mann fährt sie im Rollstuhl, denn sie möchte raus, will andere Menschen sehen und mal einen Kaffee in der Sonne trinken. Und sie erzählt weinend, dass ihr die Menschen begegnen und sie abschätzig taxieren, so als wollten sie sagen: *Die sollte mal besser laufen, statt sich von dem Mann im Rollstuhl schieben zu lassen! Dann wäre sie auch nicht so fett!* Dabei laufen nun die Tränen. Ich rücke näher zu ihr und sage: »Das tut ganz furchtbar weh und hat Sie tief verletzt!« Ich lege meine Hand zu ihrer und sie greift danach. Sie erzählt, wie hilflos sie sich diesen Blicken ausgeliefert fühlt und dass sie einfach nichts dagegen zu setzen hat. Alle Freunde und die Familie sagen ihr, dass sie das nicht so ernst nehmen dürfe, aber sie kommt da nicht drüber weg. Sie möchte ja weiterhin gerne rausgehen und am Leben teilhaben, solange es überhaupt noch geht, aber so fühlt sie nur noch Scham und Verletzung und hat sogar das Gefühl, sie müsse sich für irgendetwas rechtfertigen oder entschuldigen. Außerdem könne sie sich ja selbst nicht dauernd so sehen. Ihr ganzer Körper sei jetzt ein anderer. Die Spiegel möchte sie am Liebsten alle abhängen lassen. Der dicke Kopf und der mächtige Rumpf und die noch viel dickeren Beine. Sie seufzt tief. »Ja«, reagiere ich, »tief seufzen, weil das schwer ist, wirklich schwer, was Sie erleben.« Sie sähe jetzt so ganz anders aus. Alles kommt raus, die Angst, die Kränkung, die Scham, das Wissen um ihr nahes Ende. »Ich höre, dass Sie überlegen, sich wieder zurückzunehmen und dass Sie vielleicht nicht mehr unter Leute gehen wollen. Und ich spüre gerade meinen großen Ärger über solche Leute, die andere so anstarren und sich Urteile bilden und damit so tief verletzen.« Sie fühlt sich ausgeliefert, angegafft, *wie ein Zirkusmensch* und würde diesen Gaffern so gerne etwas entgegensetzen. »Ich will nichts mehr hinnehmen! Ich habe in meinem Leben immer alles hingenommen, was mir andere geboten haben. Ich bin immer *klein* geblieben und habe mich auch *klein machen lassen*. Das will ich nicht mehr. Ich will für mich einstehen und will nicht drinnen bleiben müssen, bloß weil ich damit einfach nicht zu Recht komme. Ich war so oft Opfer. Ich muss mich doch mal wehren können. Wenigsten jetzt.« Ich spüre alle ihre Energie und auch die (aufgestaute) Wut und spreche das an. Sich wehren dürfen und können, gegen die Anderen geht das, gegen die dramatische Verlaufsform der Krankheit nicht. Ich bin froh, dass sie das alles so formulieren konnte. Sie holt tief Luft.

Ich sage: »Ja, das ist gut! Sich wehren! Wir müssen nicht alles hinnehmen. Manches ja, weil es so ist und wir es nicht ändern können, aber manches haben wir auch in der Hand und können uns für uns einsetzen. Klar dürfen Sie sich wehren! Da müssen Sie überhaupt nicht drüber stehen.« »Aber wie?«, fragt Frau B. Sie habe sich ja nie gewehrt im Leben, ist immer den *unteren Weg gegangen* und hat noch die Anderen entschuldigt, wenn sie persönlich von ihnen verletzt wurde. »Ich weiß gar nicht, wie ich mich richtig wehren kann, wenn ich solch geringschätzigen, verletzenden Blicken begegne.« Ich überlege mit ihr, was ihr einfallen könnte. Aussprechen und ansprechen geht nicht in direktem Kontakt mit übergriffigen Personen. Sie müsse vielleicht weinen und hätte Angst vor der Reaktion und dann möglicherweise wieder das Gefühl, etwas falsch verstanden, gefühlt zu haben. Sie wolle ja keinen angreifen, aber diese Blicke wollte sie nicht mit im Rollstuhl haben. Wir überlegen weiter. »Wie wäre es denn mit Schildern?«, frage ich. Und da sie Interesse bekundet, erläutere ich weiter: »Schilder, auf denen etwa stehen könnte: *Ihre Blicke tun mir weh, verletzen mich. Ich bin krebskrank!*« Sie überlegt weiter: *»Schauen Sie mich nicht so an! Ich wäre auch gerne gesund! Ich bin nicht durchs Essen so dick – ich bin krank.«* Und dann ist sie schon bei der Umsetzung. Die Schilder müssten aus Pappe sein, mit Stiel, könnten sogar auf zwei Seiten beschriftet werden und passten an die Seite im Rollstuhl. Außerdem brauche sie nicht in direkten Kontakt oder gar in eine Auseinandersetzung zu gehen und hätte sich doch nicht alles gefallen lassen. Frau B. gefällt diese Idee. Sie will sich von ihrem Mann Bastelmaterial mitbringen lassen. Frau B. hat ihre Schilder immer mit im Rollstuhl gehabt, aber sie hat sie nicht einsetzen müssen, so erzählte sie mir nach einer Zeit. Zu wissen, dass sie sich wehren kann, sei ein sehr gutes Gefühl.

3.4 Frau S.: Berührung und Segnung

Frau S., Mitte 20, schwanger, an einem Mamma-Ca erkrankt.

Frau S. möchte besucht werden. Das Pflegeteam und die Ärzte berichten mir kurz vorher, dass die Patientin *unzugänglich* und *unfreundlich* wäre. Man *könne nicht mit ihr reden*. Sie wäre sehr schwierig und blocke alles ab. Nur der Professor und eine Pflegekraft dürften sie überhaupt anschauen. Sie wüssten nichts von ihr. Andere Patienten würden mal was von sich erzählen. Aber bei ihr wäre das nicht so. Ihnen käme das sehr merkwürdig vor. Ich höre das und sage, dass ich mir das erst einmal gut vorstellen kann, wenn ich denke, was die Patientin gerade für sich im Innern klären und aushalten muss. Und dass ich denke, dass Frau S. sich in einem schweren Schockzustand befinden könne, dass sie Zeit braucht, um überhaupt zu begreifen, was da passiert mit ihr in der Schwangerschaft.

Auch, dass es unterschiedliche Gründe haben kann, warum niemand außer dem Professor und Schwester X. sie anschauen und behandeln dürfe. Dann lasse ich diese Informationen über Frau S. zurück und stelle mich auf die junge Patientin ein. Vor der Zimmertüre bleibe ich einen Moment stehen und atme bewusst für mich ein paar Atemzüge.

Nach dem Anklopfen trete ich ein und stelle mich vor. Ich begegne einer schwangeren, jungen Frau, die sich auf ihr Kind freut und lebensbedrohlich erkrankt ist. Etwas, das nur schwer zusammen gedacht werden kann, aber so ist. Ich erlebe eine junge Frau, die sehr still ist. Sprachlos. Starr. Vor Schreck erstarrt. Ich frage, ob ich mich zu ihr setzen darf und sie winkt mich zu sich. Sie habe schon auf mich gewartet. Sie habe doch auf Station Bescheid gesagt. Ich setze mich und sehe mich im Zimmer um. Viele Plüschtiere, Blumen und Fotos, CDs und Bücher – eingerichtet für eine lange und anstrengende Klinikzeit. Sie bekommt viel Besuch, allerdings nur an den Wochenenden, denn ihr Wohnort ist sehr weit entfernt. Partner und Familie, wie Freunde sind über Handy und Internet aber gut erreichbar.

Frau S. redet nicht viel. Das, was gerade geht, ohne sich *aufzulösen*. Sie erzählt von ihrer Schwangerschaft und dass dann plötzlich ein großer Tumor da war. Der Arzt habe sie lange vertröstet und gesagt, dass alles okay sei. Sie habe das nie geglaubt. Sie erzählt von ihrer Angst um das Kind und vor den Therapien, die jetzt schon durchgeführt werden. Sie hat sehr starke Schmerzen, bekommt stärkste Schmerzmittel, erlebt das Wachstum des Tumors und ist schwanger. Sie möchte ihr Kind baldmöglichst entbinden. Ich sage: »Was Sie erzählen in dieser Dichte und Kürze, das ist für mich von außen schon kaum vorstellbar. Da halten Sie so viel aus, die Angst um Ihr Kind, die Angst um Ihr Leben, die Schmerzen und die große Brust, alles soviel. Viel zu viel.« Frau S. nickt. Sie wirkt tief geschockt von allem, was um sie herum geschieht. »Das ist ein so großer Schrecken, so etwas Unbegreifliches, was Sie da erleben und aushalten«, sage ich Anteil nehmend und bewegt.

Sie könne das selbst nicht begreifen, es wäre wie in einem Alptraum. Sie wisse nicht, was mit ihr passiert, aber sie *brauche ganz viel Halt*. Ob ich für sie da sein könne, fragt sie und fasst meine Hand. Ich sehe in ihren Augen die Panik und Angst und sage das auch behutsam.

»Ich bin für Sie und für Ihr Kind da.« Sie kann nicht viel reden, bleibt immer wieder still und ich lasse das so zu, wie es bei ihr jetzt gerade ist, ohne zu unterbrechen, ohne zu bedrängen, ohne den Kontakt zu beenden. Ich frage nach, wie ich sie unterstützen könnte, was sie stärken könnte. Frau S. bittet um ein Gebet und ich bete für sie und ihr keines Kind. Sie beginnt zu weinen, ich stehe auf und nehme sie behutsam in den Arm. Sie weint weiter und sagt: »Das hat mir gut getan. Können Sie jetzt öfter kommen?« Ich verspreche das und biete ihr an, mit ihr die Krankensalbung zu feiern oder auch gerne das Abendmahl, wenn sie das möchte. Frau S. möchte die Krankensalbung, nachdem sie gehört hat, in welcher Weise wir das miteinander feiern könnten. Und sie möchte, dass immer auch ihr ungeborenes Kind gesegnet wird. Wir verabreden uns zu regelmäßigen Treffen. Die Krankensalbungen sind ihr wichtig. Ich lasse mir dann Zeit, bereite mich vor, rede aber ganz frei. Die Segensworte sind für sie und in ihre Situation direkt hineingesprochen. Es geht um Berührung und Berührtwerden, um Stärkung und Aufrichtung, um Gehaltensein und Weitergehen, um Ansehen und Würde, um Liebe und Zuwendung. Heute redet Frau S. mehr, auch der Kontakt zum Personal ist besser und entspannter. Ich habe im Team immer wieder erklärt, dass sie ihre Zeit braucht, um sich dem anzunähern, was ist und dass es ihr trotzdem und gerade weil alles so schwer ist, einfach nur gut tut, wenn sich die Pflegenden und Ärzte ihr geduldig und liebevoll zuwenden.

Besonders die Berührungen haben Frau S. gut getan. Sie lässt sich Zeit beim Umarmen, wenn wir uns voneinander verabschieden. Sie kann gut für sich sorgen und für ihr Kind, weil sie deutlich spürt, was ihr gut tut und was für sie wichtig ist. Das kann sie klar zeigen und nun auch formulieren.

4. Standpunkte, Eindrücke und Ausblicke

Körperseelsorge, das heißt den Menschen ganz zu sehen und wahr zu nehmen in seinem Lebenskontext in der unmittelbaren Begegnung. In meinem Dienst ist mir das zur inneren Haltung geworden.

- ➢ Achtsam wahrzunehmen, was ist.
- ➢ Spürsam zu sein und hingewendet zum Gegenüber, dabei immer auch mit mir abzustimmen, was für mich in dem Moment möglich ist.
- ➢ Was verstehe ich von diesem Menschen?
- ➢ Was sehe, spüre, erfahre, höre, rieche, fühle ich?
- ➢ Wie steht es um ihn und wie steht es um mich?

- ➢ Die Position zu wechseln: wenn ich an dieser Stelle wäre, dann …
- ➢ Was fühle ich und welche Gefühle werden in mir ausgelöst?
- ➢ Keine *Programme* zu haben, sondern geschehen und entstehen lassen, was da ist oder sich ereignen will.
- ➢ Innere und auch äußere Räume gestalten und (er-)öffnen.
- ➢ Behutsames Begleiten auf meist unbekanntem Weg.
- ➢ Sich einlassen und berühren lassen.
- ➢ Kraftquellen und Orte und Menschen entdecken.
- ➢ Eigene Stärken und Energien zu spüren, Ressourcen (neu) zu entdecken und ggfs. zu mobilisieren.
- ➢ Angebote machen: konkrete, spirituelle, körperliche.
- ➢ Dabei meinen Impulsen zu vertrauen, wie auch meiner Intuition.

Die Patientinnen und Patienten, die mir in meinem Dienst begegnen, sind von ihrem Krankheitsgeschehen oft überwältigt und erschüttert. War eben noch alles sicher und planbar, so stimmt plötzlich Vieles nicht mehr. Vertrautes und Vertraute werden infrage gestellt. Die Frage nach Gott spielt möglicherweise seit Langem wieder einmal eine Rolle. Überhaupt brechen Fragen auf: Wer ist jetzt da? Wer bin ich? Wie halte ich das aus und was hält mich jetzt? Wo sind meine tragenden Beziehungen? Wem darf ich mich zumuten und wie? Plötzlich ist die Zeit eine andere. Ich bin als Patientin oder Patient in einer neuen Rolle und nicht mehr in meinem sicheren Lebensumfeld. Ich kann, ja muss mir Zeit lassen, habe plötzlich Zeit und spüre doch alle Begrenzung und auch deutlich die Begrenzung des eigenen Lebens. Ich kann meinen Gefühlen Raum geben, Fragen stellen, die ich sonst lieber *liegen lasse*, weil sie mir Angst machen oder etwas in mir auslösen könnten, was ich nicht zulassen möchte. Da scheint es mitunter einfacher, wie gewohnt weiterzufunktionieren. Und ich erkenne: Als Patientin oder Patient geht das dann oft nicht mehr. Vielleicht ändert sich das Leben durch die Erkrankung ganz und ich muss mich völlig neu orientieren. Wie geht es mit der Krankheit oder auch nach dem Überstehen der Krankheit weiter? Welche Beziehungen haben getragen? Wo liegen meine Enttäuschungen? Wer ist mit mir unterwegs auf meinen Trauer- und Wüstenwegen durch die Therapien?

In meinem Dienst der körperseelsorglichen Begleitung ist es mir wichtig, dass der andere Mensch sich ganz angenommen fühlen kann. Dass er mit seinen Fragen und inneren wie äußeren Bewegungen vorkommt. Das setzt bei mir, als Seelsorgerin, voraus, dass ich bereit bin, mir Zeit zu lassen und auch meinem Gegenüber Zeit lasse, damit er zu sich und zu dem, was ihn bewegt, kommen kann.

Mitunter erhalte ich kurze Informationen über die Krankheit, den Verlauf, die Person oder werde gefragt, ob ich solche für meine Patientenbegegnung brauche. Ich brauche sie nicht notwendig. Manchmal lenken gerade solche Informationen von dem ab, was ist, und führen auf einen Ab- bzw. Umweg.

Ich lege Wert darauf, dass mir mein Gegenüber zeigt und sagt, was ihn bewegt oder auf der Seele liegt, wenn er das möchte. Im Gespräch sorge ich auch immer wieder für mich. Ich atme gut, setze mich in den *bioenergetischen Sitz*, *schlage Wurzeln* oder stelle mich gut gegründet, in den *bioenergetischen Stand* an das Bett auf der Intensivstation: *Jetzt bin ich hier bei Dir.*

Ich kann mir meine seelsorgerliche Arbeit und meine Präsenz gar nicht anders vorstellen als in dieser Weise eben immer auch *körperseelsorglich* zu arbeiten und mich einzulassen. In der Ausbildung in Körperorientierter Seelsorge ist mir an vielen Stellen wirklich deutlich geworden, wie wesentlich es auch ist, im Gesprächsverlauf und im Prozess einer Begleitung gut für mich zu sorgen und auch mich im Blick zu haben. Spürsam für den anderen Menschen und für mich (christliches Doppelgebot der Liebe, Mt 22,37ff.).

Sicher ist es auch für den anderen Menschen entlastend, zu hören und zu spüren, dass ich auch für mich sorge. Er muss das nicht übernehmen *(Ist das jetzt zuviel?, Haben Sie überhaupt soviel Zeit? u. a.)*. Ich spreche an und handele, wenn ich es für notwendig erachte. Ich erlaube mir (wieder) impulsiver zu sein, spontaner. Einfälle, Ideen werden lebendig von mir zur Sprache oder zum Ausdruck gebracht (Trommeltanz und Fliegenklatschen). Ich habe meine Lebendigkeit und Kreativität neu entdeckt, und erlaube mir, diese auch (wieder) in meinem Dienst zu leben.

Ich bin *mit Leib und Seele* Pfarrerin in der Klinik, spüre meine Verwurzelung in meinem Glauben, und auch, was mich persönlich trägt und bewegt, stärkt und nährt und lebendig sein lässt. Ich lasse mir Zeit für meine Spiritualität, meine Rituale, das Gebet und die Stille, habe kleine Anker, die mich auch in einer schwierigen Situation an das erinnern, was mich trägt und mir Grund ist. Ich komme zu mir durch meine Atmung, aber auch zum anderen.

Bleibe stehen und atme, bewege mich und bleibe beweglich. In Bewegung kommen und die eigene Energie spüren, Stand-punkte finden, Grund und Wurzeln, mein Glaube ist mir wichtiger Halt.

Fazit: Die Fortbildung »Körperorientierte Seelsorge« hat mich neu bewegt und mich gleichzeitig auch an meine Anfänge in der Klinik vor 25 Jahren erinnert, als ich mich ganz selbstverständlich getraut habe, zu berühren, zu singen und zu summen, zu halten und zu weinen, in den Atem eines anderen Menschen zu gehen, zu lachen, zu seufzen oder auch zu schreien. Vieles, was ich mir als ganz junge Klinikpfarrerin, achtsam und intuitiv, schon damals in der Begegnung mit Patienten *erlaubt* habe, oder was *einfach da war und geschehen ist*, habe ich neu aufgreifen können und spüre, dass es in mir ist und in der Begegnung auch zum Ausdruck finden kann.

Körperseelsorge ist für mich lebendige und bewegte Seelsorge in Beziehung gelebt und getragen in Gott.

Literatur

Clauer, J. (2009). Zum Grounding-Konzept der Bioenergetischen Analyse. Neurobiologische und entwicklungspsychologische Grundlagen. *Psychoanalyse & Körper, Nr. 15, 8(2)*, 79–102

Liebau-Bender, I. (2011). Körper-Seelsorge, Die Einbeziehung des Körpers in die pastoralpsychologisch-seelsorgerliche, supervisorische und Weiterbildungs-Arbeit in Seelsorge, Hausarbeit zur Anerkennung in der DGfP, Sektion Tiefenpsychologie. 2013 veröffentlich in *Transformationen* (19/2013), DGfP e. V., Frankfurt/M., 63–136.

Lowen, A. (2010). *Bioenergetik für jeden. Das vollständige Übungshandbuch* (15. Aufl.). München: Kirchheim.

Lowen, A. (2011). *Bioenergetik, Therapie der Seele durch Arbeit mit dem Körper* (2. Aufl.). Reinbek: Rowohlt.

Storch, M. et al. (2006). *Embodiment. Die Wechselwirkung von Körper und Psyche verstehen und nutzen.* Bern: Verlag Hans Huber, Hogrefe AG.

Die Autorin

Marion Kohl, Klinikpfarrerin in den Universitätskliniken Gießen und Marburg, Mediatorin, Bibliodramaleiterin, zertifiziert in körperorientierter Seelsorge. Arbeitsschwerpunkte: Gynäkologie, Onkologie, Intensivstationen, Beratung und Begleitung, Vorträge und Ausbildung. Veröffentlichung: Marion Kohl-Eckardt & Stefanie Eyter-Teuchert (2011): *Atempausen*. Kassel: EMV.

Kontakt

Marion Kohl
Universitätskliniken Gießen und Marburg GmbH
Standort Marburg
Baldingerstr.
35043 Marburg
Telefon: 0 64 21 - 58 - 6 35 95
Fax: 0 64 21 - 58 - 6 35 94
E-Mail: kohlecka@med.uni-marburg.de

Bioenergetik und Spirituelles Heilen

Der Körper als Instrument geistigen Heilens in der Seelsorge Eine Wegbeschreibung

Wilfried Ranft

1. Einleitung

Seit nunmehr zwölf Jahren bin ich in der Krankenhausseelsorge tätig. Ich bin an den Ort zurückgekehrt, von dem aus ich vor vielen Jahren mein Theologiestudium begann: ins Krankenhaus. Die Medizin, der Kontakt zu Menschen und die Fragen nach Heil und Heilung haben mich seit Anbeginn interessiert und umgetrieben. Schon Ende der 80er Jahre während meines ersten Gemeindepfarramtes kam ich in Kontakt mit geistigen Heilern aus der englischen Heilerbewegung, nahm an Seminaren teil und erfuhr selbst Heilung. Das Feuer in meinem Herzen brannte weiter, jedoch verlor sich die Spur im arbeitsintensiven Gemeindealltag. Eine weitere Facette, die gemeindliche Seelsorge und hier insbesondere deren spirituelle Ausrichtung, entdeckte ich für meine Identität als Pfarrer schon recht bald nach Beginn meiner Gemeindetätigkeit. Ich sammelte über einen längeren Weg Erfahrungen im Zazen – der Schweigemeditation im Sitzen. Bei den regelmäßigen Geburtstagsbesuchen begann ich schon sehr bald, die Menschen zu segnen und erlebte sowohl bei mir wie bei den Gesegneten durch die Verbindung von Körperkontakt und spirituellem Geschehen zum Teil tiefe Berührtheit. Das Erreichen der Grenzen meiner seelischen und körperlichen Belastbarkeit, die Beeinträchtigung meiner Gesundheit und der nicht mehr zu leistende Spagat zwischen Beruf und Kindern, Ehe und Haushalt am Ende meines zweiten Gemeindepfarramtes führten mich schließlich über Umwege zurück ins Krankenhaus.

Der im Zuge meiner neuen Tätigkeit eingeschlagene Weg der weiterführenden KSA-Ausbildung in Richtung Supervision brachte mich persönlich nicht wirklich weiter. Wie mir erst später klar wurde, fehlte mir bei der pastoralpsychologischen Fokussierung der Körperaspekt in der Arbeit.

Ich nahm daraufhin meine alte Spur wieder auf und absolvierte eine Ausbildung in geistigem Heilen in der Schule der Geistheilung nach Horst Krohne. Diese bereicherte mich spirituell und lehrte mich, den Menschen ganzheitlicher auch mit seinen feinstofflichen Ebenen wahrzunehmen. Der Körperkontakt zu den Patienten und vor allem der Fokus auf die eigene Körperwahrnehmung spielten dabei eine eher untergeordnete Rolle. So kam mir die Weiterbildung in Bioenergetischer Analyse und körperorientierter Seelsorge sehr gelegen, um mich selbst und die Patienten körperlich besser wahrzunehmen und so den Kontakt zu ihnen im Sinne meines spirituellen Heilanliegens zu intensivieren.

Diese Arbeit will den Zusammenhang von Bioenergetik und spirituellem Heilen reflektieren und den Gewinn für die Heilarbeit darstellen.

2. Spirituelles Heilen – Feinstoffliche Störungen wahrnehmen, Glaubenssätze aufspüren, den Energiefluss harmonisieren

Horst Krohne, Begründer der Schule der Geistheilung, geht in seinen Büchern *Die Schule der Geistheilung* (2004a) und *Geheimnis Lebenskalender* (2004c) von einer ganzheitlichen Sichtweise des Menschen aus. Der Mensch besteht aus Körper, Seele und Geist mit unterschiedlichen Bewusstseinsebenen (Tagesbewusstsein, Körperbewusstsein, Organbewusstsein, Seelenbewusstsein). Er beschreibt den psychophysischen Parallelismus so: so wie sich seelisches Befinden auf den Körper auswirkt, so haben auch Körperbefindlichkeiten Auswirkungen auf unsere Seele.

Des Weiteren ist die Erkenntnis leitend, dass der Geist die Materie beherrscht und beeinflusst, ja sie erschafft, so wie es am Anfang des Buches Genesis und im ersten Kapitel des Johannesevangeliums beschrieben ist. So bestimmt auch das Bewusstsein des Menschen sein Sein. Der menschliche Geist und übergeordnet der Geist Gottes hat Einfluss auf die Seele des Menschen, wie umgekehrt seine Seele und ihre Befindlichkeit sich auf den Geist des Menschen auswirkt und womöglich auch Gottes Geist berührt.

In diesem Zusammenhang sind die Glaubenssätze des Menschen von elementarer Bedeutung, die dieser im Laufe seines Lebens gelernt hat und die sich mittels seines Geistes in seine Seele eingeschrieben haben und sein Denken und Handeln unbewusst beeinflussen und steuern (z.B.: ›Du bist nicht gut genug!‹).

Kosmos, Erde und Mensch bestehen aus Gegensätzen und sind bipolar aufgebaut (Tag und Nacht, Hitze und Kälte, Pluspol und Minuspol, Biorhythmus des Menschen). Alles ist in Schwingung, ist Schwingung und Energie. Und alles ist mit allem verbunden. Es gibt keine Abspaltungen. Das alles verbindende Element ist die Liebe Gottes. So ist auch der Mensch, sein Körper und seine Seele, Schwingung, und sie setzt sich in den feinstofflichen Bereich fort. Der Mensch hat Meridiane (Energiebahnen), ist mit einer Aura umgeben und die Energiezentren der Chakren steuern die elementaren Lebensvorgänge. Von Natur aus medial begabte Menschen können diese feinstofflichen Schwingungen, die sich auch farblich darstellen lassen, sehen und spüren, sie können Störungen erkennen und harmonisieren. Nach Krohne sind diese Fähigkeiten aber auch erlern- und trainierbar, und mithilfe eines Messgerätes, dem Biotensor, lassen sich auch für Ungeübtere diese Schwingungen messen, also wahrnehmen und deuten.

Elementare Bedeutung im Welt- und Menschenbild Krohnes hat die undogmatische Frage nach der göttlichen Anbindung des Menschen als starke Heilressource. Wesentlich ist weiterhin die Frage, das Suchen und Forschen nach der Krankheitsverursachung, nach einem möglichen Auslöser einer Erkrankung: einem einschneidenden Erlebnis oder einem verinnerlichten Glaubenssatz. Naturgemäß ist es nicht gerade einfach, wenn nicht sogar unmöglich, auf diese auch ins Tiefenpsychologische reichende Frage eine weiterführende Antwort zu finden. Und schließlich ist für das gesamte Heilgeschehen die Erkenntnis wegweisend, dass nicht die Heilerin oder der Heiler den Patienten heilt, sondern die Heilperson sich als Kanal für die geistige Welt zur Verfügung stellt, um dem Klienten einen Heilimpuls weiterzugeben, der seine Selbstheilungskräfte anregt und den Heilungsprozess anstößt bzw. unterstützt. Insofern ist für Krohne der Satz zentral: »Die Heilkraft liegt in dir« (vgl. Krohne, 2004a). Die Kraft der Liebe und der Vergebung sind für ihn dabei die größten Heilkräfte.

Eine geistige Basis-Heilbehandlung nach der Methode Horst Krohne läuft folgendermaßen ab: Zunächst unterschreibt der Patient einen Aufklärungsbogen, in dem klar zum Ausdruck kommt, dass diese Heilbehandlung eine medizinische nicht ersetzt und auch nicht mit deren Methoden arbeitet und dass die Heilperson kein Heilversprechen abgibt. Sodann erfolgt ein ausführliches Gespräch (Anamnese), wo es um das Anliegen des Patienten geht. Fragen nach der Ernährung, dem Schlafplatz (Erdstrahlen, Elektrosmog) und belastenden Beziehungen sowie vermuteten Krankheitsverursachern werden ebenso gestellt wie die nach der göttlichen Anbindung. Erstere können auch mit dem Biotensor ausgetestet werden. Es schließen sich je nach Situation diverse Messungen und Austestungen mit dem Biotensor an (z. B. Aura, Chakren, Meridiane, Wirbelsäule), die Rückschlüsse auf feinstofflich-energetische Störungen oder Defizite zulassen. Je nach Messergebnis und Wahrnehmung der Person schließt sich eine Behandlung an, die in beidseitiger meditativer Grundhaltung und Offenheit für das Geschehen erfolgt. Die Heilung suchende Person öffnet sich vertrauensvoll dem Energiestrom. Dabei werden durch gezieltes Handauflegen auf Chakren und Meridian-Punkte der Hände und Füße Heilenergien auf den Patienten übertragen und seine eigenen Energieströme ausgeglichen und harmonisiert. Die Selbstheilungskräfte der Seele und des Körpers werden so aktiviert und der Heilungsprozess angestoßen. Hinzu kommt das Heilen mit geistig-mentaler Energie in Form von positiven Wortaffirmationen oder Suggestionen, dem Senden von Farben oder mithilfe von Imaginationen. Die höchste Stufe geistigen Heilens ist erreicht, wenn die Heilperson sich medial mit Gott/Engeln/Geistführerinnen und Geistführern verbindet und zum Kanal für die göttliche, geistige Heilkraft wird. Dies kann sich schweigend vollziehen oder in Form von laut gesprochenen Heilgebeten und Heilfürbitten. Unterstützend hinzukommen können diverse Heil- und Schutzsymbole, die Organsprachetherapie oder Zeitreisen. Den Abschluss einer Behandlung bildet gegebenenfalls nochmals das Nachmessen, um positive Effekte dem Klienten zu veranschaulichen und eine kurze Runde zur Befindlichkeit. Im Anschluss an den Patientenkontakt werden Informationen, Messergebnisse und durchgeführte Behandlungen dokumentiert.

Das Faszinierende für mich ist, dass sowohl wesentliche Grundeinstellungen dieser Schule der Geistheilung als auch einige ihrer Methoden gut mit meinem theologischen Selbstverständnis und Glauben im Einklang stehen bzw. sich mit Methoden der seelsorglichen Arbeit decken. Hierzu zählen einerseits die christliche Fundierung in der Anbindung an Gott und wesentliche Werte wie Liebe, Vergebung und die Ressourcenorientierung sowie andererseits Vollzüge wie das Gespräch und die Berührung durch mein segnendes Handeln. Die Frage nach krankheitsverursachenden Auslösern und deren Aufspürung steht mir ebenso nahe wie die Offenheit, Klarheit und Nachvollziehbarkeit, mit denen hier gearbeitet wird. Dazu zählt auch die grundsätzlich positive Ausrichtung all dessen, was durch die Dozenten gedacht, gesagt und getan wurde – in einer Grundhaltung liebevoller Hingabe. Und das war durchgängig spürbar. So lag es nahe, meine Seelsorgekonzeption insofern zu bereichern, dass ich Seelsorge und spirituelles Heilen gut miteinander verbinden und im weiteren Prozess der Weiterbildung in körperorientierter Seelsorge für mich Seelsorge auch als spirituelles Heilen verstehen und formulieren konnte.

Problematisch ist, dass ich im System Krankenhaus nicht so arbeiten kann, wie ich es in der Schule der Geistheilung gelernt habe. Messungen und Austestungen mit dem Biotensor kann ich nicht durchführen, in der naturheilkundlichen Abteilung der Klinik Blankenstein zum Beispiel ist dieses Diagnoseverfahren sogar unerwünscht. Behandlungen erfolgen normalerweise im Sitzen, um die Hände vorne und hinten auflegen zu können. Das ist bei den in der Regel liegend anzutreffenden Patienten aber so nicht möglich. Und die dazu nötige Intimität und Ruhe ist im normalen Krankenhausbetrieb und in Mehrbettzimmern nicht gewährleistet. Das führte dazu, dass ich mein neu erlerntes Handwerkszeug nicht wirklich einsetzen konnte und mich im Patientenkontakt auf mein vertrautes seelsorgliches Handeln beschränkte. Es entfernte mich eher wieder von meinem eigentlichen Anliegen, Menschen seelsorglich ganzheitlich zu begegnen und spirituell zu begleiten und zu heilen.

Glücklicherweise eröffnete sich mir die Möglichkeit der körperorientierten Weiterbildung mit dem Wissen und den Methoden aus der bioenergetischen Arbeit, die meinen Horizont und meine körperlichen Möglichkeiten erweitert und sich fruchtbar auf meine Heilarbeit ausgewirkt hat, wie in den nächsten Kapiteln noch zu zeigen sein wird.

3. Bioenergetik – den Körper wahrnehmen, die Energie zum Fließen bringen, ins Da-Sein kommen

Bei allem Faszinierenden und Wegweisenden, was die Methode geistigen Heilens nach der Krohnschen Schule mir vermittelt hat, stellte sich zuweilen während meiner Ausbildung das Gefühl ein, als sei etwas nicht ganz stimmig. Die Fokussierung auf die Schulung feinstofflicher Wahrnehmung und die spirituelle Verbindung zur geistigen Welt führte zuweilen dazu, dass ich den Eindruck gewann, den Bodenkontakt zu verlieren.

Heute weiß ich, dass mir und manchen Kolleginnen und Kollegen die Erdung und die Rückbindung an den eigenen Körper fehlte, die Erfahrung der eigenen Körperlichkeit. Die Energie floss nur im oberen Körperbereich oder staute sich sogar. Aus dem Fokus gerieten so auch die eigene Erdung während einer Heilbehandlung und das Achten auf die Erdung der Klienten. Auch meine eigene Aufmerksamkeit richtete sich mehr auf das Wahrnehmen feinstofflicher Energien beim Patienten und weniger auf meine eigene Körperbefindlichkeit und die des Patienten. Ich bin dankbar dafür, dass sich mir die Möglichkeit eröffnete, meinen ganzheitlichen Blick auf den Menschen und die Wahrnehmung des Körpers durch die Bioenergetische Analyse Alexander Lowens und die Weiterbildung in Körperorientierter Seelsorge, die diesen körperpsychotherapeutischen Ansatz integriert, noch einmal ganz neu zu entdecken und zu vertiefen.

Die zentrale Erkenntnis meiner bioenergetisch-körperorientierten Weiterbildung ist das Achten auf und die Wahrnehmung meiner eigenen Körperbefindlichkeit und die Antwort auf die Frage, wie ich in meine Körperenergie komme, sie steigere und halte, um zu einem guten Energiefluss zu kommen. Ausdruck dessen sind die vielfältigen Körperübungen, denen ich mich täglich widme und die mir helfen, überhaupt erst einmal in meinem Körper anzukommen. Die bioenergetischen Prinzipien von Erdung, Atmung, Bewegung und Ausdruck sind eine gute Struktur, zunächst erst einmal meinen eigenen, dann aber auch den Körper des Patienten wahrzunehmen so, wie er sich im Augenblick anfühlt und da ist:

Wie stehe ich? Krumm und eingefallen oder aufrecht und gerade, steif oder locker, wackelig oder fest verwurzelt und getragen? Habe ich einen guten Bodenkontakt? Wo habe ich Schmerzen? Bin ich wach? – Wo ist mein Atem? In der Brust oder im Bauch? Ist er tief und ruhig oder kurz und flach? Habe ich genügend Sauerstoff? – Bin ich beweglich oder steif? Bin ich gelenkig? Wo spüre ich Muskelverspannungen oder »-panzerungen« (vgl. Lowen, 2008, S. 16)? – Lasse ich Tönen und Stöhnen zu? Was will wie in den Ausdruck: Müdigkeit oder Kraft, Wut oder Angst, Aggression oder Depression, Traurigkeit oder Freude? Welcher inneren Bewegung verleihe ich Ausdruck nach außen (e-motio)? Wichtig dabei wurde mir der Zwischenschritt des Nachspürens (Liebau, 2003) als ein Innehalten und Gewahr-Werden dessen, was jetzt ist und was ich fühle an innerer und äußerer Veränderung.

Was geschieht und verändert sich während einer bioenergetischen Körperübungseinheit?

Wenn ich in den bioenergetischen Stand gehe, lockere ich zunächst meine Gelenke und nehme einen guten Kontakt zum Boden auf, auf dem ich stehe, nehme wahr, wie ich stehe und wie sich das anfühlt. Dann wecke ich meinen Körper durch Klopfen und Streicheln, Reiben und leichtes Massieren. Danach mobilisiere ich möglichst viele Gelenke und spüre nach. In der Regel fühle ich mich jetzt schon deutlich wacher und habe meine Lebensenergie geweckt. Nun beginne ich bewusst kräftig ein- und auszuatmen und unterstütze die natürliche Atembewegung durch den Bewegungsausdruck meiner Hände. Dabei nehme ich Energie aus dem Boden und von dem mich umgebenden Kosmos auf und gebe sie wieder ab – in den Boden, an die Seiten und nach vorne. Ich lade mich energetisch positiv auf und gebe Belastendes, Negatives ab, immer im Wechsel. Atmen ist Bewegung und Bewegung ist Leben und Leben ist Fühlen. Durch eine vertiefte Atmung vertieft sich die Gefühlswahrnehmung, Kopf und Herz verbinden sich mit Bauch und Becken, der Körper mit der Seele. Der Atem fließt durch den ganzen Körper, Bauch- und Brustatmung wechseln sich ab. Ich spüre nach. Harmonie stellt sich ein. Ich fühle mich nun deutlich belebter und spüre, wie die Energie durch meinen Körper strömt und in meinen Händen pulsiert. Ich bin bewegt. Nun schüttele ich den ganzen Körper von unten nach oben noch einmal kräftig durch und komme dann langsam zur Ruhe. Ich nehme eine meditative Körperhaltung im Stehen ein, gehe wieder in den bioenergetischen Stand, schließe die Augen, konzentriere mich auf meinen Atem und spüre die fließende Energie in meinem Körper. Ich nehme im Gebet Kontakt zu Gott/zur geistigen Welt auf und verharre im Schweigen. Nun spüre ich, dass ich wirklich ins Da-Sein gekommen bin: ich bin wach und präsent und durchlässiger für die Energien, die mir über das Universum zuwachsen. Eine höhere Achtsamkeit stellt sich ein und ich fühle mich gut vorbereitet für meinen Dienst im Krankenhaus, für die Arbeit mit Patientinnen und Patienten.

Nebenbei habe ich eine Entdeckung gemacht: Das Meditieren nicht im Sitzen, sondern im bioenergetischen Stehen. Ich habe das Gefühl, dass ich mich in dieser Körperhaltung besser konzentrieren kann, ohne Abschweifen der Gedanken, und dass ich mit meinem *ganzen* Körper in der Meditation präsenter bin.

Was hat sich durch die bioenergetische Ausrichtung bei mir selbst verändert?

Seit ich begonnen habe, bioenergetisch zu denken, zu fühlen und zu üben, ist mein eigener Körper, der ich ja bin, noch einmal neu und verstärkt in den Fokus meiner Aufmerksamkeit gerückt. Zum einen nehme ich meinen Körper bewusster wahr mit seinen Defiziten und seiner Kraft, zum anderen erlebe ich einen Zuwachs an Gespürigkeit, Lebensenergie und Lebensfreude. Da ja auch nach Alexander Lowen die unterschiedlichen Lebensebenen von Körper, Seele und Geist miteinander verbunden und voneinander abhängig sind und sich gegenseitig energetisch durchdringen, spüre ich diese Veränderungen auch auf seelischer und geistiger Ebene. Ist mein Geist wach und klar und geht es meiner Seele gut, dann geht es auch meinem Körper gut. Fühle ich mich in meinem Körper wohl, so tut dies auch meiner Seele gut und mein Geist ist positiv ausgerichtet. Oder anders ausgedrückt: Wenn ich sage ›Es geht mir gut‹ oder ›Ich bin gesund‹ dann heißt das: ›Meiner Geist-Seele-Körper-Einheit geht es gut‹. Gott hat mir nicht nur einen klaren Geist und eine gefühlvolle Seele geschenkt, sondern auch einen wunderbaren Körper. Und alle drei mit liebevoller Achtsamkeit zu umfangen, ist die angemessene Antwort. Denn: Ich bin Körper, ich bin Seele, ich bin Geist.

Was hat sich durch die bioenergetische Arbeit im Kontakt zu Patientinnen und Patienten verändert?

Wie jeder Krankenhausseelsorger habe ich eine – in meinem Fall 18-wöchige, fraktionierte – Ausbildung in KSA absolviert. Durch Pastoralpsychologie, Selbsterfahrung und Theorie geschult habe ich gelernt, als Instrument der Seelsorge auf mich zu achten, wahrzunehmen, Gefühle zu verbalisieren, theologische Deutung anzubieten, Rituale zu zelebrieren, zu Gott zu führen. Kopf und Herz spielen eine übergeordnete Rolle, Bauch und Füße eher eine untergeordnete, der Körper steht nicht im Fokus. Ich habe mein pastoral-seelsorgliches Sein und Arbeiten durch die Körperperspektive erweitert und integriert. Spielte bei Krankenbesuchen der Körper oder gar körperliche Berührung kaum eine Rolle, so helfen mir die drei bioenergetischen Prinzipien ›Erdung, Atmung, Ausdruck/Bewegung‹ (vgl. Lowen, 2008, S. 12), den Patienten ganzheitlicher wahr- und in der Folge auch anzunehmen.

Zunächst: Wie liegt der Patient im Bett? Wie ist seine Atmung? Welche Befindlichkeit drückt sein Körper, sein Gesicht aus? Schmerzen, Angst, Wut, Freude, Trauer? Ist er verspannt? Fühlt er sich kalt oder heiß an? Dabei achte ich selbst in der Begegnung auf mein Körpergefühl, auf meine Erdung, meine Atmung, meine zur Verfügung stehende Energie und ob sie fließt oder nicht. Und dann: Welche körperlichen Interventionen fallen mir ein und erweisen sich als angemessen? Welche Impulse stellen sich bei mir ein? Was kann ich anbieten oder ungefragt mit gutem Gefühl umsetzen? Die Hand halten? Die Füße umfassen? Die Schulter berühren? Den Kopf halten? Meine Hände auf bestimmte Körperregionen auflegen?

Es ist für mich ein längst noch nicht abgeschlossener Weg, Kopf und Bauch in besseren Einklang miteinander zu bringen. Läuft der einseitig KSA-orientierte Seelsorger Gefahr, den Körper aus dem Blick zu bekommen, so kann es umgekehrt vielleicht dem blind-begeisterten körperorientierten Seelsorger passieren, zu wenig auf den eigenen Verstand zu achten.

Sprechen *und* fühlen, reflektieren *und* berühren haben je ihre eigene Bedeutung und Wertigkeit und wollen in der Begegnung Berücksichtigung finden. Beide Seiten sind eng miteinander verbunden, durchdringen sich gegenseitig und bilden die Fülle und den Reichtum ganzheitlicher Seelsorge.

Es war ferner ein längerer Weg, Zweifel an der eigenen Stimmigkeit zu verringern und Berührungsängste im wahrsten Sinne des Wortes abzulegen. Mein bisheriges pastoral-seelsorgliches Sein in der Krankenseelsorge war geprägt durch zahlreiche Warnschilder hinsichtlich der Berührung und des Körperkontaktes zu Patienten, besonders zu Frauen, auf denen das Wort ›Übergriffigkeit‹ stand. Mittlerweile weiß ich, dass die Angst vor Berührung mit der in unserer Gesellschaft verbreiteten Identifikation Berührung = sexuelle Berührung zu tun hat und dass ich – wenn ich berühre – ausschließlich therapeutisch-seelsorglich berühre. Dabei bin ich mir bewusst, dass ich sehr genau darauf achte, ob eine Berührung angebracht und angemessen ist, dass ich eine Körperintervention kommuniziere oder eine unerwünschte Berührung sofort abbreche. Getragen bin ich bei jeglichem Körperkontakt von der Erfahrung, dass Menschen sich grundsätzlich nach Berührung sehnen, auch wenn dies durch traumatische Erlebnisse womöglich blockiert ist. Immerhin erlebe ich seitdem Seelsorgekontakte zu Patienten ganzheitlicher und für mich stimmiger und zufriedenstellender. Ich habe das Gefühl, dass ich durch die Einbeziehung bioenergetischer Erkenntnisse und Erfahrungen den Menschen in ganzheitlicherer Sicht gerechter werde als früher und mich dabei selbst auch wohler fühle in der größeren Fülle dessen, was ich mitbringe und anbieten kann. Im folgenden Kapitel werde ich nun aufzeigen, wie durch die Verbindung von Bioenergetik und Spirituellem Heilen die Seelsorge eine weitere wesentliche Dimension hinzugewinnt.

4. Bioenergetik und Spirituelles Heilen – Die Früchte geerdeter Spiritualität

Ich habe weiter oben ausgeführt, dass in der Arbeit mit Elementen geistigen Heilens die Gefahr besteht, den Bodenkontakt, die Erdung zu verlieren. Der Verdienst der Bioenergetik für eine ganzheitliche Seelsorge besteht in der Verbindung von Kopf-Arbeit mit Körper-Arbeit mit dem Ziel der Erweiterung und Vertiefung des Bewusstseins (vgl. Lowen, 2008, S. 333ff.), des bewussten Wahrnehmens und Gewahr Werdens. Die Frage, die sich nun stellt, ist: Wie können sich Bioenergetik und Spirituelles Heilen gegenseitig so befruchten, dass im Sinne eines ganzheitlichen Ansatzes Spiritualität geerdet und die körperorientierte Seelsorge durch den Aspekt der Spiritualität erweitert und bereichert wird?

Alexander Lowen beschreibt im Kapitel »Geist, Lebensgeist und Seele« (Lowen, 2008, S. 65ff.) seines Buches *Bioenergetik* die Einheit von Körper, Seele und Geist. Dabei unterscheidet er den menschlichen Geist als wahrnehmendes und reflektierendes Organ in Bezug auf den Körper vom Lebensgeist als der Lebenskraft und vom Lebensgeist Gottes als dem Heiligen Geist. Interessanterweise findet sich in allen drei Übersetzungen aus dem Hebräischen, Griechischen und Lateinischen für das Wort ›Geist (Gottes)‹ auch das Wort ›Atem‹ (ruach = Atem/Seele, pneuma = Hauch/Atem, spiritus = Geist/Atem). Der Atem ist in der Tat das verbindende sprachliche und existenzielle Element. Er versorgt Körper und Geist mit Energie und ist *ein* Ausdruck der Seele. Interessant finde ich hierbei Lowens Definition von ›Seele‹ als »Bewusstsein oder Gefühl des Menschen, zu einer größeren, einer universellen Ordnung zu gehören« (Lowen, 2008, S. 71), wobei die Körperenergie mit der Energie der Umwelt und des gesamten Kosmos verbunden ist und sich gegenseitig beeinflusst. Die Seele entwickelt sich von Geburt an so wie auch Körper und Geist, um am Ende des Lebens ihre hochentwickelte individuelle Qualität zu verlieren, aus dem sterbenden Körper zu entweichen und sich energetisch mit der universellen Energie zu verbinden. Hier berührt sich die Lowen'sche Schule mit der des Geistigen Heilens nach Krohne.

Interessant ist ferner, dass Lowen das Wort ›spirituell‹ im Sinne von ›zu Gottes Geist gehörend‹ erwähnt und sich dem Thema Spiritualität ausführlicher in seinem Buch *Die Spiritualität des Körpers* (1991) widmet. Er geht davon aus, dass der Körper spirituell ist, weil Gott im Herzen der Menschen lebendig ist und der göttliche Geist im Körper wohnt und sich somit auch körperlich und nicht nur intellektuell manifestiert. Dabei ist die Lebensenergie des Menschen, die sich aus der Quelle der Spiritualität in seinem Inneren speist, die Kraft hinter dem Geistig-Seelischen und damit die Basis körperlicher Spiritualität (Lowen, 1991, S. 27). Diese ganzheitliche Spiritualität im Verbundensein mit dem Göttlichen, dem Lebendigen in uns und mit der Welt drückt sich in innerer Harmonie und Anmut und daraus erwachsend in Güte, Freundlichkeit, guten Taten und Selbstliebe aus. Sicht- und erfahrbar ausgedrückt wird dies natürlich durch eine gute Atmung (Inspiriert-Sein) und Erdung (Grund-Vertrauen) sowie in strahlenden Augen. Der menschliche Körper ist eben nicht nur ein materielles Objekt, sondern fleischgewordener Geist, und aus seiner spirituellen Kraft kann körperliche Heilung geschehen (Lowen, 1991, S. 231).

Genau an dieser Schnittstelle setzt mein Ansatz einer fruchtbringenden Synthese zwischen Seelsorge, Körperorientierung, Bioenergetik und dem Spirituellen Heilen ein. So fruchtbringend es für die eigene Spiritualität, für spirituelle Erfahrungen und insbesondere hier für das spirituelle Heilen ist, durch Erdung, Atmung und Bewegung einen deutlichen Zuwachs an Lebensenergie und Durchlässigkeit zu gewinnen, so gut tut es der Bioenergetik und ihrem Heilziel – hier in Form einer körperorientierten Seelsorge – die geistliche Dimension, die spirituelle Verbindung zu Gott und seinem lebensspendenden Geist hinzu zu nehmen und in dieser Anbindung die Heilkanäle zu nutzen, die sich damit auftun. Voraussetzung hierfür ist allerdings, dass sowohl dem Patienten/Klienten als auch dem Therapeuten/Seelsorger/der Heilperson diese Ressource zur Verfügung steht oder zumindest Offenheit hierfür besteht und dann in gegenseitiger Resonanz spirituelle Heilenergie zu fließen beginnt. Dabei spielt der Atem als verbindendes Element eine wichtige Rolle: So wie der menschliche Atem in der körperorientierten Seelsorge die Lebensenergie weckt, so kann der Atem Gottes für die Bioenergetik seine heilsame Kraft entfalten.

Als ich als ein in klinischer und systemischer Seelsorge geschulter Krankenhausseelsorger meine Arbeit im Krankenhaus aufnahm, nahm ich sehr schnell die spirituellen Bedürfnisse mancher Patienten wahr und konnte an gute Erfahrungen mit Gebeten und Segnungen in meiner Gemeindearbeit anknüpfen. Hinzu kam die Entwicklung eines Rituals für Salbungsgottesdienste, das Ausdruck meines Bedürfnisses nach Verkörperlichung gelebten Glaubens oder spiritueller Erfahrung war. Auch hier erlebte ich die heilsame Wirkung dieses Rituals wie schon vorher diejenigen von intensiven Gebeten oder Segnungen. So war der Weg zur Ausbildung in geistigen Heilweisen in der Schule der Geistheilung nach H. Krohne nicht mehr weit.

Allen spirituellen Angeboten pastoraler Seelsorge (Glaubensgespräche, Heilgebete und Heilmeditationen, Segnungen), allen Ritualen zur göttlichen Anbindung (Gottesdienste, Andachten, Salbungen, Abendmahlsfeiern) und allen energetischen Heilbehandlungen liegt die gemeinsame Erfahrung zugrunde, dass der Glaube heilen kann und eine göttliche Anbindung dem Heilungsprozess förderlich ist. Seelsorge ist in ihrem Kern nach meinem Verständnis Ausdruck der Liebe Gottes. Sie hat den Menschen ganzheitlich im Blick, holt ihn bei seiner seelischen, körperlichen, geistigen und spirituellen Befindlichkeit ab und zielt auf sein Heilwerden in der Einheit von Körper, Seele und Geist. Dies geschieht initial durch Besuch und Gespräch. So lag es nahe, eine Konzeption zu entwickeln, die Seelsorge und spirituelles Heilen miteinander verbindet und fruchtbar macht. Es entstand mein Ansatz einer Seelsorge als spirituelles Heilen.

Da mir seit jeher leibhaftige Erfahrungen des Glaubens wichtig waren und mir bewusst ist, dass sowohl mein Körper Instrument und Kanal göttlichen Geistes ist, aber auch der Körper derjenigen Menschen, die in Kontakt zur Kirche, ihren spirituellen Angeboten und den sie verkörpernden Personen treten – zumal in der Heilarbeit – kam für mich die Fortbildung in körperorientierter Seelsorge zur rechten Zeit. So konnte ich noch einmal gezielt auf meinen Körper und die Körperlichkeit der Menschen, mit denen ich es im Krankenhaus zu tun habe, fokussieren. Die bereits weiter oben beschriebenen Früchte dieser Weiterbildung haben zu einer Erdung meiner Spiritualität und des spirituellen Heilens geführt.

Im Blick auf mich selbst und meine eigene Spiritualität bedeutet dies, dass ich mich durch das Hinlenken meiner Aufmerksamkeit und meines Spürens in meinen Körper hinein und durch gezielte bioenergetische Übungen in meinem Körper verankere. Ich verbinde mich mit der Erde, die mich trägt, und der Atmosphäre, dem Himmel, der mich umgibt und öffne alle meine Poren, meine inneren Kanäle und Energiebahnen für das Empfangen und Senden von ›Botschaften‹ auf gedanklicher, feinstofflicher und spiritueller Ebene: Ich bin ganz präsent im Hier und Jetzt, spüre das Pulsieren der Lebensenergie in meinem Körper. Ich selbst bin diese Energie, bin mein Atem, meine Haut, meine Hände, meine Gelenke, meine Organe – was auch immer gerade dran ist. Im Spüren dieser körperlichen Offenheit und Gegenwart bin ich offen und bereit für die Kommunikation mit Gott, der geistigen Welt, meiner Geistführerin, meinen Schutzengeln, meiner inneren Begleitung. So geerdet, beatmet, bewegt kann ich ausdrücklich in die Meditation gehen und bin gut vorbereitet und eingestimmt.

Oder ich nehme wahr, dass ich noch nicht so weit bin, dass Energie noch nicht richtig fließt, die Öffnung oder Wachheit fehlt, die Kommunikation stockt. Dann nehme ich an, was jetzt gerade möglich ist.

Im Blick auf die Arbeit des spirituellen Heilens mit meinen Patientinnen und Patienten bedeutet dies, dass in eben dieser gerade für mich selbst beschriebenen Vorbereitung und Präsenz ich mich besser einstimmen kann auf mein Gegenüber, stehend im bioenergetischen Stand oder sitzend in gutem Bodenkontakt, indem ich meine eigene Körperlichkeit und damit die Körperlichkeit meines Gegenübers im Kontakt, in der Berührung spüre. So, gut geerdet und in mir, nehme ich Wärme und Kälte, Weichheit und Starre, Blockaden und Energiefluss beim anderen wahr. Wenn ich dem Patienten auf der materiell-körperlichen Ebene begegne und ihm Kraft und Energie schenken will, berühre ich Füße oder Hände oder eine andere Körperstelle und spüre hinein, ob meine Energie fließt und sich mit der Energie der anderen Person verbindet. Dabei achte ich auf meine Erdung und atme gezielt in meine Hände. Wenn ich auf der spirituell-feinstofflichen Ebene arbeite und in Kontakt zu Gott/zur geistigen Welt trete, gehe ich genauso vor. Hinzu kommt, dass ich, die Hände auf eine bestimmte Körperstelle auflegend und in eine meditative Haltung gehend, im stillen oder lauten Gebet meine Aufmerksamkeit in meine Hände als Austrittsstelle und meinen Kopf oder meine Füße als Eingangstor spiritueller Energie hinlenke und hinspüre, ob und wie diese Energie zu fließen beginnt, welche Bilder sich einstellen, welche Farben ich wahrnehme, welche Worte oder Sätze sich bilden, die ich ausspreche. Dann lasse ich geschehen, was geschehen will, gebe ab und stelle mich als Kanal göttlicher Heilenergie zur Verfügung. Natürlich kann es auch geschehen, dass ich wenig oder gar nichts spüre. Dann ist das so und ich versuche, es wertfrei einfach so stehen zu lassen.

Ich verdanke der Bioenergetik, dass durch die erhöhte Präsens, das veränderte Körperbewusstsein und die Erdung meine heilsamen Berührungen bewusster, intensiver und durchlässiger geworden sind – für mich selbst und auch spürbar für die Patienten.

Lediglich am Rande sei bemerkt, dass mir meine bioenergetischen Erkenntnisse und Erfahrungen zur Intensivierung einer Krohnschen Methode nützlich sind, nämlich der *Organsprache-Therapie*. Bei dieser Methode bringt der Heiler in einer gemeinsamen meditativen Haltung bestimmte Organe des Klienten miteinander ins Gespräch, um herauszufinden, wo sich Störungen im Körper im Miteinander der Organe befinden und wie diese geheilt werden könnten. Es ist hoch spannend, was sich die Organe von sich und anderen mitteilen und wie sie jeweils miteinander umgehen! Dies hier weiter auszuführen, würde den Rahmen dieses Artikels sprengen.

5. Ausblick: Gott in dir, Gott in mir – Geist, Seele und Körper heilen

War nach meinem Kenntnisstand sowohl in der neueren Geschichte von Theologie und Kirche als auch in der Seelsorge lange Zeit die Wahrnehmung des Körpers und seiner Bedürfnisse ausgeblendet oder zumindest nur eine Randerscheinung, so kam die Körperlichkeit des Menschen Ende der 80er Jahre im Rahmen der feministischen Theologie durch Elisabeth Moltmann-Wendel, *Wenn Gott und Körper sich begegnen. Feministische Perspektiven zur Leiblichkeit* (1989), und später durch Elisabeth Naurath, *Seelsorge als Leibsorge. Perspektiven einer leiborientierten Krankenhausseelsorge* (2000), neu in den Blick.

Irmhild Liebau, *Körperpsychotherapeutische Elemente als Ausdrucksformen ganzheitlicher Seelsorge* (2003), entwickelte den Begriff der Körperseelsorge als die gleichberechtigte Sorge um die Seele und den Körper des Menschen in Erweiterung der Seelsorge um die Körperorientierung auf der Basis bioenergetischer Erkenntnisse und Praxis. Interessant ist in diesem Zusammenhang, dass es Frauen waren innerhalb der Kirche, die diesen Neuansatz der Fokussierung auf den Körper entwickelten und formulierten.

Es entspricht meiner theologischen Entwicklung und Überzeugung sowie meiner Lebenserfahrung, dass Gott in jedem menschlichen Körper wohnt und uns in den Körpern der Menschen begegnet, ja dass Gott im Menschen als Körper und Seele erfahrbar ist (vgl. auch Liebau, 2003). Die dritte Dimension, der Geist Gottes und der Geist des Menschen, steht bei allen drei Autorinnen nach meinem derzeitigen literarischen Kenntnisstand nicht im Zentrum der Überlegungen.

An dieser Stelle setze ich ein, und hier greift mein Ansatz einer fruchtbaren Verbindung von Bioenergetik und spirituellem Heilen. Ich füge die spirituelle Dimension hinzu. Der Mensch ist Körper, der Mensch ist Seele, der Mensch ist Geist/Spiritus. Auf allen drei Ebenen ist Gott lebendig und gegenwärtig, begegnen sich Gott und Mensch. Denn Gott wurde und wird Mensch, Gott wurde und wird Körper, Seele und Geist. Eine ganzheitliche Theologie der Geist-Seele-Körper-Einheit hat hier ihren Ursprung und ihre Begründung. So bin ich ein Ebenbild Gottes und habe das ganze Universum in mir. Ich bin auf Ewigkeit hin angelegt und ein Unendlichkeitswesen. Ich bin ein Teil Gottes, ja göttlich, und trage die universelle Liebe, den Frieden und die Energie

Gottes in mir. Dies gilt für jeden Menschen, universell. Wir sind reich beschenkt und tragen die Fülle in uns. Wir haben, ja wir sind ein Schatz, und die große Kunst besteht darin, diesen Schatz zu heben, die Energiezentren und -kanäle auf allen drei Ebenen zu öffnen und die vitale Energie zum Fließen zu bringen und heilsam fließen zu lassen. Indem ich mich mithilfe der drei bioenergetischen Grundprinzipien in meinem Körper wahrnehme, die Gefühle meiner Seele zum Ausdruck bringe, die Klarheit meines Geistes zu sprechen beginnt und ich mich spirituell mit der Gotteskraft verbunden fühle, beginnt die vitale Bioenergie in mir heilsam zu pulsieren und drückt sich aus in der Kraft meines Körpers, meiner Seele und meines gottverbundenen Geistes. In der wahrnehmenden und annehmenden Begegnung mit einem kranken Menschen nehme ich dessen Körper, Geist und Seele wahr und erfahre, ob auch eine spirituelle Ressource, ein spiritueller Kanal zur Verfügung steht. Ich docke auf möglichst allen drei Ebenen an und spüre nach, ob sich Offenheit und Resonanz einstellen. Schon auf diesen Ebenen kann dann heilsame Bioenergie fließen in der Kraft des Geistes Gottes, ohne dass der Patient diese Geisteskraft als solche wahrnimmt. Steht der spirituelle Kanal zur Verfügung, dann kann Gottes Geistkraft ›intra nos‹ und ›extra nos‹ wirken und die körpereigenen Heilenergien des Gegenübers anstoßen und zum Fließen bringen oder potenzieren – zur Heilung von Geist, Seele und Körper. Wenn Gott in mir und Gott in dir sich begegnen, sich miteinander verbinden und in gegenseitige Resonanz und Schwingung treten, kann spirituelles Heilen einsetzen und Geist, Seele und Körper heilen. Ob dies geschieht, hängt davon ab, ob der Patient Zugang zu seinen eigenen Quellen und Selbstheilungskräften findet und inwieweit ich ihm als Instrument, Medium oder Kanal hilfreich anstoßend zur Seite stehen kann.

In der Sorge um und für einen Menschen möchte ich die Dimensionen der Seele und des Körpers um die Dimension des Geistes erweitern und in meiner Tätigkeit infolgedessen von »Geist-Körper-Seelsorge« sprechen, wohl wissend, hier an sprachliche Ausdrucksgrenzen zu stoßen. Das heißt dann, dass ich in meiner Tätigkeit als Krankenhausseelsorger den Menschen in seiner Einheit aus Körper, Seele und Geist wahrnehme und für seinen Geist, seine Seele und seinen Körper in der Kraft Heiligen Geistes und mit der Kraft spirituellen Heilens sorge. Ich tue dies auf dem Fundament der liebevollen und bedingungslosen Annahme durch Gott und sein Ja zum Leben. Ich tue dies auf dem Hintergrund des Doppelgebotes der Liebe – bioenergetisch formuliert: »Du sollst Gott lieben und deinen Körper, deine Seele und deinen Geist wie Körper, Seele und Geist deines Nächsten.« Ich tue dies im Sinne Alexander Lowens lustvoll, vital und voller Lebensfreude (vgl. Lowen, 2006, S. 144), geerdet, beatmet und bewegt im Ausdruck der Liebe und Hingabe. Und ich bitte Gott um Heil und Heilung für die mir anvertrauten Menschen und für mich selbst.

Literatur

Krohne, H. (2004a). *Die Schule der Geistheilung* (5. Aufl.). München: Ansata.

Krohne, H. (2004b). *Organsprache-Therapie. Neueste Methoden der Geistheilung in Verbindung mit Aura und Meridianen* (2. Aufl.). München: Ansata.

Krohne, H. (2004c). *Geheimnis Lebenskalender. Heilen mit dem Gedächtnis des Energiekörpers.* München: Ansata.

Liebau, I. (2003). Körperpsychotherapeutische Elemente als Ausdrucksformen ganzheitlicher Seelsorge. *Wege zum Menschen, 55*(7), 444–462.

Lowen, A. (1991). *Die Spiritualität des Körpers. Innere Harmonie durch Bioenergetik.* München: Heyne.

Lowen, A. (2008). *Bioenergetik. Therapie der Seele durch Arbeit mit dem Körper.* Hamburg: Rowohlt.

Lowen, A. (2006). *Bioenergetik für jeden. Das vollständige Übungshandbuch* (14. Aufl.). München: P. Kirchheim.

Moltmann-Wendel, E. (1989). *Wenn Gott und Körper sich begegnen. Feministische Perspektiven zur Leiblichkeit.* Gütersloh: GTB.

Naurath, E. (2000). *Seelsorge als Leibsorge. Perspektiven einer leiborientierten Krankenhausseelsorge.* Bonn: Kohlhammer.

Der Autor

Wilfried Ranft, Jg. 1955, evangelischer Pfarrer, seit 2001 in der Krankenhausseelsorge tätig, Zusatzausbildungen in systemischer und klinischer Seelsorge (KSA), geistigen und energetischen Heilweisen, körperorientierter Seelsorge (Bioenergetik) und TRE (D. Bercelli), geistlicher Begleiter und Meditationslehrer. Arbeitsschwerpunkte: Anleitung von Meditationsgruppen, Schulung und Begleitung ehrenamtlich Mitarbeitender in der Krankenhausseelsorge, Ethikberatung, spirituelle Begleitung. Letzte Veröffentlichung: »Geist-Heilung braucht Erdung«. *Wege zum Menschen, 64*(6/2012), 554–568.

Kontakt

Pfarrer Wilfried Ranft
Wildhagen 42
45525 Hattingen
Telefon: 0 23 24 - 50 67 67
E-Mail: ranft.johat@t-online.de

Psychosozial-Verlag

Hans-Dieter König

Affekte

2014 · ca. 140 Seiten · Broschur
ISBN 978-3-8379-2249-3

Begeisterung, Freude, Angst, Wut und Trauer – positive und negative Affekte spielen einen wesentlichen Bestandteil unseres Lebens und sind auch in der Psychotherapie von zentraler Bedeutung.

Die Auseinandersetzung mit Affekten bildet den Dreh- und Angelpunkt der Psychotherapie. Therapeuten bleiben dabei von den Affekten ihrer Klienten nie unberührt: Patienten übertragen etwa negative Affekte der Kindheit auf sie, während Therapeuten ihre Gegenübertragungsgefühle reflektieren und Deutungen geben. Diesen analytischen Umgang mit Affekten illustriert der Autor anhand zweier psychotherapeutischer Behandlungen.

Das Buch bietet zudem eine Einführung in die konzeptionellen Überlegungen zu Affekten: die Triebtheorie, mit der Freud die Affekte seiner Patienten zu enträtseln versuchte, die Affekttheorie der neueren Säuglingsforschung, die Mentalisierungstheorie sowie Otto F. Kernbergs Vermittlung von Affekten und Trieben. Der Autor setzt die verschiedenen Konzepte auf der Basis von Alfred Lorenzers psychoanalytischer Sozialisationstheorie zueinander in Beziehung: Wie lassen sich Triebtheorie und neuere Affekttheorien vermitteln? Welche Beziehung besteht zwischen der Triebtheorie und dem Mentalisierungskonzept?

Walltorstr. 10 · 35390 Gießen · Tel. 0641-969978-18 · Fax 0641-969978-19
bestellung@psychosozial-verlag.de · www.psychosozial-verlag.de

Psychosozial-Verlag

Peter Geißler, Günter Heisterkamp

Einführung in die analytische Körperpsychotherapie

2013 · 211 Seiten · Broschur
ISBN 978-3-8379-2239-4

Analytische Körperpsychotherapie erweitert das klassische psychoanalytische Setting um die körperliche Interaktion zwischen Patient und Therapeut.

Mit Blick auf körperliche Prozesse wird das Prinzip der Nachträglichkeit – das verbale Durcharbeiten von Vorgängen, nachdem sie geschehen sind – durch unmittelbare Handlungen ergänzt, wobei psychische Vorgänge implizit erfasst und verändert werden.

In der vorliegenden Einführung werden die Grundlagen der analytischen Körperpsychotherapie herausgearbeitet und konkrete Behandlungsmethoden vorgestellt. Darüber hinaus werden spezielle Settingvarianten und Indikationsbereiche von renommierten Körperpsychotherapeuten praxisnah dargestellt. Ein Überblick über den aktuellen wissenschaftlichen Diskurs, Weiterbildungsmöglichkeiten und zukünftige Entwicklungspotenziale runden den Band ab.

Unter Mitarbeit von Siegfried Bettighofer, Rudolf Maaser, Tilmann Moser, Gabriele Poettgen-Havekost, Thomas Reinert, André Sassenfeld, Robert Ware und Jutta Westram

Walltorstr. 10 · 35390 Gießen · Tel. 0641-969978-18 · Fax 0641-969978-19
bestellung@psychosozial-verlag.de · www.psychosozial-verlag.de

Psychosozial-Verlag

Manfred Thielen (Hg.)

Körper – Gruppe – Gesellschaft

Neue Entwicklungen in der Körperpsychotherapie

2013 · 469 Seiten · Broschur
ISBN 978-3-8379-2236-3

Mensch und Gruppe als dynamische Einheit – Wurzeln und Moderne einer integrativen Therapieform.

In unserer narzisstischen Kultur wird der Körper zunehmend durch Schönheitswahn und »Bodyshaping« fetischisiert, gleichzeitig aber werden seine psychosomatischen Signale wie Übererregung, Unwohlsein und Schmerzen zu wenig ernst genommen. Um dem Rechnung zu tragen, befassen sich die AutorInnen dieses Tagungsbandes mit der Rolle des Körpers in der Gesellschaft, der Kultur, der Gruppe und der therapeutischen Dyade.

Im Gruppensetting entfaltet die Körperpsychotherapie eine besondere Kraft und therapeutisches Potenzial, hier werden Konzepte vorgestellt, die in dieser Vielzahl, ihrer Systematik und ihren unterschiedlichen Akzentuierungen neu und innovativ sind. Neben einem Blick auf die Geschichte der körperorientierten Gruppentherapie in West- wie in Ostdeutschland werden im vorliegenden Band neuere Entwicklungen in der Theorie und Behandlungspraxis der Körperpsychotherapie zu den Themen Trauma, Babytherapie und Säuglingsforschung, Rolle des Weiblichen, wissenschaftliche Anerkennung vorgestellt und insbesondere die Entwicklung einer körperorientierten Kinder- und Jugendlichenpsychotherapie diskutiert.

Walltorstr. 10 · 35390 Gießen · Tel. 0641-969978-18 · Fax 0641-969978-19
bestellung@psychosozial-verlag.de · www.psychosozial-verlag.de

www.ingramcontent.com/pod-product-compliance
Ingram Content Group UK Ltd.
Pitfield, Milton Keynes, MK11 3LW, UK
UKHW040025200726
13854UKWH00001B/372